Klaus Rothermund · Andreas Eder

Allgemeine Psychologie: Motivation und Emotion

Basiswissen Psychologie

Herausgeber:
Prof. Dr. Jürgen Kriz

Die neue Reihe im VS Verlag – konzipiert für Studierende und Lehrende der Zukunft, die Wesentliches in kurzer Zeit erfassen wollen!

Die Bücher bieten Studierenden preiswert und in aller Kürze einen fundierten Überblick über die wichtigsten Fakten und wecken die Lust am Weiterdenken und -lesen. Die ideale Vorbereitung für Vorlesungen, Seminare und Prüfungen.

Neue Freiräume in der Lehre: Das BASISWISSEN bietet eine flexible Prüfungsgrundlage und schafft Raum für individuelle Vertiefungen, Diskussion aktueller Forschung und Praxistransfer.

Klaus Rothermund
Andreas Eder

Allgemeine Psychologie: Motivation und Emotion

VS VERLAG

Bibliografische Information der Deutschen Nationalbibliothek
Die Deutsche Nationalbibliothek verzeichnet diese Publikation in der
Deutschen Nationalbibliografie; detaillierte bibliografische Daten sind im Internet über
<http://dnb.d-nb.de> abrufbar.

1. Auflage 2011

Alle Rechte vorbehalten
© VS Verlag für Sozialwissenschaften | Springer Fachmedien Wiesbaden GmbH 2011

Lektorat: Julia Klös | Eva Brechtel-Wahl

VS Verlag für Sozialwissenschaften ist eine Marke von Springer Fachmedien.
Springer Fachmedien ist Teil der Fachverlagsgruppe Springer Science+Business Media.
www.vs-verlag.de

Umschlaggestaltung: KünkelLopka Medienentwicklung, Heidelberg
Umschlagbild: photo.comPlus. Autor: Jupiterimages
Satz: www.text-plus-form.de
Druck und buchbinderische Verarbeitung: Ten Brink, Meppel
Gedruckt auf säurefreiem und chlorfrei gebleichtem Papier
Printed in the Netherlands

ISBN 978-3-531-16698-8

Inhalt

Vorwort

In diesem Buch geben wir eine Übersicht über die grundlegenden Konzepte, Theorien und Forschungsergebnisse der Motivations- und Emotionspsychologie. Ausgehend von historischen Entwicklungslinien schlagen wir die Brücke zur aktuellen psychologischen Forschung. Das Buch eignet sich somit vor allem als Einführung in diese Themengebiete; es verschafft aber auch fortgeschrittenen Studierenden und Wissenschaftlern einen Überblick über zentrale Ansätze, Forschungsparadigmen und einschlägige Ergebnisse.

Das vorliegende Lehrbuch zeichnet sich dadurch aus, dass unterschiedliche Erklärungsperspektiven vorgestellt werden, denen ein jeweils eigener Zugang zum Verständnis menschlicher Verhaltenssteuerung zu Grunde liegt. Statt eine dieser Perspektiven besonders hervorzuheben, ist es unser Anliegen, die Unterschiedlichkeit motivations- und emotionspsychologischer Erklärungen zu betonen.

Neben den „klassischen" Theorien der Motivationspsychologie (Trieb- und Feldtheorie, Motivtheorien) stehen weitere Ansätze im Mittelpunkt der Darstellung, die in anderen Lehrbüchern zur Motivation oft nur stiefmütterlich behandelt werden: Ein Kapitel ist der Darstellung „rationalistischer" Ansätze gewidmet, denen die Vorstellung vom Menschen als einem egoistischen Nutzenmaximierer zugrundeliegt, wie sie vor allem in der Ökonomie populär ist (Nutzentheorie, Spieltheorie). Ein weiterer Abschnitt behandelt Ziele als zentrale Steuergröße menschlichen Handelns – eine Perspektive, die sich vor allem in der Sozialpsychologie großer Beliebtheit erfreut und dort in den vergangenen Jahren intensiv erforscht wurde. Nicht fehlen darf auch eine Perspektive, nach der das Streben nach persönlicher Identität und Prozesse der Selbstgestaltung fundamental für das Verständnis und die Erklärung menschlichen Handelns anzusehen sind – eine Sichtweise, die vor allem in der entwicklungspsychologischen Forschung beheimatet ist.

Keine der skizzierten Perspektiven reicht für sich genommen aus, um die Vielschichtigkeit menschlichen Handelns und seiner Antriebskräfte vollständig abzudecken. Verschiedene Aspekte des Verhaltens (Intensität, Richtung, Inhalt, Beginn/Ende/Dauer) passen zu jeweils spezifischen motivationalen Erklärungsperspektiven (Motivation als Kraft, als rationale Entscheidung, als Produkt des Wollens, oder als Ausdruck spezifischer Bedürfnisse, Ziel- oder Identitätsorientierungen). Die unterschiedlichen Ansätze sind dabei als sich ergänzende Perspektiven zu verstehen, und weniger als konkurrierende, sich ausschließende Theorien. Erst die Kombination der verschiedenen Perspektiven erlaubt eine angemessene Erklärung menschlichen Handelns und seiner verschiedenen Steuerungssysteme.

Die Untersuchung von menschlichen Emotionen hat nach jahrzehntelanger Vernachlässigung in der wissenschaftlichen Psychologie wieder zu neuer Stärke gefunden. Das wiedererwachte Interesse geht zu einem großen Teil auf neuro- und kognitionspsychologische Methodenentwicklungen zurück, die eine wissenschaftliche Untersuchung von menschlichen Emotionen jenseits von sprachlichen Gefühlsberichten möglich machen. Diese neuen Forschungsansätze haben in dem vorliegenden Einführungstext deshalb auch besonders Eingang gefunden. Der gegenwärtige „Boom" der Emotionspsychologie hat aber auch dazu geführt, dass der aktuelle Forschungsstand schwer zu überblicken und für Außenstehende wenig zugänglich ist. Das vorliegende Buch sollte hier Abhilfe schaffen, indem es aktuelle Antworten der Emotionspsychologie auf vier zentrale Fragen in einer verständlichen Sprache zusammenträgt (Was sind Emotionen? Wozu haben wir Emotionen? Wie entstehen Emotionen? Wie können wir Emotionen kontrollieren?). Wir hoffen, dass diese Einführung Ihr Interesse an der Emotionspsychologie stärkt und Sie zur weiteren Vertiefung dieses spannenden Forschungsgebiets anregt.

Abschließend möchten wir darauf hinweisen, dass dieses Buch das gemeinsame Produkt zweier Autoren ist. Klaus Rothermund ist für den Motivationsteil verantwortlich (Kap. II–IV), Andreas Eder hat die Einführung in die Emotionspsychologie geschrieben (Kap. V). Wir wünschen unseren Leserinnen und Lesern nun viel Spaß bei der Lektüre des Buches. Herzlich bedanken möchten wir uns an dieser Stelle bei Frau Brahms und Frau Brechtel-Wahl vom VS-Verlag für die freundliche und kompetente Hilfe bei der Gestaltung des Buchmanuskripts sowie bei dem Herausgeber dieser Reihe, Herrn Prof. Dr. Kriz, für die Einladung zu diesem Buch sowie für viele hilfreiche Anregungen und seine fortwährende Unterstützung während der Erstellung des Buches. Nicht zuletzt gilt unser Dank auch Sebastian Butz für die Erstellung der Abbildungen und Tabellen sowie Melanie Knödler für das sorgfältige Korrekturlesen des Buchmanuskripts.

April 2011, Jena und Würzburg   Klaus Rothermund und Andreas Eder

I Einleitung und Überblick

Kaum eine Eigenschaft ist so zentral für das (stereotype) Bild eines Psychologen wie die Fähigkeit, nicht-triviale Erklärungen für menschliches Verhalten zu liefern sowie verborgene Antriebskräfte des Handelns zu erkennen und zu durchschauen. Tatsächlich gehört die Frage nach den Motiven und Beweggründen menschlichen Handelns seit dem Beginn der wissenschaftlichen Psychologie zu einem Hauptanliegen des Faches.

I.1 Alltagspsychologische und wissenschaftliche motivationale Erklärungen

Motivation ist allerdings ein nicht erst durch die wissenschaftliche Psychologie eingeführter, sondern auch in alltäglichen Zusammenhängen gebräuchlicher Begriff. Entgegen aller Vorurteile ist zunächst einmal festzuhalten, dass alltägliche und psychologisch-wissenschaftliche motivationale Erklärungen dasselbe Ziel haben und nach denselben Gütekriterien bewertet werden. Es geht darum, sowohl die Unterschiede wie auch die Konstanten im Verhalten einer Person und zwischen Personen zu verstehen. Dabei müssen motivationale Erklärungen über das beobachtete Verhalten, das erklärt werden soll, hinausgehen. Für die Gültigkeit und Richtigkeit einer motivationalen Erklärung muss es überzeugende Hinweise geben; und der Zusammenhang zwischen einer spezifischen Motivationsform und dem zu erklärenden Verhalten muss plausibel sein.

Scheinerklärungen und ungeprüfte Annahmen sind allerdings gerade beim Gebrauch motivationaler Konzepte an der Tagesordnung. Spielt ein Kind häufig und gern, so wird ein „Spieltrieb" als Ursache dieses Verhaltens unterstellt; zahlt eine Person regelmäßig nennenswerte Anteile ihres Gehalts auf ein Sparkonto ein, so wird dieses Verhalten als Ausdruck eines „Sparmotivs" gedeutet; ein häufiger Besuch von Partys müsste dementsprechend durch ein Partymotiv „erklärt" werden.

Auch die wissenschaftliche Motivationspsychologie ist vor einer solchen Hypostasierung spezifischer „Motive" zu bestimmten Verhaltensweisen durchaus nicht gefeit – beispielsweise fand schon Bernard (1924) bei einer Sichtung der damaligen Instinkt- und Triebliteratur mehr als fünftausend verschiedene Motive, unter anderem auch ein Motiv „to insert the fingers into crannies to dislodge small animals hidden there" (S. 213).

Offensichtlich ist aber durch die Rückführung eines Verhaltens auf ein gleichlautendes Motiv nicht viel gewonnen. Die Unterstellung eines entsprechenden Motivs zu jedem Verhalten besagt nicht mehr als die Feststellung, dass die Tendenz besteht, das entsprechende Verhalten auszuführen, eine Erklärung des Verhaltens ergibt sich hierdurch jedoch nicht.

Eine echte motivationale Erklärung muss über das beobachtete Verhalten hinausgehen. Die Erklärung einer schlechten Leistung mit einem Motivationsdefizit impliziert etwa, dass tatsächlich mangelnde Motivation – und nicht mangelnde Fähigkeit – für die Leistung verantwortlich ist. Zur Stützung einer solchen Vermutung bedarf es zusätzlicher Hinweise: offenkundige Zeichen von Lustlosigkeit bei der Ausführung der Tätigkeit, geringe Intensität emotionaler Reaktionen auf Misserfolg, oder deutlich bessere Leistungen derselben Person in anderen Situationen, in denen die gleiche Fähigkeit gefragt ist.

Eine wirklich aufschlussreiche motivationale Erklärung spezifiziert darüber hinaus Gründe für die jeweilige Motivationslage. Diese können, je nach motivationaler Erklärungsperspektive, sehr unterschiedlich sein: Rache – „mit dem hatte er noch eine Rechnung offen", zu geringer Anreiz – „da geht es um nichts mehr", Erfolgs- oder Misserfolgserwartungen – „die glauben nicht an sich", bereits gestillte oder noch unbefriedigte Bedürfnisse – „er hat bereits alles erreicht", Identifikation mit einer Aufgabe – „damit kann sie beweisen, was für eine geniale Wissenschaftlerin sie ist", Spaß bei der Ausführung einer Tätigkeit – „er ist so begeistert vom Klavierspielen, dass er stundenlang am Instrument sitzt und die Zeit ganz vergisst". Wenn es sich bei solchen Aussagen nicht um bloße Behauptungen handeln soll, muss die Wahrheit der zugeschriebenen Gründe belegt und der Zusammenhang zwischen der angenommenen Motivation und dem zu erklärenden Verhalten plausibel sein.

Neben den genannten Gemeinsamkeiten (Erklärungswert, empirische Absicherung) zeichnen sich wissenschaftliche Erklärungen gegenüber Alltagserklärungen generell durch einen höheren Grad an Allgemeinheit und Systematik sowie durch eine strengere empirische Überprüfung ihrer Annahmen aus. Der Grund hierfür ist zunächst darin zu sehen, dass sich motivationale Alltagserklärungen fast ausschließlich auf Einzelfälle beziehen. Bei der Einzelfallanalyse kommt es vor allem darauf an, die zu analysierende Situation möglichst differenziert abzubilden. Eine genaue Kenntnis aller potentiell relevanten Informationen über eine Person und ihr Verhalten in der interessierenden und auch in anderen Situationen ist die optimale Voraussetzung für eine zutreffende motivationale Analyse und Verhaltenserklärung. Es geht hierbei vor allem darum, ein *Verständnis* dieser Person und der Einflussfaktoren, die ihr Verhalten bestimmen, zu gewinnen. Die Plausibilität einer individuellen motivationalen Erklärung steht und fällt mit einer dichten Beschreibung des Verhaltens der Person in unterschiedlichen Situationen, ihrer Interessen und persönlichen Bezüge zu anderen Personen und Objekten sowie der Ansammlung möglichst vieler konsistenter Hinweise und Belege für die Richtigkeit der motivationalen Interpretationen.

Wissenschaftliche Erklärungen haben dagegen vor allem das Ziel, mit einem möglichst sparsamen Arsenal von Konzepten und theoretisch postulierten Zusammenhängen eine Vielzahl von Verhaltensweisen systematisch abzudecken. Wissenschaftliche Motivationspsychologie zeichnet sich dadurch aus, dass unterschiedliches Verhalten mit wenigen, grundlegenden Motiven oder motivationalen Mechanismen erklärt wird. Ziel ist das Aufzeigen und Erkennen von Gemeinsamkeiten, allgemeinen Prinzipien und funktionalen Äquivalenzen im Verhalten von Personen.

Um die theoretischen Aussagen über die postulierten motivationalen Einflussfaktoren empirisch prüfen zu können, ist eine unabhängige Messung von Motiven und Motivationen einerseits und dem zu erklärenden Verhalten andererseits unabdingbar. Die motivationale Funktion einer Verhaltensweise bzw. die funktionale Äquivalenz verschiedener Verhaltensweisen zeigen sich an Zusammenhängen zwischen Verhalten und motivationsspezifischen Anregungsbedingungen sowie an dem Ersatzwert, den eine Verhaltensweise für eine blockierte andere Handlung besitzt. Entscheidet sich beispielsweise ein Kind, das gern auf den Spielplatz geht, bei schlechtem Wetter dafür, allein zu Hause zu spielen, so ist das Spielen selbst und die damit verbundenen Motivationen (z. B. Ausprobieren und Erweitern der eigenen Fähigkeiten) der entscheidende Antrieb für das Verhalten. Sucht das Kind dagegen nach anderen Möglichkeiten, um mit den anderen Kindern zusammenzukommen, so ist das Aufsuchen des Spielplatzes wahrscheinlich durch das Bedürfnis nach Anschluss und Gemeinschaft motiviert.

Die wissenschaftliche Motivationspsychologie ist darüber hinaus daran interessiert, die Prozesse zu identifizieren, die zwischen Motiven, Motivation und Verhalten vermitteln. Diese Zusammenhänge sind alles andere als einfach und direkt. Zur Umsetzung einer Motivation in entsprechendes Verhalten muss das kognitive System (Wahrnehmung, Gedächtnis, Denken) auf das motivationale Ziel ausgerichtet werden (erhöhte Aufmerksamkeit für motivationsrelevante Inhalte, Abruf zielbezogener Information, Planung von zielgerichtetem Verhalten). Außerdem bedarf es einer Unterstützung durch affektive Reaktionen, um die nötigen Verhaltensbemühungen in Gang zu setzen und aufrechtzuerhalten (Unzufriedenheit mit dem Status quo, Aufwertung des angestrebten Ziels, Hoffnung auf Erfolg, Freude an der ausgeübten Tätigkeit). Allerdings kann eine starke Motivation auch zu extremen Emotionen führen, die ihrerseits verhaltensblockierende Wirkungen haben können (Furcht vor Misserfolg).

Trotz der genannten Unterschiede zwischen alltagsnaher Einzelfallanalyse und der systematischen Erforschung von allgemeinen Funktionsprinzipien der Motivation und ihrer Umsetzung ergibt sich hier kein Gegensatz, vielmehr gehen Alltagswissen und Wissenschaft bei der motivationalen Verhaltensanalyse Hand in Hand. Die motivationalen Konzepte der Alltagssprache bilden Formen menschlichen Lebens ab und reflektieren die Erfahrungen von Generationen. Die dort enthaltenen motivationalen Konzepte bilden den selbstverständlichen Ausgangspunkt für die Formulierung wissenschaftlicher Hypothesen und Erklärungsmodelle. Zudem ist die detaillierte Kenntnis des Verhaltens einer Person oder Personengruppe unverzichtbare Voraussetzung für eine tragfähige motivationale Analyse.

Wissenschaftliche Forschungsergebnisse liefern jedoch entscheidende Hinweise, welche motivationalen Faktoren für das Verhalten wichtig sein können, und sie schärfen den Blick für die möglichen Funktionen, die ein Verhalten übernehmen kann. Erst die systematische, durch wissenschaftliche Theorien inspirierte Analyse ermöglicht es, die Flut der möglichen Einflussfaktoren und ihrer Wirkweise allgemeinen Prinzipien zuzuordnen, und so die allgemeine Bedeutung eines Verhaltens zu erkennen und die zugrunde liegenden „Themen" zu identifizieren, die für ein Verständnis des Handelns von Personen zentral sind.

I.2   Willkürliches Verhalten als Gegenstand motivationspsycholgischer Erklärungen

Die Motivationspsychologie sucht vor allem nach Erklärungen von absichtlichem, zielgerichtetem Handeln. Unwillkürliche Verhaltensweisen (Reflexe, Gewohnheiten) und physiologische Vorgänge (Muskelkontraktionen, Schwitzen, Herzrasen, Zittern) können zwar ebenfalls aufschlussreich sein für die Motive einer Person, sie fallen jedoch nicht unter die Klasse des zu erklärenden „motivierten Verhaltens".

Weiterhin ist zu beachten, dass ein und dieselbe Verhaltensweise auf unterschiedliche Art und Weise beschrieben werden kann. Fährt eine Person mit dem Fahrrad, so kann diese Aktivität etwa als „Fahrrad fahren" (weil es Spaß macht), „sich fit halten" oder auch als „einen Freund besuchen" beschrieben werden. Diese Beschreibungen charakterisieren unterschiedliche mögliche Handlungen, die durch dieselbe Verhaltensweise verwirklicht werden. Welche Handlung tatsächlich ausgeführt wird, hängt vor allem von der Absicht ab, mit der ein Verhalten ausgeführt wird (Anscombe, 1957; Greve, 1994). Dabei können zwar unter Umständen mit einem Verhalten mehrere Handlungen gleichzeitig realisiert werden; meistens steht jedoch eine Handlungsabsicht im Vordergrund. Motivationale Erklärungen beziehen sich auf Handlungen, also auf solche Beschreibungen eines Verhaltens, die diesem Sinn und Bedeutung verleihen und die den Absichten der handelnden Person entsprechen.

Normalerweise ist sich eine Person der Beweggründe ihres Handelns bewusst. Interessant sind aber auch solche Fälle, in denen eine Handlung aus zumindest partiell unbewussten Motiven heraus ausgeführt wird. Verschiedentlich wurde etwa berichtet, dass unter Hypnose Handlungsaufträge für die Zeit nach dem Erwachen aus der Hypnose erteilt werden können (sog. posthypnotisches Verhalten; z. B. „Wenn Sie das Wort ‚Apfel' hören, fassen Sie sich an die Stirn"). Obwohl sich die Person nach der Hypnose nicht bewusst daran erinnern kann, ob und wenn ja welche Instruktionen sie erhalten hat, wird die unter Hypnose instruierte Handlung später auf das verabredete Zeichen hin tatsächlich ausgeführt (Erickson & Erickson, 1941; Orne et al., 1968). Fragt man die Person nach der Ausführung des Verhaltens nach ihren Gründen, so wird häufig eine konstruierte Begründung gegeben, unter der das Verhalten sinnvoll erscheint (Weitzenhoffer, 1957).

Aber auch von solchen spektakulären Fällen abgesehen wird unser alltägliches Handeln häufig von Motiven mitbestimmt, die der handelnden Person zum Zeitpunkt der Handlungsausführung nicht oder jedenfalls nicht gänzlich bewusst sind. Im Alltag sprechen wir manchmal von „Bauchentscheidungen", um damit auszudrücken, dass unser Handeln durch ein eher diffuses Gefühl von Zu- oder Abneigung bestimmt wurde, das sich nur schwer in Worte fassen und durch Gründe erklären lässt (Dijksterhuis, 2010). Warum habe ich mich für diese Wohnung, dieses Auto, diesen Partner oder dieses Studienfach entschieden? Viele Gründe sind möglich und ließen sich angeben, aber waren diese auch ausschlaggebend für mein Verhalten? Manche Einflüsse bleiben uns vielleicht verborgen oder sind uns unangenehm, sodass wir uns nur ungern eingestehen, entsprechend motiviert gewesen zu sein (Eitelkeit, Angst, verletzter Stolz etc.). Auch werden spontane Verhaltensentscheidungen häufig so schnell getroffen, dass gar keine Zeit für das klare Formulieren und Abwägen von Gründen zur Verfügung steht.

Unser Handeln wird also von Motiven beeinflusst, noch bevor wir uns dieser Beweggründe bewusst werden und diese sprachlich formulieren können. Im Nachhinein können wir zwar versuchen zu rekonstruieren, was uns zu dieser oder jener Handlung bewogen hat; es ist aber durchaus möglich, dass wir dabei zentrale Einflussfaktoren übersehen oder dass unsere Erklärung durch unzutreffende Überzeugungen und Annahmen bzgl. persönlicher Vorlieben und Motive verfälscht ist. Gerade in spontanen oder komplexen Entscheidungssituationen, in denen sich verschiedene Motivationen überlagern, kann daher eine psychologische Analyse von motivationalen Einflussfaktoren aufschlussreich sein.

I.3   Motivationspsychologische Erklärungsperspektiven

Motivationspsychologische Erklärungen betreffen unterschiedliche Attribute des willkürlichen Handelns. Von zentraler Bedeutung sind hierbei die Intensität, Richtung und zeitliche Aspekte motivierten Handelns: „[motivation is concerned with] the problems of how behavior gets started, is energized, is sustained, is directed, is stopped, and what kind of subjective reaction is present in the organism while all that is going on" (S. VII, Jones, 1955).

Mit den verschiedenen Attributen motivierten Verhaltens (Intensität, Richtung, zeitliche Aspekte) sind zugleich unterschiedliche Erklärungsperspektiven und theoretische Sichtweisen angesprochen. Ansätze die Motivation als Energiequelle auffassen (s. Kapitel II „Motivation als Kraft") interessieren sich in erster Linie für Intensitätsaspekte des Verhaltens: Mit welcher Geschwindigkeit wird ein Verhalten ausgeführt (z. B. eine Wegstrecke zum Erhalt eines Anreizes zurückgelegt)? Welche Hindernisse werden überwunden und welche Unannehmlichkeiten werden in Kauf genommen (Schmerzen bei der Überquerung eines elektrifizierten Gitters), um ein Zielobjekt zu erreichen? Welche Hartnäckigkeit wird bei der Ausführung eines Verhaltens an den Tag gelegt, wenn dieses wider Erwarten nicht mehr zur Zielerreichung führt (Löschungsresistenz, Perseveranz)? Trieb- und Defizitzustände in einem Organismus sowie zu diesen Bedürfnissen passende äußere Anreize wurden als nahe liegende Determinanten der Verhaltensintensität identifiziert und untersucht.

Rationale Entscheidungstheorien und Erwartung × Wert Ansätze (s. Kapitel III „Motivation als rationale Kalkulation") begreifen menschliches Handeln vor allem als Ergebnis einer vernünftigen Auswahl von Ziel- und Verhaltensoptionen. Ziele und Verhaltensweise werden so gewählt, dass der durch das Handeln erwartete persönliche Nutzen maximal ist. Unter dieser Perspektive interessiert vor allem die Frage, welche Richtung das menschliche Verhalten nimmt. Welches von verschiedenen möglichen Zielen wird ausgewählt (z. B. welches Studienfach wird gewählt, für welchen Partner entscheidet sich eine Person) und welche Verhaltensweisen werden für die Verfolgung persönlicher Ziele eingesetzt?

Auch für Motivtheorien ist die Frage nach der Richtung des Verhaltens entscheidend. Allerdings wird das resultierende Verhalten hierbei nicht als Ergebnis einer rationalen Wahl oder Entscheidung aufgefasst, sondern als Ausdruck einer inhaltlichen Passung zwischen bestimmten Verhaltensoptionen und den überdauernden Motiven einer Person (s. Kapitel IV.1 „Inhaltstheorien der Motivation – Motive"). Bestimmte Situationen eröffnen die Möglichkeit, durch entsprechende Verhaltensweisen spezifische Anreize zu erlangen (etwa die eigene Leistungsfähigkeit unter Beweis zu stellen, eine einflussreiche Position in einer sozialen Hierarchie einzunehmen oder zu verteidigen, oder die Zuneigung und Sympathie anderer Personen zu gewinnen). Ob eine Situation eine Person zum Handeln motiviert und welche inhaltlichen Anreizaspekte dabei das Verhalten lenken, wird von den Motiven der Person bestimmt.

Eine spezifisch menschliche Quelle motivierten Verhaltens liefern die Vorstellungen, die Personen von sich selbst besitzen (s. Kapitel IV.2 „Inhaltstheorien der Motivation – Ziele, Identitätsziele und Selbstdefinitionen"). Entwürfe davon, welche Art von Person man sein und werden möchte, welchen Werten und Idealen man sich verpflichtet fühlt und wie man das eigene Leben gestalten will, verleihen dem Handeln Sinn und Bedeutung. Auch für motiviertes Handeln, das im Zuge der Selbstgestaltung und der Verteidigung der persönlichen Identität ausgeführt wird, ergibt sich die Richtung des Verhaltens auf der Grundlage einer inhaltlichen Passung zwischen den situativen und personalen Verhaltensmöglichkeiten und ihren Implikationen bzgl. wichtiger Elemente der personalen Identität.

Zeitliche Aspekte des motivierten Verhaltens, insbesondere der Zeitpunkt des Beginns einer zielgerichteten Handlung, stehen im Vordergrund volitionaler Perspektiven auf das Motivationsgeschehen (IV.2.3). Der motivationspsychologische Fokus auf Willensprozesse trägt der Tatsache Rechnung, dass der bloße Entschluss, ein bestimmtes Ziel zu verfolgen, häufig noch nicht ausreicht, um dieses Ziel auch zu erreichen. So fällt es manchmal schwer, sich zu

den Verhaltensweisen aufzuraffen, die für die Verfolgung eines anspruchsvollen Ziels erforderlich sind („Prokrastination"). Volitionsprozesse, wie etwa
die konkrete Planung bestimmter Verhaltensweisen in geeigneten Situationen
(sog. „implementation intentions"), unterstützen die erfolgreiche Umsetzung
von Zielen in Verhalten, indem sie die Auslösebedingungen für den Beginn
zielbezogener Verhaltensweisen spezifizieren.

Nicht nur der Beginn, auch das Ende zielbezogener Aktivitäten kann zum
Gegenstand motivationspsychologischer Analysen werden. So führt die Erreichung eines Ziels typischerweise zu einer Deaktivierung der entsprechenden
zielbezogenen Motivation. Motivationspsychologisch noch interessanter sind
allerdings Situationen, in denen ein persönliches Ziel trotz wiederholter Bemühungen nicht erreicht wurde. Welche Prozesse sind nun erforderlich, um
die aktivierte Motivation trotz Nichterreichung des Ziels wieder aufzulösen?
Mechanismen der Zielablösung (sog. „disengagement") und des Selbstwert-
schutzes sind von zentraler Bedeutung, um leerlaufendes motiviertes Verhalten zu beenden und knappe Handlungsressourcen zu schonen, zentrale
Elemente der personalen Identität vor kritischer Evidenz zu schützen und eine
Neuausrichtung des motivationalen Systems vorzubereiten (s. Kapitel IV.2).

Eine wesentliche Rolle für die motivierte Verhaltenssteuerung kommt
schließlich den Emotionen zu (s. Kapitel V „Emotion"). Emotionen entstehen
häufig im Zuge motivationaler Prozesse, etwa als Reaktion auf Erfolg oder
Misserfolg, und ihre wesentliche Funktion besteht darin, motiviertes Verhalten und motivationale Bindungen zu regulieren. Zum einen sind Emotionen
häufig mit spezifischen Handlungsimpulsen verbunden (Wut – Zerstörung,
Furcht – Flucht, Mitleid – Unterstützung, Reue – Wiedergutmachung) und sie
können allgemeine Verhaltenstendenzen der Annäherung bzw. Vermeidung
aktivieren.

Darüber hinaus sind Emotionen wichtig für die Energetisierung von Verhalten. Die mit Emotionen typischerweise einhergehende Erhöhung des Ak-
tivierungsniveaus mobilisiert den Organismus für notwendiges Verhalten;
allerdings können Emotionen auch mit laufenden Verhaltensroutinen interfe-
rieren oder gar zu einer generellen Verhaltenshemmung führen (etwa im Falle
von Trauer oder Niedergeschlagenheit). Auf subtile Weise tragen Emotionen
so zu einer Regulation motivationaler Zustände bei: Sie können sowohl die
Bindung an ein Ziel erhöhen als auch die Ablösung von einem blockierten Ziel
vorbereiten (Rothermund & Eder, 2009).

Wissenschaftliche Untersuchungen zum Zusammenhang von Emotion und
Motivation belegen insgesamt eine hohe Flexibilität in der emotionalen Steue-
rung von Motivation und Verhalten. Emotion tritt dabei meistens als ein die

Motivation unterstützender Prozess in Erscheinung. Allerdings können Emotionen auch als Gegenspieler einer rationalen Planung zielgerichteten Verhaltens auftreten. In diesen Fällen stellen Emotionen eine mögliche Ursache für willensschwaches Verhalten dar, das den Zielen und Absichten einer Person zuwiderläuft (etwa in Versuchungssituationen). Aus motivationaler Perspektive interessiert hierbei vor allem die Frage, welche Faktoren die Ausrichtung von rationaler und emotionaler Verhaltenssteuerung koordinieren, und wie eine Regulation emotionaler Reaktionen möglich ist.

II
Motivation als Kraft

Eine historisch frühe Sichtweise der wissenschaftlichen Motivationspsychologie begreift menschliches Verhalten als Resultat von Kräften. In Analogie zu einem physikalischen Verständnis von Bewegung, nach dem Änderungen in der Richtung oder Geschwindigkeit, mit der sich ein Körper bewegt, durch Kräfte bedingt sind, die auf diesen Körper wirken, wird auch menschliches Verhalten als Ergebnis eines Kräftespiels aufgefasst. Etwas überspitzt formuliert könnte man diese Auffassung auch so wiedergeben: Gute Gründe für eine Verhalten zu haben, ist nicht genug; ohne eine entsprechende, das Verhalten energetisierende Kraft verharrt der Organismus in Ruhe. Diese Auffassung von Motivation als Kraft findet sich vor allem bei sogenannten psychodynamischen Theorien (griechisch *dynamis* = Kraft) sowie bei behavioristisch inspirierten Triebtheorien der Motivation.

Zwei Konzeptionen von Motivation als Kraft müssen jedoch unterschieden werden. Bei *Triebtheorien* (II.1) geht es vor allem um die Bereitstellung von Energie, die nötig ist, um das Verhalten eines Organismus in Gang zu setzen oder aufrechtzuerhalten. Gängigen Triebtheorien zu Folge wird diese Energie im Organismus durch Deprivations- und Defizitzustände aufgebaut und benutzt, um Verhaltensweisen auszuführen, die auf eine Beseitigung der unbefriedigten Bedürfnisse und der damit verbundenen, als unangenehm empfundenen inneren Spannung gerichtet sind. Eine zentrale Annahme der Triebtheorie ist dabei, dass die im Organismus aufgestaute Energie unspezifisch ist und für beliebige Verhaltensweisen eingesetzt werden kann.

Im Gegensatz hierzu benutzt die *Feldtheorie* (II.2) ein Konzept von gerichteten Kräften. Nach dieser Auffassung ist menschliches Verhalten das Ergebnis der verschiedenen inneren und äußeren Kräfte, die das Handeln eines Menschen beeinflussen. Jede dieser Kräfte hat eine bestimmte Richtung, zieht oder schiebt die Person also zu bestimmten Objekten oder Anreizen hin oder – im Falle abstoßender Kräfte – von diesen weg. Das tatsächliche Verhalten ergibt sich dann ähnlich der resultierenden Kraft in einem Parallelogramm der Kräfte als Summe der verschiedenen gerichteten Antriebe und Anreize.

II.1 Triebtheorien

II.1.1 Allgemeine Charakteristiken des Triebbegriffs

Der Ausdruck Trieb wird in der Motivationspsychologie als generelles Erklärungsprinzip der Verhaltensmotivation benutzt[1]. Triebtheoretischen Auffassungen ist gemeinsam, dass Triebzustände als allgemeine und *unspezifische* Quelle der Verhaltensenergetisierung konzipiert werden. Diese Vorstellung unspezifischer Triebzustände speist sich aus einem physikalischen Bild von Energie als einer abstrakten Größe, die in unterschiedlichen Formen auftreten kann (Wärme, Bewegung etc.) und deren Erscheinungsformen wandelbar und ineinander überführbar sind. Triebenergie ist also prinzipiell für beliebige Verhaltensweisen einsetzbar.

Ein weiteres Charakteristikum von Triebzuständen ist, dass sie als ein aus dem Organismus selbst kommender Druck („push") verstanden werden, der das Verhalten von innen anschiebt. Im Gegensatz hierzu werden Anreize (etwa in der Feldtheorie, s. Abschnitt II.2) als von außen auf den Organismus wirkende Kräfte verstanden, die diesen in eine bestimmte Richtung ziehen („pull"). Im Gegensatz zu Anreizen, denen man auch ausweichen kann, um so ihrem Einfluss zu entgehen, können Triebzustände also nicht vermieden werden. Man ist einem Triebzustand in gewissem Sinne ausgeliefert, da dieser in der Person selbst sitzt. Ein aktivierter Trieb lässt sich vielleicht unterdrücken oder kontrollieren – vor ihm fliehen oder ihn vermeiden kann man jedoch nicht.

Ein letztes, zentrales Merkmal von Triebzuständen ist ihre aversive Qualität. Triebzustände entstehen durch unerfüllte Bedürfnisse und zeigen einen Defizitzustand an, der als unangenehm empfunden wird. Die Reduktion der Triebspannung wird dagegen als befriedigend und lustvoll erlebt. Die Funktionslogik von Trieben besteht nun darin, dass sie Verhalten energetisieren, um so die aufgestaute, als unangenehm empfundene Triebspannung abzubauen. Triebtheorien zeichnen sich also im Kern durch eine hedonistische Form

---

[1] Diese allgemeine Verwendung des Begriffs „Trieb" hat also wenig gemein mit einer für extreme Fromen des Verhaltens reservierten Bedeutung des Begriffs im Sinne von „getrieben sein", die etwa dem Ausdruck „Triebtäter" zugrundeliegt.

der Verhaltenserklärung aus: Die Vermeidung unangenehmer und das An-streben angenehmer Gefühlszustände ist der zentrale Mechanismus, durch den Triebzustände das Verhalten motivieren.

II.1.2 Tiefenpsychologische Motivationstheorie

Die erste psychologische Triebtheorie der Motivation wurde von Sigmund Freud (1915/1982) entwickelt. Seine Vorstellung von menschlicher Motivation als einem „Dampfkessel", in dem vor allem unbefriedigte libidinöse Bedürf-nisse Spannungszustände erzeugen, die durch entsprechende Verhaltens-weisen wieder abgebaut werden, enthält die wesentlichen Elemente einer Triebtheorie der Motivation. Auf die teilweise komplexen und subtilen Vor-stellungen Freuds etwa zu unterschiedlichen Formen des Spannungsabbaus (Primär- vs. Sekundärprozesse; Spannungsreduktion durch Handeln oder Denken; Fixierungen, Verschiebungen und Ersatzbefriedigung), die mit den verschiedenen Steuerungsebenen und Funktionsprinzipien seines psychi-schen Instanzenmodells (Es – Ich – Über-Ich, Realitätsprinzip vs. Lustprinzip) in Zusammenhang stehen, wird hier nicht weiter eingegangen (s. hierzu etwa Freud 1923/1982). Neben Platzgründen hängt dies vor allem damit zusammen, dass es kaum Versuche einer empirischen Überprüfung von Freuds Modell-vorstellungen gibt, sodass eine fundierte wissenschaftliche Bewertung der Theorie nicht möglich ist.

II.1.3 Behavioristische Motivationstheorie

Motivationsabhängigkeit von Lernen und Verhalten. Innere motivationale Zustän-de stellten für die streng am klassischen behavioristischen Forschungsideal ausgerichtete Lernpsychologie lange Zeit ein Tabu dar. Allerdings war nicht zu übersehen, dass Verstärkungstheorien ohne motivationale Konzepte schnell an ihre Erklärungsgrenzen stoßen. Offensichtlich lernen satte Versuchstiere deutlich langsamer als hungrige, und auch vorher gelerntes Verhalten wird im satten Zustand seltener gezeigt.

In einer Untersuchung von Warden, Jenkins und Warner (1936) konnte ein systematischer Zusammenhang zwischen der Stärke des triebspezifischen Aktivationsniveaus und der Verhaltensstärke nachgewiesen werden. In der sog. Columbia Obstruction Box mussten die Tiere zunächst ein elektrifiziertes Gitter überqueren, um einen bestimmten Anreiz zu erhalten (Futter, Flüssigkeit, ein paarungswilliges Weibchen). Es zeigte sich, dass die Bereitschaft, das Elektrogitter zu überqueren, um den jeweiligen Anreiz zu erhalten, mit zunehmender Entzugsdauer zunahm (Abb. 1).

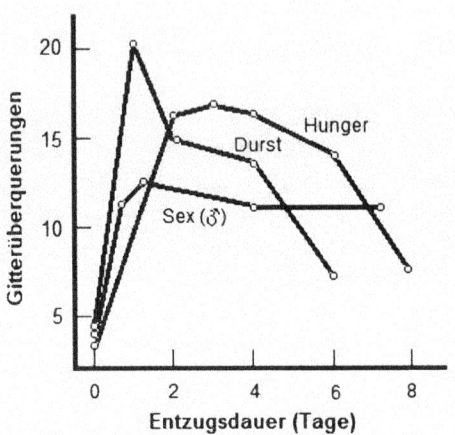

Abbildung 1: Häufigkeit der Überquerung eines elektrifizierten Gitters, um einen spezifischen Anreiz zu erhalten, in Abhängigkeit von der anreizspezifischen Entzugsdauer.

Diese Ergebnisse belegen den Einfluss motivationaler Zustände auf das Verhalten. Allerdings kann aus dem positiven Zusammenhang zwischen Triebaktivierung und Maßen der Verhaltensintensität nicht unbedingt eine Erhöhung der Verhaltensqualität bzw. des Verhaltenserfolgs durch aktivierte Bedürfnisse abgeleitet werden. Hier sind die Zusammenhänge komplizierter.

Wie bereits das sogenannte Yerkes-Dodson-Gesetz (Yerkes & Dodson, 1908) postuliert, besteht zwischen dem motivationalen Aktivationsniveau und der Verhaltenseffizienz ein umgekehrt U-förmiger Zusammenhang, d. h., die beste Leistung wird bei einer mittleren Triebspannung erreicht (vgl. hierzu bereits die mit der Columbia Obstruction Box erzielten Ergebnisse, Abb. 1). Eine darüber hinausgehende, weitere Erhöhung der Aktivation führt dann zu einer Beeinträchtigung der Leistung. Dies konnte empirisch an Mäusen gezeigt werden, die eine Diskriminationsaufgabe lösen sollten, und denen während der Bearbeitung der Aufgabe Elektroschocks unterschiedlicher Stärke verabreicht wurden. Die Intensität der Schocks entspricht direkt der Triebspannung. Die beste Leistung fand sich in der Bedingung mit Elektroschocks mittlerer Intensität.

Die Stärke des optimalen Aktivationsniveaus hängt wiederum von der Komplexität der zu lösenden Aufgabe ab (Abb. 2): Bei einfachen Aufgaben findet sich die beste Leistung bei einem hohen Aktivationsniveau. Mit zunehmender Schwierigkeit der Aufgabe sinkt das Niveau der für die Aufgabe optimalen Aktivation jedoch immer weiter ab – offenbar stört die zu hohe Motivation bei der Bewältigung komplexer Aufgabenanforderungen.

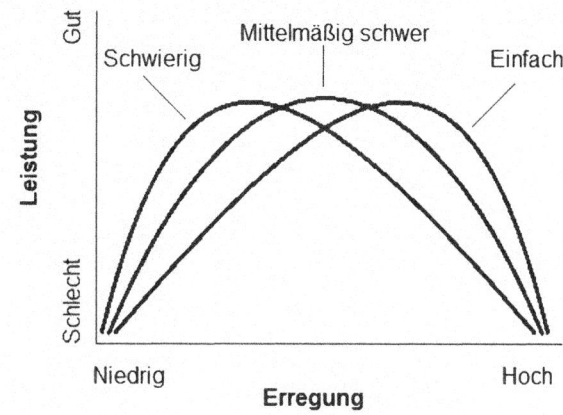

Abbildung 2: Zusammenhang zwischen Aktivationsniveau und Leistungsgüte für Aufgaben unterschiedlicher Schwierigkeit.

Eine – allerdings kognitive – Erklärung für diesen negativen Zusammenhang zwischen Aufgabenschwierigkeit und dem für die Aufgabenbearbeitung optimalen Aktivationsniveau liefert die sogenannte Easterbrook-Hypothese. Easterbrook (1959) konnte zeigen, dass bei hoher Erregung die Informationsverarbeitung auf wenige, absolut relevante Reize eingeschränkt wird. Zudem dominieren bei hoher Aktivation die gelernten und etablierten Verhaltenstendenzen, der Organismus greift in solchen Situationen fast ausschließlich auf bewährte Verhaltensweisen zurück und erhöht deren Intensität. Für einfache Aufgaben ist diese Relevanzfokussierung von Vorteil; bei komplexen Aufgaben, die eine offene und kreative Verarbeitung und Integration einer Vielzahl verschiedener Informationen verlangen, ist dagegen die Leistungsfähigkeit eingeschränkt.

Die Theorie von Hull. Eine mathematisch formalisierte Triebtheorie der Motivation wurde von dem Neo-Behavioristen Clark Hull (1943) in seinem Buch „Principles of Behavior" entwickelt. Mit diesem Werk avancierte Hull für lange

Zeit zum meistzitierten Autor in der wissenschaftlichen Psychologie. Auch für die Motivationstheorie von Hull ist der unspezifische Antriebscharakter von Triebzuständen zentral:

> „The drive concept … is proposed as a common denominator of all primary motivations, whether due to food privation, water privation, thermal deviations from the optimum, tissue injury, the action of sex hormones, or other causes. … This implies to a certain extent the undifferentiated nature of drive in general contained in Freud's concept. … However, it definitely does not presuppose the special dominance of any one drive, such as sex, over the other drives." (S. 239–241)

Die Undifferenziertheit von Triebzuständen als abstraktes Maß der reinen Antriebsstärke stellt ein wichtiges Postulat der Theorie dar. Die Annahme einer unspezifischen Verhaltensenergetisierung ist ein hochelegantes Merkmal der Theorie, weil es den Triebzustand allein mit der Intensität des Verhaltens in Verbindung bringt, nicht mit dessen Richtung.

Wie erhält das Verhalten dann aber seine spezifische Ausrichtung? Für den Richtungsaspekt sind in Hulls Theorie nicht Triebzustände *(drives)*, sondern Gewohnheiten *(habits)* zuständig. Im Kern ist Hulls Motivationstheorie also nach wie vor ein Modell des operanten Lernens. Verhaltensweisen werden zunächst zufällig ausgeführt, die Auftretenshäufigkeit eines Verhaltens verändert sich im Laufe der Zeit nach dem „Gesetz des Effekts" *(law of effect*; Thorndike, 1898): Verhaltensweisen, die angenehme Konsequenzen nach sich ziehen, werden verstärkt und treten anschließend häufiger auf, während Verhaltensweisen, die unangenehme Folgen haben, bestraft und daher vermieden werden.

Die Habitstärke in Hulls Modell ist nichts anderes als die Verstärkungsgeschichte eines Verhaltens in einer bestimmten Situation. Hierbei wird angenommen, dass der Grad der Verstärkung eines Verhaltens genau dem Ausmaß entspricht, in dem dieses Verhalten in der Vergangenheit eine Befriedigung aktueller Bedürfnisse herbeigeführt hat. In einer bestimmten Situation wird immer nur das Verhalten gezeigt, dessen Habitstärke am höchsten ist, das in dieser Situation also bisher die höchste Bekräftigung erzielt hat.

Es ist jetzt an der Zeit, die einfache, formalisierte Fassung von Hulls Motivationstheorie vorzustellen. Die Stärke (das exzitatorische Potenzial, E) eines Verhaltens (R) in einer Situation (S) entspricht dem Produkt der aktuellen Triebstärke (D) mit der Habitstärke (h) des Verhaltens in der jeweiligen Situation (S):

$$_sE_R = D \times {}_sh_R$$

Mit diesem einfachen multiplikativen Modell wird ausgedrückt, dass Trieb-stärke und Habitstärke bei der Motivierung des Verhaltens zusammenwirken. Hat die aktuelle Triebstärke den Wert 0, dann erfolgt kein Verhalten, egal wie stark der Habit – also die vorangehende Verstärkung in der jeweiligen Situation – für ein Verhalten auch sein mag. Ohne Energie (also ohne Motivation) kein Verhalten. Umgekehrt reicht ein hoher Triebzustand allein auch nicht aus, um systematisch Verhalten zu aktivieren. Verhaltensweisen ohne jede vorangehende Verstärkung (Habitstärke 0) werden auch bei starker Triebaktivierung nicht ausgeführt.

Technisch gesprochen impliziert die multiplikative Verknüpfung von Trieb und Habitstärke eine Interaktion der beiden Faktoren für die Verhaltensstär-ke. Die Stärke des Einflusses von Unterschieden in der Triebstärke auf die Verhaltensstärke sollte also umso deutlicher ausfallen, je stärker der Habit für das jeweilige Verhalten ausgeprägt ist. Umgekehrt sollten Unterschiede in der Habitstärke vor allem bei hoher Triebstärke im beobachtbaren Verhalten sicht-bar werden.

Interaktion von Trieb und Habit – empirische Evidenz. Einen Beleg für diese postulierte Interaktion liefern Untersuchungsergebnisse aus Experimenten von Perin (1942) und Williams (1938). In diesen Studien wurde unabhängig voneinander die Triebstärke (Dauer des Nahrungsentzugs: 3 Stunden vs. 22 Stunden) wie auch die Habitstärke (Anzahl der vorherigen Bekräftigun-gen des Verhaltens) variiert. Als Indikator der Verhaltensstärke wurde die Löschungsresistenz des Verhaltens erhoben, also die Persistenz, mit der das Verhalten auch noch nach dem Aussetzen der Verstärkung weiter gezeigt wird (Dauer und Anzahl vergeblicher Versuche).

Entsprechend der Theorie zeigt sich der erwartete Interaktionseffekt (Abb. 3): Der Unterschied in der Löschungsresistenz zwischen der hungrigen und der weniger hungrigen Gruppe zeigt sich umso deutlicher, je stärker der Habit ausgeprägt ist, also desto mehr Bekräftigungen das Verhalten vor dem Nahrungsentzug erhalten hatte.

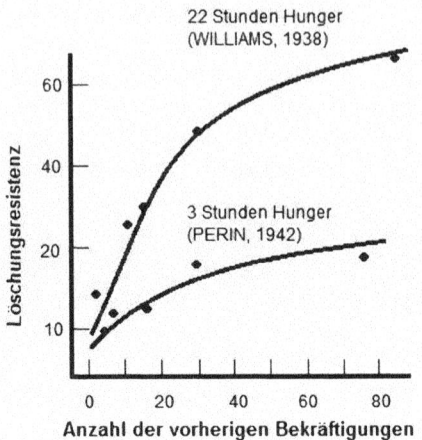

Abbildung 3: Ergebnisse der Untersuchungen von Perin (1942) und Williams (1938) zum Einfluss von Habitstärke (Anzahl vorheriger Verstärkungen) und Triebstärke (Dauer des Nahrungsentzugs) auf die Verhaltensstärke (Löschungsresistenz).

Unspezifische Verhaltensaktivierung – empirische Evidenz. Kommen wir jetzt noch einmal auf die Annahme zurück, dass Triebe eine unspezifische Quelle der Verhaltensaktivierung darstellen. Für ein Verständnis von Hulls Theorie ist es wichtig, sich die Implikationen dieser Annahme klar zu machen: Die Grundidee ist, dass ein Triebzustand keine Information mehr darüber enthält, durch welche Art von Deprivation er entstanden ist. Triebzustände energetisieren somit prinzipiell *beliebiges* Verhalten, unabhängig von einer inhaltlichen Passung zwischen der Triebursache – dem *spezifischen* Bedürfnis *(need)* – und dem jeweiligen Verhalten.

Diese Trennung von Determinanten der Energetisierung *(Drive)* und der Ausrichtung von Verhalten *(Habit)* ist elegant, stellt aber eine gewagte und auf den ersten Blick nicht unbedingt plausible Annahme dar. Denn es ist natürlich nicht so, dass das dem Triebzustand zugrunde liegende Bedürfnis auf beliebige Weise gestillt werden könnte. Hunger lässt sich nur durch Nahrung, Unterkühlung nur durch Wärme beseitigen, etc.

In einem Experiment von Webb (1949) wurde die Annahme der unspezifischen Triebaktivierung einer direkten Prüfung unterzogen. Die Versuchstiere lernten zunächst, durch das Drücken eines Hebels Futter zu bekommen. Anschließend erhielten die Tiere zwar Zugang zu Futter, durften aber für unterschiedlich lange Zeit nichts trinken. Nach der Wasserdeprivation wurde die Löschungsresistenz für das Hebeldrücken gemessen (Tab. 1). Tatsächlich drückten die Versuchstiere mit zunehmender Dauer der Wasserdeprivation häufiger den „Futter"-Hebel (ohne dafür irgendetwas zu erhalten). Diese Zunahme der Verhaltensstärke in Abhängigkeit von der Triebstärke belegt das Postulat der unspezifischen Aktivierung, da ja das manipulierte Bedürfnis (Durst) gar nicht zu dem gelernten Effekt des ausgeführten Verhaltens (Futter) passte.

Tabelle 1: Ergebnisse der Untersuchung von Webb (1949) zum Einfluss „passender" (Durst) und „unpassender" (Hunger) Triebstärke auf die Verhaltensstärke (Löschungsresistenz für Verhalten, das vorher mit Futter belohnt wurde).

Gruppe	Nahrungs-deprivation (in Stunden)	Wasser-deprivation (in Stunden)	Durchschnittliche Anzahl der Reaktionen (Löschungsresistenz)
I	0	0	2.8
II	0	3	5.2
III	0	12	5.1
IV	0	22	7.2
V	22	0	14.2

Wie aber lässt sich mit der unspezifischen Energetisierungstheorie erklären, dass Menschen und Tiere normalerweise sehr gut in der Lage sind, das „richtige", also das zu einem Triebzustand passende Verhalten auszuführen? Hierzu stellt Hull folgende Überlegung an: Der Bedürfniszustand, der die Triebenergie produziert, hat eine bestimmte Empfindungsqualität für den Organismus – Hunger fühlt sich anders an als Durst, Müdigkeit, Kälte oder Schmerz. Hull bezeichnet diese bedürfnisspezifischen Empfindungen als Triebreize (S^D). Insoweit der Organismus zwischen unterschiedlichen Bedürfniszuständen unterscheiden kann, werden die Triebreize zu einem Teil der Situationskomponente der Habits. In einer Situation, die sich nach „Hunger" anfühlt, werden dann vor allem solche Verhaltensweisen aktiviert, die früher in einer Situation des Hungers verstärkt wurden, denn diese haben für diese Situation die höchste Habitstärke. Bei erlebtem Hunger haben aber nur solche Verhaltensweisen eine gute Chance, verstärkt zu werden, die auch tatsächlich zu einer Reduktion des Hungers führen, denn nach Hull wirkt ja die Bedürfnisreduktion als Verstärker.

Mit der Annahme situationsspezifischer Habits ist es also möglich, auch bedürfnisspezifisches Verhalten zu erklären. Die Triebenergie aktiviert zwar potentiell beliebiges Verhalten, allerdings setzt sich immer das Verhalten durch, das in der aktuellen Situation die größte Habitstärke besitzt. Fühlt sich der Organismus hungrig (durstig, müde etc.), dann sind in der jeweiligen Situation genau die Verhaltensweisen dominant, die bereits in der Vergangenheit zu einer Bedürfnisbefriedigung geführt haben, wenn sich der Organismus hungrig (durstig, müde etc.) gefühlt hat.

Ein weiteres Ergebnis der oben geschilderten Untersuchung von Webb (1949) kann als indirekter Beleg dieser Auffassung betrachtet werden. In einer zusätzlichen Bedingung des Experiments (s. letzte Zeile der Tab. 1) wurden die Tiere für eine lange Zeit nahrungsdepriviert (bei freiem Zugang zu Wasser). Die Dauer des Nahrungsentzugs entsprach exakt der maximalen Dauer der Wasserdeprivation in der „Durst"-Bedingung. Auch in der „Hunger"-Bedingung fand sich eine hohe Persistenz des Hebeldrückens (obwohl das Drücken nun nicht mehr mit Futter belohnt wurde). Tatsächlich war die Löschungsresistenz in der „Hunger"-Bedingung annähernd doppelt so hoch wie in der entsprechenden „Durst"-Bedingung – ein klarer Beleg für bedürfnisspezifische Einflüsse auf das gezeigte Verhalten. In Hulls Theorie erklärt man diesen Effekt damit, dass die durch Nahrungsdeprivation herbeigeführte „innere" Situation des Organismus besser der Situation entspricht, unter der das Hebeldrücken gelernt wurde. Die situationsspezifische Habitstärke unter Hunger ist daher stärker als nach Wasserdeprivation.

Hinter die Triebreiz-Interpretation bedürfnisspezifischen Verhaltens muss dennoch ein Fragezeichen gesetzt werden. Zum einen sind natürlich auch andere Erklärungen bedürfnisspezifischen Verhaltens möglich (etwa durch Wissen um die Effekte von verschiedenen Verhaltensweisen und vernünftige Auswahl des zum aktuellen Bedürfnis passenden Verhaltens). Zum anderen fanden sich in einer einfallsreichen Untersuchung von Hull (1933) nur schwache Hinweise auf die Fähigkeit von Ratten, systematisch zwischen unterschiedlichen Bedürfniszuständen zu diskriminieren und das Verhalten entsprechend auszurichten. In diesem Experiment durchliefen Ratten ein einfaches Labyrinth (Abb. 4), dessen Weg sich zunächst in einen linken und einen rechten Ast gabelte. Nach der Gabelung verliefen die beiden Wege parallel und wurden kurz vor der Zielkammer des Labyrinths wieder zusammengeführt. In Abhängigkeit davon, welchen Weg die Versuchstiere durchliefen, erhielten sie in der Zielkammer entweder Wasser oder Futter (z. B. rechter Ast → Futter, linker Ast → Wasser). Weiterhin wurde variiert, ob die Ratten in hungrigem oder durstigem Zustand in das Labyrinth gesetzt wurden. Nach einer Vielzahl von Trainingsdurchgängen waren die meisten Tiere in der Lage, in Abhängigkeit vom aktuellen Bedürfniszustand den „richtigen" Weg einzuschlagen, d. h., durstige Tiere wählten den linken Weg, sodass sie in der Zielkammer Wasser erhielten, hungrige Tiere bevorzugten dagegen den rechten Weg. Hull (1933) erklärt dieses Ergebnis mit dem Konzept der Triebreize (S^D): Der Hunger bzw. Durst der Tiere stellt einen internen Reiz dar, der zur Ausprägung bedürfnisspezifischer Habits beiträgt. Im Zustand des Hungers (S^D = Hunger) führt das Verhalten zu einer stärkeren Triebreduktion, bei dem am Ende Futter gegeben wird (rechts Abbiegen), während bei durstigen Tieren (S^D = Durst) das alternative Verhalten stärker bekräftigt wird (links Abbiegen). Nach einiger Zeit ist daher die Habitstärke für das Durchlaufen des rechten Astes unter Hunger stärker ($_\text{Hunger}h_\text{rechts} > {_\text{Hunger}}h_\text{links}$), während bei Durst das Durchlaufen des linken Weges eine höhere Habitstärke besitzt ($_\text{Durst}h_\text{links} > {_\text{Durst}}h_\text{rechts}$)

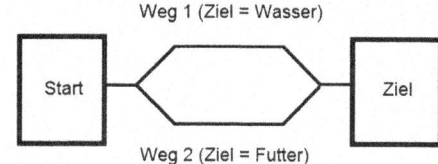

Abbildung 4: Struktur des Labyrinths in der Studie von Hull (1933) zur Untersuchung des Einflusses bedürfnisspezifischer Triebreize (S^D) auf die Verhaltenssteuerung.

Anreizeffekte (K). Ein weiterer Befund stellte das Modell von Hull vor weitere Probleme. In verschiedenen Untersuchungen zeigte sich nämlich, dass selbst bei konstanter Triebstärke und nach einer ausgedehnten Phase der kontinuierlichen Verstärkung allein Unterschiede in der Menge oder Qualität der verabreichten Verstärker zu massiven und plötzlichen Veränderungen in der Verhaltensstärke führten.

Die berühmteste Untersuchung dieser Art wurde von Crespi (1942) berichtet. Die Versuchstiere mussten von einer Startkammer zu einer Zielkammer laufen, dabei wurde die Laufgeschwindigkeit gemessen. Beim Erreichen des Ziels wurden die Tiere mit Futter belohnt; verschiedene Gruppen von Tieren erhielten jeweils unterschiedliche Mengen von Futter. Wenig überraschend zeigte sich zunächst, dass Tiere, die viel Futter erhielten, schneller zum Ziel liefen als Tiere, die nur geringe Mengen Futter erhielten (Abb. 5). Ganz im Einklang mit Hulls Modell, das einen kontinuierlichen Aufbau und eine allmähliche Änderung der Habitstärke durch die kumulierte Verstärkungserfahrung postuliert, bildete sich dieser Unterschied nach und nach während der Lernphase heraus. Nach Abschluss der Lernphase wurde jedoch die Verstärkungsmenge zwischen den Gruppen gewechselt: Tiere, die vorher viel Futter erhielten, bekamen nun wenig, und Tiere mit vorher geringer Verstärkung erhielten nun die große Futtermenge. Dies hatte bereits in den unmittelbar folgenden Durchgängen eine dramatische Anpassung der Verhaltensintensität zur Folge. Die über eine ausgedehnte Lernphase erworbenen Unterschiede konnten in ein bis zwei Durchgängen rückgängig gemacht und vollständig umgekehrt werden.

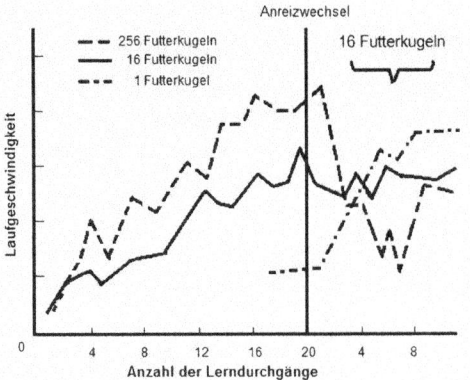

Abbildung 5: Ergebnisse des Experiments von Crespi (1942) zum Einfluss der Anreizmenge auf die Verhaltensstärke (Laufgeschwindigkeit).

Die direkte Kopplung von Veränderungen in der Anreizmenge mit abrupten Änderungen in der Verhaltensstärke kann weder mit einer Veränderung der Triebstärke (diese wurde konstant gehalten) noch mit einer Veränderung der Habitstärke (diese kann sich nach einer langen Lernphase durch einzelne Verstärkungserfahrungen nur geringfügig verändern) erklärt werden und widerspricht somit dem einfachen Trieb × Habit Modell. Hull reagierte auf diese

Befunde durch Hinzufügen einer weiteren Modellkomponente K, mit der die Stärke der Konsummationsreaktion bezeichnet wird, die von einem Anreiz ausgeht[2]:

$$_sE_R = D \times {_s}h_R \times K$$

Mit diesem erweiterten Modell können Anreizeffekte natürlich leicht erklärt werden. Es stellt sich jedoch die weitergehende Frage, wie denn ein Anreiz, der noch gar nicht konsumiert wurde, Verhalten aktivieren kann. Um das zu verstehen, benötigen wir das Konzept der sogenannten „fragmentarischen, antizipatorischen Zielreaktion": Die direkte Konfrontation mit einem möglichen Anreiz löst bereits Rudimente von späteren Konsummationsreaktionen aus (Kau- und Schluckbewegungen, Speichelfluß, Erektion etc.). Diese Appetenzreaktionen sollen im Organismus einen triebähnlichen Erregungszustand hervorrufen, der zusätzlich verhaltensaktivierend wirkt.

Der einfache und naheliegende Fall einer anreizbedingten Aktivierung liegt vor, wenn ein Anreiz unmittelbar wahrgenommen wird. Interessanterweise finden sich Anreizeffekte aber auch dann, wenn die Anreize nicht sichtbar sind, sondern nur erwartet werden, z. B. weil im vorangehenden Durchgang eine Belohnung mit dem entsprechenden Anreiz erfolgte (wie in der oben geschilderten Untersuchung von Crespi, 1942).

Eine kognitive Motivationstheorie hat keine Probleme damit, Erwartungen und die mit einer bloß vorgestellten Konsummation von Anreizen verbundenen Affekte als Ursachen des Verhaltens anzunehmen. Für ein behavioristisches Wissenschaftsverständnis ist der Rückgriff auf nicht beobachtbare mentale Phänomene aber unbefriedigend. Um Anreizeffekte in termini von Reiz-Reaktions-Verbindungen zu erklären, wird daher angenommen, dass die früher erfahrene Konsummation eines Anreizes in späteren Situationen durch erworbene Assoziationsketten simuliert und vorweggenommen werden kann.

Beim Durchlaufen eines Weges von einer Start- zu einer Zielkammer erwirbt das Tier eine Kette von Reiz-Reaktions-Assoziationen, die das Verhalten steuern (sog.

---

[2] Eine alternative Modellrevision wurde von Spence (1956) vorgeschlagen, bei der die Stärke der Konsummation additiv mit der Triebstärke verrechnet wird: $E = (D+K) \times h$. In diesem additiven Modell aktivieren Anreize *unabhängig* vom aktuellen Niveau der Triebaktivierung Verhalten. Nach Hulls Modell ist dagegen die Wirkung eines Anreizes von der aktuellen Bedürfnislage abhängig: Die Wirkung eines Anreizes fällt umso stärker aus, je höher der aktuelle Triebzustand ist. Bei vollständig befriedigter Bedürfnislage können auch große Anreize keine Wirkung entfalten.

„chaining"). Im Laufe der Zeit reduzieren sich diese Assoziationen zwischen realen Reizen und Verhaltensweisen zu Assoziationen zwischen internen Erlebnissen, die bei der Wahrnehmung von Reizen und bei der Ausführung des Verhaltens entstehen. Diese Entkoppelung der Assoziationskette von der faktischen Reizwahrnehmung und Verhaltensausführung erlaubt nun ein schnelles Durchlaufen der Kette bis zu ihrem Ziel, noch bevor der erste Schritt getan ist. Diese simulierte Vorwegnahme der Konsummation des Anreizes energetisiert dann das gesamte folgende Verhalten auf dem Weg zum Ziel und liefert so eine assoziationistische Erklärung erwartungsbedingter Anreizeffekte.

Die Annahme interner Assoziationsketten veranschaulicht den fließenden Übergang von assoziationistischen zu mentalen, kognitivistischen Modellen der Verhaltenserklärung.

II.1.4   Neugierverhalten und Aktivation

Für alle Triebtheorien ist das Aktivationskonzept zentral für die Verhaltenserklärung. Bedürfnisbezogene Defizitzustände werden vom Organismus als unangenehme, innere Spannung (= Aktivation) erlebt, die dann Verhaltensweisen energetisiert, die die Neutralisierung der Aktivation zum Ziel haben. Wir hatten bereits gesehen, dass hohe Aktivation zwar die Intensität des ausgeführten Verhaltens bestimmt, nicht aber dessen Qualität (s. o. Easterbrook-Hypothese). Eine weitere, zumindest auf den ersten Blick sehr auffällige, Abweichung von den Vorhersagen eines Defizitmodells der Motivation besteht darin, dass das Verhalten in manchen Fällen nicht nur durch innere Triebzustände sondern auch direkt durch Umweltmerkmale bestimmt wird.

Offenkundig wird dieser Einfluss, wenn man sogenanntes Neugier- oder Explorationsverhalten betrachtet. Häufig wurde beobachtet, dass Tiere manchmal die Tendenz haben, von einem bislang erfolgreichen Verhalten plötzlich ohne erkennbaren Grund auf ein anderes Verhalten zu wechseln, das bisher noch nicht verstärkt wurde – so wird etwa in einem Labyrinth nun der rechte Ast „ausprobiert", obwohl bislang der linke Ast immer zu einer Verstärkung geführt hat.

Um diesen und ähnliche Befunde zu erklären, müssen wir ein wenig weiter ausholen und den Zusammenhang zwischen Umweltmerkmalen, Aktivation und Verhalten genauer spezifizieren. In Berlynes (1960) Aktivationstheorie wird zunächst angenommen, dass die vom Organismus als negativ erlebte innere Spannung auch durch den Anreizwert einer Umgebung bestimmt wird.

Eine unattraktive Umwelt erhöht die innere Spannung, während eine attraktive Umwelt hilft, Spannung abzubauen. Durch entsprechendes Verhalten lässt sich also der Spannungszustand direkt regulieren: Die unangenehme Spannung wird reduziert, indem wir attraktive Umweltbedingungen aufsuchen oder herstellen und unattraktive Umwelten vermeiden.

Was aber macht die Attraktivität einer Umwelt aus? Eine zentrale Annahme in Berlynes Theorie besteht darin, dass eine Reizsituation dann als angenehm (spannungsreduzierend) empfunden wird, wenn sie einen mittleren Komplexitätsgrad für den Organismus besitzt. Zu hohe, aber auch zu niedrige Komplexität einer Situation wird dagegen als unangenehm und spannungsinduzierend erlebt.[3]

Übersteigt die von einer Situation ausgehende Stimulation die Kapazitäten des Organismus, etwa weil vielfältige Eindrücke zu verarbeiten sind (Reizüberflutung) oder weil sich eine Situation in überraschender und unvorhersehbarer Weise verändert und nicht beeinflussbar ist, so wird dies als Überforderung erlebt und es besteht die Tendenz, die Komplexität der Situation zu reduzieren. Eine solche Komplexitätsreduktion wird durch *spezifisches* Neugierverhalten erreicht. Man versucht, sich auf die wesentlichen Aspekte der Situation zu konzentrieren, systematische Zusammenhänge in den scheinbar zufälligen Veränderungen der Situation zu erkennen und Faktoren zu identifizieren, die eine systematische Beeinflussung der Situation erlauben. Manchmal ist auch die Vermeidung der Situation und das Aufsuchen einer weniger komplexen Umgebung der einfachste Weg zur Spannungsreduktion.

Aber auch eine zu geringe Komplexität einer Situation wird als aversiv erlebt und induziert eine unangenehme Spannung, da sie dem Stimulationsbedürfnis des Organismus nicht gerecht wird. Die erlebte Spannung äußert sich dann als Unruhe bzw. Langeweile. Diese durch mangelnde situative Anregung bedingte Aktivation lässt sich durch *diversives* Neugierverhalten abbauen. Dieses Verhalten ist dadurch gekennzeichnet, dass Unsicherheiten erzeugt werden (etwa durch Risikoverhalten) und Situationen mit wechselnden und neuen Reizqualitäten hergestellt werden (etwa durch das Er-

---

[3] Die von Berlyne postulierte Präferenz für Reizkonstellationen mittlerer Komplexität wurde vor allem in Untersuchungen zum ästhetischen Empfinden nachgewiesen, bei denen Reizvorlagen mittlerer Komplexität die höchsten Attraktivitätseinschätzungen erhielten (z. B. Munsinger & Kessen, 1964). In pädagogischen Kontexten kann man sich diese Tendenz zunutze machen, indem durch Einstreuen überraschender Informationen Komplexität erzeugt und somit Interesse für bestimmte Themengebiete erzeugt wird (z. B. durch den Hinweis, dass in manchen Gebieten des Äquators Schnee liegt, wenn man die Anden durchnehmen möchte).

kunden unbekannter Umgebungen bzw. das Aussuchen stimulationsstarker Situationen). Vor diesem Hintergrund lässt sich der oben berichtete spontane Verhaltenswechsel beim Durchlaufen eines Labyrinths als diversives Neugier- verhalten deuten.

Einen eindrücklichen Beleg für diese Form des Explorationsverhaltens liefern auch Reizdeprivationsstudien, in denen Versuchspersonen einer ex- trem reizarmen Umgebung ausgesetzt wurden, in der sämtliche sensori- sche Anregungen unterbunden wurden (z. B. Aufenthalt in einem dunklen, schallisolierten Wassertank mit körperwarmem Wasser). Trotz attraktiver Be- zahlung brachen die Teilnehmer dieser Stimulationsdeprivationsstudien meist nach sehr kurzer Zeit den Versuch ab, oder waren bereit, sich Telefonbuch- einträge oder Aktienkurse vorlesen zu lassen, um wenigstens eine minimale Stimulation zu erhalten.

Die Zusammenhänge zwischen der Intensität bzw. Komplexität der Reiz- situation, dem Aktivierungsniveau, der emotionalen Tönung und den durch spezifische und diversive Neugier motivierten Verhaltenstendenzen sind in der Abb. 6 veranschaulicht. Neugierverhalten dient somit der Regulation des Aktivationsniveaus, dessen Minimum allerdings bei einem Reizeinstrom mittlerer Komplexität erreicht wird. Je nach Ausgangssituation (zu hohe bzw. zu niedrige Anregung durch die Situation) wird die Reduktion des Aktiva- tionsniveaus durch spezifisches oder diversives Neugierverhalten erreicht; das gemeinsame Ziel beider Verhaltenstendenzen ist jedoch der Abbau der als un- angenehm erlebten Spannung.

Obwohl es also auf den ersten Blick so erschien, als würden die Effekte der situativen Stimuluskomplexität einem Motivationsmodell der inneren Triebzustände zuwiderlaufen, zeigt die nähere Analyse, dass dennoch negativ valente innere Aktivationszustände den Einfluss von Umweltmerkmalen auf das Verhalten vermitteln. In vollständiger Analogie zu bisherigen triebtheore- tischen Erklärungen ist auch das Neugierverhalten auf die Beseitigung inne- rer Spannungszustände gerichtet, die durch eine Über- oder Unterstimulation entstehen können. Im Unterschied zur Hullschen Theorie setzt diese Auffas- sung allerdings nicht an konkreten Verhaltensweisen an, sondern identifiziert spezifische und diversive Neugier als globale Verhaltensklassen, die sich in jeweils unterschiedlichen Anregungsbedingungen (zu hohe bzw. zu niedri- ge Stimulation) bewährt haben und durch entsprechend ähnliche Situationen auch wieder ausgelöst werden können.

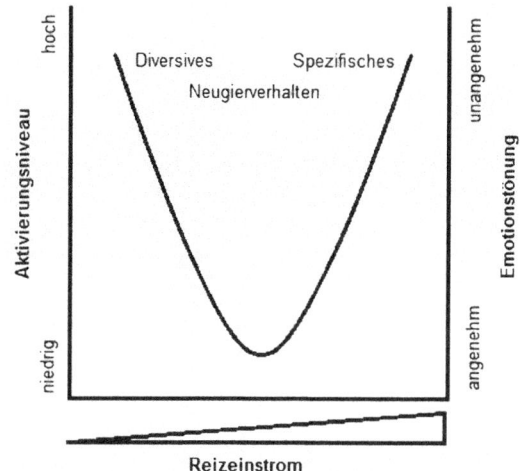

Abbildung 6: Zusammenhang zwischen der Intensität/Komplexität einer Reizsituation und dem daraus resultierenden Aktivationsniveau und emotionalem Empfinden (nach Schmalt & Langens, 2009). Diversives bzw. spezifisches Neugierverhalten dient der Reduktion einer starken, als unangenehm empfundenen Erregung, die bei zu niedriger bzw. zu hoher Reizintensität entsteht.

II.2   Die Feldtheorie von Lewin

II.2.1   Allgemeine Charakteristik der Feldtheorie

In der Feldtheorie überträgt Lewin (1926, 1934, 1969/1936) den physikalischen Begriff des Kräftefeldes auf den Bereich der psychologischen Motivationsforschung. Im Gegensatz zur Triebtheorie, in der Motivation als unspezifische und ungerichtete Form der Verhaltensenergetisierung aufgefasst wird (s. Abschnitt I.1), definiert Lewin das psychologische Kräftefeld als die Gesamtheit aller *gerichteten* Kräfte (sog. Vektoren), die zu einem bestimmten Zeitpunkt auf eine Person wirken. Analog zu einem Parallelogramm der Kräfte entsteht aus verschiedenen gleichzeitig wirkenden Kräften dann eine resultierende Kraft, deren Richtung und Stärke sich aus der Summe der unterschiedlichen gerichteten Einzelkräfte ergibt. Wie insbesondere in Lewins Konflikttheorie (s. u.) deutlich wird, können sich Kräfte entgegengesetzter Richtung dabei auch neutralisieren.

Nach Lewin entstehen Kräfte immer aus einem Zusammenspiel von Person- und Umweltfaktoren, das Verhalten wird als Funktion von Person- und Umwelteinflüssen aufgefasst: $V = f(P,U)$. Die Umwelt wird dabei als psychologisch repräsentierte Umwelt verstanden, also als subjektiv wahrgenommene Umwelt, deren Bestandteile erst durch Bezug zu persönlichen Bedürfnissen und Zielen Relevanz erhalten. Entsprechend der Grundauffassung, dass menschliches Verhalten durch ein Zusammenwirken von Person und Umwelt entsteht, unterscheidet Lewin zwischen einem Person- und einem Umweltmodell. Diese beiden Modelle enthalten Vorstellungen zum strukturellen Aufbau von Person und Umwelt sowie zu den dynamischen Komponenten, also Kräften, die in diesen Strukturen wirksam werden. Im Folgenden werden wir zunächst auf das Person- und anschließend auf das Umweltmodell eingehen.

II.2.2 Das Personmodell

Lewin stellt sich eine Person als eine differenzierte Struktur vor, die aus verschiedenen Elementen besteht. Das Personmodell ist dementsprechend in verschiedene Bereiche untergliedert, die durch Bereichsgrenzen voneinander abgetrennt sind (Abb. 7). Die verschiedenen Bereiche repräsentieren unterschiedliche Bedürfnisse, Ziele oder Absichten einer Person. Die Nähe zweier Bereiche verdeutlicht deren inhaltliche Ähnlichkeit: Benachbarte Bereiche sind sich untereinander ähnlicher als Bereiche, die weit voneinander entfernt sind.

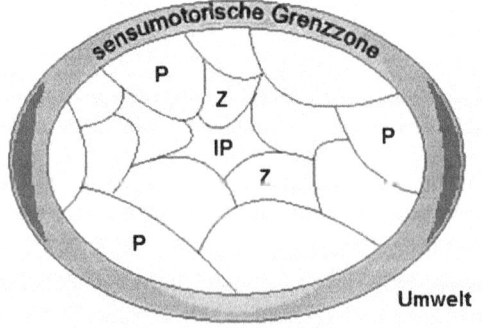

Abbildung 7: Das Personmodell (nach Lewin, 1969/1936). Die Unterteilung in innerpersonale (IP), zentrale (Z) und periphere (P) Bereiche erfolgt in Abhängigkeit davon, ob die jeweiligen Bereiche unmittelbar durch Handlungen oder Sinneseindrücke mit der Umwelt der Person verbunden sind.

Weiterhin werden im Modell zentrale Bereiche, die im Inneren der Person-struktur liegen, von peripheren Bereichen unterschieden, die unmittelbar an die Umwelt angrenzen und über Wahrnehmung und Motorik mit dieser in-teragieren. Konkrete Zielvorhaben und Absichten sind beispielsweise direkt auf bestimmte Situationen bezogen und lassen sich direkt in entsprechende Verhaltensmuster übersetzen. Spezifische Ziele und Absichten werden daher im Personmodell als periphere Bereiche repräsentiert. Grundlegende allge-meine Bedürfnisse (etwa nach Anerkennung oder Sicherheit) sind dagegen im Zentrum des Personmodells angesiedelt. Periphere Bereiche können mit zentralen Bereichen inhaltlich verbunden sein und beziehen über diese Ver-bindungen ihre persönliche Relevanz, Lewin spricht daher auch häufig von Zielen als Quasibedürfnissen.

Die wesentliche dynamische Komponente im Personmodell sind Span-nungszustände, die durch unbefriedigte Bedürfnisse und unerledigte Ziel-vorhaben entstehen. Steht ein Bereich unter Spannung, dann aktiviert diese Spannung entsprechende Verhaltensweisen, die auf ein Bedürfnis oder Ziel bezogen sind und die dazu dienen, die Spannung abzubauen. Anders als in Triebmodellen werden also durch Spannungszustände nur solche Verhaltens-weisen aktiviert, die direkt inhaltlich mit einem gespannten Bedürfnis oder Ziel verbunden sind.

Spannungen in einem Bereich können auf angrenzende, ähnliche Bereiche übergreifen, sofern die Grenzen zwischen den benachbarten Bereichen durch-lässig sind. Lassen sich Spannungen in einem bestimmten Bereich nicht direkt durch entsprechende Verhaltensweisen abbauen – etwa weil sich aktuell keine Gelegenheit bietet, entsprechendes Verhalten zu zeigen, oder weil die Befriedi-gung des gespannten Bereichs dauerhaft blockiert ist – so kann die Spannung stellvertretend auch in den benachbarten Bereichen abgebaut werden, auf die sich die ursprüngliche Spannung überträgt. Lewin spricht in diesem Fall von Ersatzhandlungen und Ersatzbefriedigung.

Inwieweit ein benachbarter Bereich als Substitut für einen gespannten Bereich dienen kann, hängt von der funktionalen Äquivalenz der Bereiche ab. Eine solche funktionale Äquivalenz ist immer dann gegeben, wenn die Bereiche für die Person auf dasselbe grundlegende Bedürfnis verweisen. So können etwa das Ziel, einen Baum zu erklettern, und das Ziel, beim Fußball erfolgreich zu sein, mit demselben grundlegenden Bedürfnis verbunden sein, nämlich die eigene körperliche Geschicklichkeit unter Beweis zu stellen. Die durch einen Misserfolg beim Fußball aufgebaute Spannung kann dann auch durch erfolgreiches Besteigen eines hohen Baumes wieder abgebaut werden, weil diese Tätigkeit einen hohen Ersatzwert für das ursprünglich frustrierte

Ziel besitzt, der sich aus der Relation zu dem gemeinsamen fundamentalen Bedürfnis ergibt.

Spannungszustände in einem Bereich aktivieren jedoch nicht nur spezifische Verhaltensaktivitäten, die einen Spannungsausgleich herbeiführen sollen. Darüber hinaus beeinflussen Spannungszustände auch basale kognitive Prozesse der Wahrnehmung, Aufmerksamkeitsausrichtung und des Gedächtnisses. Lewin nimmt an, dass Inhalte, die sich auf einen gespannten Bereich beziehen, generell in ihrer Zugänglichkeit erhöht sind, also in besonderem Maße mit Aufmerksamkeit belegt, schneller wahrgenommen und leichter aus dem Gedächtnis abgerufen werden können.

In einer Reihe einflussreicher Untersuchungen, die von den Schülern und Schülerinnen Lewins durchgeführt wurden, konnten die grundlegenden Annahmen der Feldtheorie bzgl. der strukturellen und dynamischen Elemente des Personmodells bestätigt werden.

Der Zeigarnik-Effekt. Einen wichtigen Beleg für die Annahmen der Feldtheorie lieferte eine berühmte Experimentalreihe, deren Ergebnis nach der Autorin als „Zeigarnik-Effekt" bezeichnet wird (Zeigarnik, 1927). Die Teilnehmer an Zeigarniks Untersuchungen – meist Kinder – mussten nacheinander verschiedene kleine Aufgaben bearbeiten, z. B. einen Papierflieger falten, Perlen zu einem schönen Muster auf eine Kette ziehen, ein Gedicht aufschreiben oder einen Ausschnitt eines Stadtplans abzeichnen. Die Hälfte der Aufgaben konnte von den Kindern solange bearbeitet werden, bis sie diese erfolgreich abgeschlossen hatten; die andere Hälfte der Aufgaben wurde jedoch während der Bearbeitung von der Versuchsleiterin ohne weiteren Grund unterbrochen. Das Aufgabenmaterial wurde den Kindern aus der Hand genommen und sie wurden instruiert, sofort die jeweils nächste Aufgabe zu bearbeiten. Erledigte und unterbrochene Aufgaben wechselten dabei in zufälliger Folge.

Nach Abschluss der Aufgabenphase wurden die Kinder beiläufig danach gefragt, an welche Aufgaben sie sich noch erinnern könnten. Es zeigte sich, dass hierbei deutlich mehr unerledigte als erledigte Aufgaben genannt wurden (Abb. 8). Dieses Ergebnis ist aus rein gedächtnispsychologischer Sicht unerwartet, da die Bearbeitungszeit der unterbrochenen Aufgaben im Durchschnitt meist kürzer war als bei den abgeschlossenen Aufgaben. Trotz der kürzeren Auseinandersetzung mit den unterbrochenen Aufgaben und der dementsprechend geringeren Möglichkeit, sich von der Bearbeitung dieser Aufgaben etwas einzuprägen, wurden die unerledigten Aufgaben häufiger erinnert und bei der Aufzählung zuerst genannt.

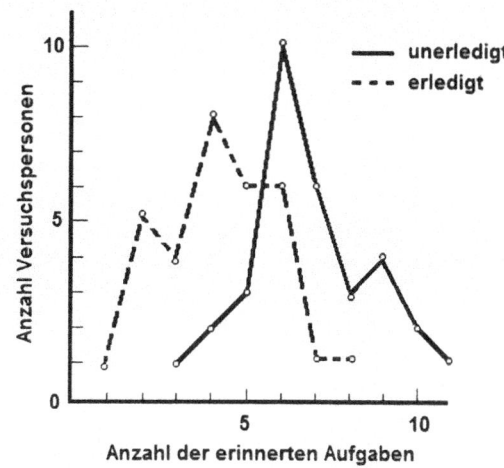

Abbildung 8: Ergebnisse der Untersuchung von Zeigarnik (1927) zum Erinnern erledigter (ab-geschlossener) und unerledigter (unterbrochener) Aufgaben.

Die Feldtheorie führt den Erinnerungsvorteil für unterbrochene Handlungen darauf zurück, dass die Unterbrechung einer Aufgabe den Spannungsabbau in dem jeweiligen Bereich verhindert. Die fortdauernde Spannung in den noch gespannten Bereichen führt dann zu der erhöhten kognitiven Zugänglichkeit der Inhalte aus den unerledigten Aufgaben, was den häufigeren und schnelleren Gedächtnisabruf erklärt.

In einer Folgeuntersuchung von Marrow (1938) wurden die Teilnehmer analog zu der Untersuchung von Zeigarnik bei der Hälfte der Aufgaben während der Bearbeitung unterbrochen. Allerdings wurde den Teilnehmern nun mitgeteilt, dass eine Aufgabe unterbrochen würde, sobald der Versuchsleiter mit der Bearbeitung zufrieden ist. Die Unterbrechung wird hierbei also zu einem Erfolgssignal, das anzeigt, dass eine Bearbeitung gut genug ist. Die fortgesetzte Bearbeitung einer Aufgabe bis zu ihrem eigentlichen Abschluss weist dagegen darauf hin, dass die Bearbeitung den Standards des Versuchsleiters nicht genügt. In der Untersuchung von Marrow wurden unterbrochene Aufgaben seltener erinnert als abgeschlossene. Auch dieser „umgekehrte" Zeigarnik-Effekt bestätigt die Feldtheorie, denn in diesem Fall signalisiert die Unterbrechung ja eine erfolgreiche Erledigung der jeweiligen Aufgabe, was einen Spannungsabbau in dem Aufgabenbereich herbeiführen sollte.

Es soll an dieser Stelle nicht verschwiegen werden, dass der Zeigarnik-Effekt in einigen Folgeuntersuchungen nicht repliziert wurde und sich als insgesamt wenig zuverlässiges Phänomen herausgestellt hat (zur Übersicht s. etwa Butterfield, 1964). Die unterschiedlichen Befunde haben wahrscheinlich damit zu tun, dass die Erinnerung an erledigte und unerledigte Aufgaben nicht nur die tatsächliche Zugänglichkeit der entsprechenden Inhalte widerspiegelt, sondern auch von strategischen Prozessen des Gedächtnisabrufs und des Berichts von Gedächtnisinhalten überlagert und verzerrt werden kann (insbesondere von Selbstdarstellungstendenzen; Beckmann, 1996). Allerdings belegen aktuelle Untersuchungen, in denen die kognitive Zugänglichkeit der Aufgabeninhalte indirekt erfasst wurde, sodass eine strategische Verzerrung ausgeschlossen ist, einen robusten Zeigarnik-Effekt, der sowohl auf eine kognitive Unterdrückung erledigter Aufgaben als auch auf ein Perseverieren unerledigter Aufgaben zurückgeht (Rothermund, 2003).

Eine erhöhte Zugänglichkeit kognitiver Inhalte, die mit unerfüllten Bedürfnissen verbunden ist, wird neuerdings auch als Erklärung für das Phänomen der Rumination angeführt (Martin & Tesser, 1989). Mit Rumination ist gemeint, dass einschneidende negative Ereignisse häufig auch noch sehr lange nach ihrem Auftreten automatisch und ungewollt im Bewusstsein auftauchen. Diese Tendenz zum zwanghaften Grübeln über bestimmte Ereignisse hat nichts mit gezieltem Nachdenken zu tun, denn sie tritt selbst dann auf, wenn die ursprüngliche Situation nicht wieder ungeschehen gemacht werden kann; zudem wird das wiederholte Auftauchen der Inhalte im Bewusstsein oder in Träumen häufig als sehr belastend empfunden. Das ungewollte, wiederkehrende Auftreten von belastenden Gedanken und Erinnerungen hat offenbar einen hochgradig automatischen und unwillkürlichen Charakter, der nach der Feldtheorie damit zu erklären ist, dass das kritische Ereignis eine dauerhafte Spannung in einem wichtigen Bedürfnisbereich erzeugt. Möglicherweise werden durch das traumatische Ereignis fundamentale Bedürfnisse nach Sicherheit und Unversehrtheit oder zentrale Idealvorstellungen von der eigenen Person dauerhaft bedroht. Die ereignisbezogenen Inhalte binden dann aufgrund der damit verbundenen andauernden Bedürfnisspannung fortwährend kognitive Ressourcen.

Spontane Wiederaufnahmetendenz und Ersatzwert. Während der Zeigarnik-Effekt vor allem die kognitiven Begleiterscheinungen gespannter Bereiche in den Blick nimmt, geht es bei den Untersuchungen zur Wiederaufnahmetendenz um beobachtbares Verhalten. Die Logik der Experimente ähnelt in weiten Teilen der Studie von Zeigarnik. In einer Untersuchung von Ovsiankina (1928) mussten die Teilnehmer ebenfalls einige Aufgaben bearbeiten, bei deren Bearbeitung sie unterbrochen wurden. Die Unterbrechung erfolgte entweder durch Vorlegen einer neuen Aufgabe (analog zur Zeigarnik-Studie) oder durch scheinbar zufällige Aktionen des Versuchsleiters, die eine weitere Bearbeitung der gerade bearbeiteten Aufgabe unmöglich machte (z. B. verwickelte dieser die Person plötzlich in ein Gespräch, verschüttete eine Schachtel mit Stecknadeln auf den Boden, oder ein Vertrauter des Versuchsleiters platzte herein und bat die Anwesenden, ihm im Nebenzimmer bei etwas behilflich zu sein).

Ovsiankina beobachtete bei nahezu allen Personen eine starke Tendenz zur spontanen Wiederaufnahme der unterbrochenen Tätigkeit. Zunächst weigerten sich die Personen regelrecht, die angefangene Aufgabe überhaupt zu unterbrechen, einige beschäftigten sich auch während der Unterbrechung gedanklich mit der unterbrochenen Aufgabe, und in sehr vielen Fällen (> 80 %) wurde die erste sich bietende Gelegenheit nach der Unterbrechung wahrgenommen, um die ursprüngliche Tätigkeit fortzusetzen. Die Wiederaufnahme der unterbrochenen Aufgabe erfolgte ohne weitere Ermunterung durch den Versuchsleiter; wenn die Versuchsperson glaubte, es sei verboten, weiter an den ursprünglichen Aufgaben zu arbeiten, geschah dies manchmal sogar heimlich (z. B. unter dem Tisch).

Die Feldtheorie erklärt diese spontane Wiederaufnahmetendenz mit einer Aufrechterhaltung der Spannung in dem Aufgabenbereich, dessen erfolgreicher Abschluss durch die Unterbrechung verhindert wurde. Die fortdauernde Spannung bei den unerledigten Aufgaben führt dann zu einer Aktivierung des entsprechenden Verhaltens, sobald sich hierzu wieder eine Gelegenheit bietet.

In Folgeuntersuchungen von Lissner (1933) und Mahler (1933) konnte gezeigt werden, dass die Wiederaufnahmetendenz für unterbrochene Handlungen deutlich reduziert ist, wenn nach der Unterbrechung die Gelegenheit gegeben wurde, eine ähnliche Aufgabe zu bearbeiten (z. B. einen Papierhut zu falten, nachdem vorher das Falten eines Papierfliegers unterbrochen worden war). Offenbar besitzen die ähnlichen Aufgaben aufgrund ihrer funktionalen Äquivalenz mit der unterbrochenen Tätigkeit einen hohen Ersatzwert und führen einen stellvertretenden Spannungsabbau herbei, der dann auch eine Wiederaufnahme überflüssig macht.

II.2.3   Das Umweltmodell

Wie bereits eingangs betont wurde, fasst die Feldtheorie menschliches Verhalten als gemeinsames Produkt von Person- und Umweltfaktoren auf. Eine Beschränkung auf in der Person lokalisierte Strukturen, Spannungen und Kräfte reicht daher nicht aus, um menschliches Verhalten angemessen zu beschreiben oder zu erklären. Auch aus der wahrgenommenen Umwelt wirken anziehende und abstoßende Kräfte auf die Person und steuern deren Verhalten. Ein Großteil menschlichen Handelns ist ohne einen Bezug zur Umwelt gar nicht denkbar, denn diese enthält die Zielobjekte, bietet erst die Verhaltensmöglichkeiten, die für die Zielerreichung wichtig sind.

Dementsprechend wird die psychologisch relevante und verhaltenswirksame Umwelt von Lewin als eine strukturierte subjektive Repräsentation einer Situation aufgefasst, die sowohl Ziele oder Gefahren als auch die Mittel, ein Ziel zu erreichen bzw. einer Gefahr zu entkommen, enthält. Das psychologische Umweltmodell ist in Bereiche untergliedert, die verschiedenen Abschnitten auf dem Weg zu einem Ziel entsprechen. Lewin (1934) spricht in diesem Zusammenhang auch von der psychologischen Umwelt als „hodologischem" Raum (*hodos* [griech.] = Pfad), der die möglichen Wege zu einem Zielobjekt beschreibt. Die Grenzen zwischen diesen Bereichen entsprechen möglichen Hindernissen, die auf dem Weg zur Zielerreichung überwunden werden müssen, die aber auch Schutz vor einer Gefahr bieten können (z. B. der Gartenzaun zwischen der Person und einem kläffenden Wachhund).

Als Beispiel für ein solches Umweltmodell mag die subjektive Repräsentation der beruflichen Karriere dienen. Ausgehend von der aktuellen Situation etwa eines fortgeschrittenen Schülers enthält dieses Modell markante Abschnitte auf dem Weg zu einer erfolgreichen Berufstätigkeit (Schulabschluss, Berufsausbildung, berufliche Tätigkeit), die hierzu nötigen Mittel (Lernen, gute Zeugnisse, Bewerbung), aber möglicherweise auch Schwierigkeiten, Hindernisse und mögliche Misserfolge auf diesem Weg (z. B. Fähigkeitsdefizite, Umzug, Arbeitslosigkeit). In einer spezifischen Situation können jeweils bestimmte Aspekte und Abschnitte dieses Umweltmodells salient werden (etwa nach einer Klausur die Rolle von Zeugnisnoten für den Bewerbungserfolg).

Valenz, Distanz und Kraft. Entscheidend für das Umweltmodell der Feldtheorie ist die Erklärung dynamischer Prozesse, also der Kräfte, die aus der Umwelt auf die Person wirken. Ein zentrales Konzept hierbei ist die Valenz (= Anreizwert, Bewertung). Wodurch erlangen bestimmte Umweltobjekte überhaupt einen positiven oder negativen Anreizwert, und wie erklärt man Unterschiede im Anreizwert von Objekten zwischen Personen oder auch innerhalb derselben Person über die Zeit hinweg?

Lewin vertritt die bemerkenswerte Position, dass die Valenz keine Eigenschaft von Gegenständen ist, die diesen als solchen objektiv innewohnt. Umweltobjekte besitzen demnach keine Valenz „an sich", sondern sie erhalten ihren Wert erst durch einen Bezug zu den aktuellen Bedürfnissen und Zielen (Quasibedürfnissen) einer Person. Lewin bezeichnet die Valenz auch als Aufforderungscharakter, den ein Objekt für eine Person aufgrund eines inhaltlichen Bezugs zu einem gespannten Bedürfnis oder Quasibedürfnis bekommt. Berühmt ist sein Beispiel von einem Briefkasten, der durch das Ziel, einen Brief einzuwerfen, kurzfristig eine Valenz oder eben einen Aufforderungscharakter erhält, diese aber auch wieder verliert, sobald der Brief eingeworfen ist.

Die Stärke der Valenz hängt zum einen von der Stärke der aktuellen Bedürfnisspannung (s) und zum anderen von den Eigenschaften des Zielobjektes (Z) ab: $V = f(s, Z)$. Eine positive Valenz ergibt sich bei hoher Spannung und hoher Funktionalität des Objekts für die Befriedigung des gespannten Bedürfnisses. Analog entstehen negative Valenzen für Objekte und Ereignisse, durch die neue Bedürfnisspannung aufgebaut bzw. eine erfolgreiche Bedürfnisbefriedigung verhindert wird.

Mit dieser Darstellung lässt sich einerseits erklären, warum sich die Valenz eines Zielobjekts so stark unterscheiden kann: Je nach Bedürfnislage kann ein Objekt entweder eine positive Valenz annehmen (etwa ein duftendes Essen, wenn man hungrig ist), in anderen Fällen dagegen keine oder sogar negative Valenzen besitzen (nach übermäßigem Verzehr des Essens kann derselbe Geruch, der vorher als verlockend empfunden wurde, Übelkeit auslösen). Gleichzeitig liefert diese Auffassung auch eine Erklärung dafür, warum manche Objekte (Geld, Anerkennung, Zuneigung, Einfluss, Urlaub/Freizeit bzw. Krankheit, Zurückweisung, Tadel) innerhalb und zwischen Personen sehr übereinstimmende positive respektive negative Valenzen besitzen. Diese Übereinstimmung geht auf die Ähnlichkeit und Stabilität der entsprechenden Bedürfnisse zurück, die durch die genannten Zielobjekte befriedigt oder frustriert werden.

Valenzen sind zwar notwendig für die Entstehung anziehender und abstoßender Kräfte, um aber zu verstehen, wie stark die Kraft ist, die von einem valenten Objekt ausgeht, ist neben der Richtung und Stärke der Valenz noch ein weiterer wichtiger Faktor zu beachten, nämlich die Distanz (d).

Distanz wird von Lewin als psychologische Distanz zwischen der Person und einem Zielobjekt aufgefasst. Verschiedene Faktoren können psychologische Distanz bedingen: Neben räumlicher Entfernung (die durch Gehen, Laufen, Fahren oder Fliegen überwunden werden muss) ist dies vor allem die zeitliche Entfernung (Wie lange dauert es noch, bis das Zielobjekt erreicht oder konsumiert werden kann?) bzw. sämtliche Faktoren, die die subjektive Salienz und Wahrscheinlichkeit des Erreichens des Zielobjekts beeinflussen. Der hohe Preis eines attraktiven Gegenstands verändert zwar nicht dessen Valenz, er erhöht jedoch – bei knapper Kasse – die psychologische Distanz. Bei einem ersten Kennenlernen können Verhaltenssignale meines Gegenübers Interesse oder Desinteresse an einer Vertiefung der Beziehung signalisieren, was meinerseits die psychologische Distanz zu einem weiteren Treffen mit dieser Person reduziert bzw. erhöht.

Die Stärke der anziehenden oder abstoßenden Kraft (K), die von einem Objekt auf eine Person wirkt, entspricht dem Quotienten aus Valenz und Distanz: $K = V / d$. Die Valenz ist also stets an der Distanz zu relativieren. Je geringer/ größer die Distanz zu einem Objekt, desto größer/geringer ist die Kraft, die hiervon auf die Person ausgeht. Die Valenzstärke eines Objekts markiert somit nur die maximale Kraft, die dieses Objekt auf die Person ausüben kann. Mit zunehmender psychologischer Distanz verringert sich jedoch die anziehende oder abstoßende Wirkung des Objekts auf das Verhalten der Person.

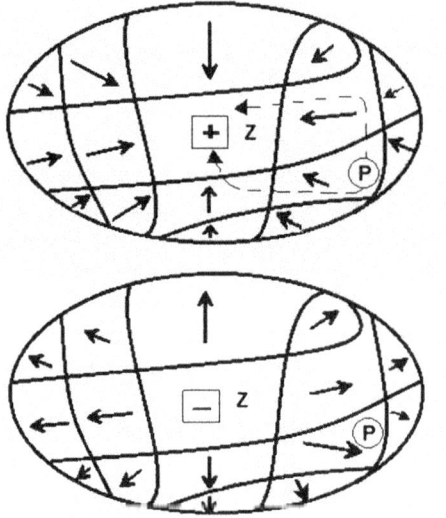

Abbildung 9: Das Umweltmodell (nach Heckhausen, 1980). Grenzen zwischen Umweltbereichen entsprechen psychologischen Hindernissen oder Barrieren. Positive bzw. negative Zielobjekte (Z+, Z–) sind von einem Kräftefeld umgeben. Die Stärke der anziehenden bzw. abstoßenden Kräfte, die von dem Zielobjekt auf eine Person ausgehen, hängt davon ab, wie groß die psychologische Distanz zum Zielobjekt ist.

Die modulierende Rolle der Distanz auf die Stärke der entstehenden Kraft wird in Abb. 9 veranschaulicht. In der Grafik repräsentieren die Felder verschiedene Bereiche eines Umweltmodells. Die Länge der Pfeile symbolisiert die Stärke der vom Ziel ausgehenden Kräfte in Abhängigkeit von den verschiedenen möglichen Positionen, an denen sich die Person aufhält. Je näher die Person dem Zielobjekt kommt, desto länger werden die Pfeile, d. h., desto größer ist die anziehende oder abstoßende Kraft, die von dem Objekt auf die Person wirkt.

Mit dem Distanzkonzept kann eine Reihe wichtiger motivationspsychologischer Phänomene erklärt werden. In tierexperimentellen Studien konnte verschiedentlich gezeigt werden, dass sich die Verhaltensintensität mit zunehmender Annäherung an ein Zielobjekt deutlich erhöht, z. B. steigt die Laufgeschwindigkeit von Ratten in einem Labyrinth – also die in Richtung des Ziels ausgeübte Kraft – mit sinkender Distanz zum Ziel (Brown, 1948; Hull, 1934). Dieser Befund entspricht exakt den Vorhersagen auf der Basis des feldtheoretischen Distanzkonzepts.

Aber auch in Humanexperimenten finden sich Hinweise auf eine Intensivierung des zielbezogenen Verhaltens, wenn die Distanz zur Zielerreichung gering erscheint. Untersuchungen zur sogenannten Projekt-Komplettierungstendenz (*project completion effect*; Conlon & Garland, 1993; Garland & Conlon, 1998) zeigen beispielsweise, dass der Hinweis, die für ein Projekt notwendigen Arbeiten seien bereits zu 80 % abgeschlossen, die Bereitschaft zu weiteren Investitionen und Anstrengungen erhöht. In dieser Bedingung wurden sogar Investitionsentscheidungen getroffen, die unter ökonomischen Gesichtspunkten irrational sind. Beispielsweise fällt die Bereitschaft, eine weitere große Summe zu investieren, noch höher aus, wenn das Projekt bereits sehr hohe Geldbeträge verschlungen hat (*sunk cost effect*; Arkes & Blumer, 1985). Die Information, dass die Projektarbeiten erst zu 20 % erledigt seien, führte dagegen zu wesentlich besonnenerem Entscheidungsverhalten, eine Eskalation des Investitionsverhaltens wurde in dieser Bedingung nicht beobachtet.

Präferenzwechsel in Versuchungssituationen. Eine zentrale Anwendung des psychologischen Distanzkonzepts stellt die Analyse des Entscheidungsverhaltens in versuchungsähnlichen Wahlsituationen dar. Die Struktur einer Versuchungssituation besteht darin, dass eine Verhaltensentscheidung zu treffen ist zwischen dem Aufsuchen eines Anreizes von vergleichsweise geringer persönlicher Wertigkeit, der aber kurzfristig realisierbar ist (smaller-sooner reward, SS), und eines weiteren Anreizes von hoher persönlicher Wertigkeit, der aber erst nach einiger Zeit erreicht werden kann (larger-later reward, LL).

Eine Reihe typischer Alltagssituationen weist genau diese Struktur auf: Soll man abends nach dem Kinobesuch noch mit den Freunden in eine Kneipe gehen (SS), wohl wissend, dass dies wahrscheinlich dazu führt, dass man am nächsten Morgen nicht aus dem Bett kommt und die hochinteressante und für den Studienerfolg immens wichtige Vorlesung verpassen wird (LL)? Soll ich das im Kühlschrank stehende Mittagessen aufwärmen, weil ich gerade ein bisschen hungrig bin (SS), oder soll ich lieber noch zwei Stunden auf Nahrungsaufnahme verzichten, da ich abends in ein gutes Restaurant eingeladen bin (LL), und mir für dieses außergewöhnliche Essen sicherlich den Appetit nehmen würde, wenn ich jetzt noch etwas essen würde? Soll man sich bei der Geburt für eine Spinal-Anästhesie entscheiden, die zwar die unmittelbaren Schmerzen lindert, dafür aber gesundheitliche Risiken für Kind und Mutter birgt, oder soll man die Schmerzen erdulden? Ohne Mühe lassen sich noch viele andere alltägliche Entscheidungssituationen finden, die eine ähnliche Struktur aufweisen (naschen oder Diät halten, den Partner hintergehen oder treu bleiben, arbeiten/lernen oder faulenzen).

In solchen Versuchungssituationen wird regelmäßig das Phänomen eines sogenannten Präferenzwechsels *(preference reversal)* beobachtet. Aus der Distanz betrachtet fällt in den meisten der genannten Situationen die Entscheidung nicht schwer. Natürlich ist es besser, auf den kleinen Anreiz zu verzichten und das Verhalten auf das Erreichen des wichtigen und wertvollen Anreizes zu richten. Tatsächlich ändern Menschen aber häufig ihre Meinung und geben der Versuchung nach, sobald die Versuchungssituation ganz nahe herangerückt ist, und tun dann das, was sie noch kurz vorher eigentlich nicht tun wollten.

Warum ist das so? Die bereits im Lewin'schen Distanzmodell formulierte und in späteren Modellen zur sogenannten „zeitlichen Diskontierung" *(time discounting;* Ainslie & Haslam, 1992) wieder aufgegriffene Erklärung lautet, dass die aktuelle verhaltenssteuernde Kraft eines Anreizes (v) nicht nur von seiner absoluten Wertigkeit (V) sondern auch von der zeitlichen Distanz (d) abhängt, in der der Anreiz verfügbar ist. Formal dargestellt[4]:

$$v = V / (1 + d)$$

---

[4] Der Quotient mit der zeitlichen Distanz im Nenner ergibt eine sogenannte Hyperbelfunktion ($f(x) = 1/x$). Dieser Verlauf ist entscheidend dafür, dass beim Vergleich der zeitabhängigen Anreizfunktionen von SS und LL eine Überschneidung entstehen kann, die bei einer bloß linearen zeitlichen Abwertung nicht möglich wäre (vgl. Ainslie & Haslam, 1992). Die Addition des konstanten Wertes 1 im Nenner des Quotienten ist nötig, damit der aktuelle Anreizwert (v) in seinem Maximalwert begrenzt ist und nicht größer werden kann als der absolute Anreizwert (V). Im Falle einer unmittelbaren Verfügbarkeit des Anreizes (d = 0) entspricht der aktuelle Anreiz genau dem maximalen Anreizwert: $v = V / (1+0) = V$.

Die in Abb. 10 wiedergegebene Grafik illustriert diesen Sachverhalt: Aus großer zeitlicher Entfernung betrachtet sind die Abwertungsraten für beide Anreize (SS und LL) annähernd gleich groß; in diesem Fall werden zwar beide Anreize stark abgewertet, dennoch ist die von dem wertvolleren Anreiz ausgehende Kraft deutlich stärker als die Anziehung, die der (noch entfernte) kleine Anreiz ausübt. Nähert man sich dann jedoch dem Zeitpunkt, an dem die eigentliche Entscheidung getroffen werden muss, so ist jetzt die zeitliche Entfernung zur Realisierung des kleinen Anreizes nur noch sehr gering und unterliegt praktisch keiner Abwertung mehr. Die Verfügbarkeit des wertvollen Anreizes liegt dagegen immer noch in vergleichsweise weiter Ferne, sodass der Anreiz immer noch substantiell abgewertet wird. Genau in dieser Situation – unmittelbar vor dem möglichen Konsum des kleinen Anreizes – kann es also passieren, dass dessen aktueller Wert wegen der sehr geringen Distanz den aktuellen Wert des eigentlich wertvolleren Anreizes kurzfristig übersteigt, und so das Verhalten von dem wichtigen Ziel ablenkt.

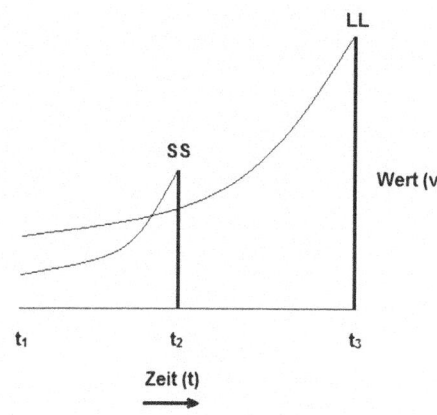

Abbildung 10: Der subjektive Anreizwert von Zielsituationen in Abhängigkeit von der zeitlichen Entfernung. In unmittelbarer zeitlicher Nähe zu einem kleinen, kurzfristig erreichbaren Ziel (small but soon, SS) übersteigt dessen Anreizwert den Wert des eigentlich wertvolleren längerfristigen Ziels (large but late, LL); es kommt zur Präferenzumkehr (preference reversal).

Eine eindrucksvolle empirische Demonstration des Phänomens der Präferenzumkehr lieferten Rachlin und Green (1972) in einer Untersuchung zum Entscheidungsverhalten von Tauben (Abb. 11). Diese hatten die Wahl zwischen einem kleinen Anreiz (2 Sekunden Zugang zu Futter), der aber unmittelbar

nach Picken einer beleuchteten Taste verfügbar gemacht wurde, und einem
größeren Anreiz (4 Sekunden Zugang zu Futter), der aber erst nach einer Verzögerung von 4 Sekunden nach Picken einer anders beleuchteten Taste zugänglich war. In dieser Situation zeigten die Tauben eine klare Vorliebe für
den zwar kleineren, dafür aber sofort verfügbaren Anreiz. In einer anderen
Bedingung hatten die Tauben die Wahl zwischen zwei Tasten, die selbst nicht
direkt zu Belohnung führten, sondern die nur das spätere Geschehen steuer-
ten. Picken auf eine der beiden Tasten führte nach einer längeren Wartezeit zu
derselben Entscheidung zwischen dem SS und dem LL, die bereits beschrieben
wurde. Die andere Taste verlangte dagegen nach derselben Wartezeit keine
Entscheidung mehr, sondern machte dann ohne weitere Wahl (mit einer zusätzlichen Verzögerung von 4 Sekunden) den größeren Anreiz zugänglich. In
dieser zeitlich vorverlegten Entscheidung bevorzugten die Tauben eindeutig
die Taste, die unmittelbar die größere Belohnung erbrachte, d. h., sie vermieden das Drücken der Taste, die sie später in Versuchung brachte.

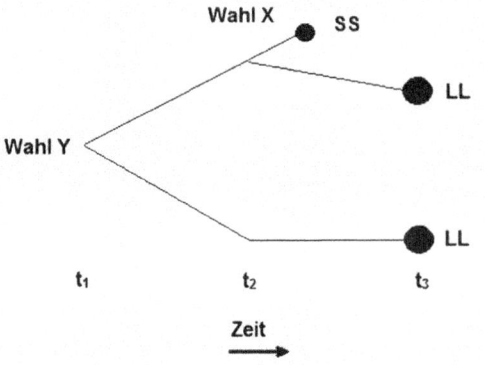

*Abbildung 11: Struktur der Untersuchung von Rachlin und Green (1972). Bei einer Entschei-
dung zwischen einem unmittelbar verfügbaren kleinen und einem langfristig verfügbaren
großen Anreiz dominiert der kleine Anreiz (Wahl X). Verlegt man die Wahl auf einen davor
liegenden Zeitpunkt, so entscheiden sich die Tauben für den sicheren hohen Anreiz und gegen
die Option, die den geringen Anreiz enthält (Wahl Y).*

Dieses Ergebnismuster belegt zweierlei. Zum einen zeigt es die generelle Anfälligkeit von Organismen gegenüber kurzfristig verfügbaren Versuchungen,
die der Verfolgung eines eigentlich wertvollen, aber nur verzögert zugäng-
lichen Anreizes entgegenstehen. Zum anderen sind selbst Tauben in der Lage,
aus angemessener Distanz die Überlegenheit der wertvolleren Belohnung zu

erkennen und ihr Verhalten so zu steuern, dass sie diese später auch mit großer Sicherheit erhielten, wozu sie in der unmittelbaren Entscheidung zwischen
SS und LL offenbar nicht in der Lage waren. Dieser Einfluss des zeitlichen
Abstands bis zum Erhalt der Verstärker auf das Entscheidungsverhalten kann
wunderbar mit dem Verlauf der oben beschriebenen zeitlichen Abwertungs-
funktion der Anreize erklärt werden.

Wiederholte Entscheidungen. Viele der im vorangehenden Abschnitt dargestellten Dilemmasituationen, in denen zwischen einem SS und einem LL gewählt werden muss, haben den Charakter wiederholter Entscheidungen. So
muss ich nicht nur einmal entscheiden, ob ich abends noch länger weggehe
und dann wahrscheinlich am nächsten Morgen die Vorlesung verpasse – ich
muss diese Entscheidung fast jeden Abend aufs Neue treffen. Das Perfide an
diesen wiederholten Situationen ist gerade, dass ein einmaliges Nachgeben zugunsten des Versuchungsanreizes häufig noch so gut wie gar keine negativen
Auswirkungen auf das Erreichen des wichtigen, längerfristigen Ziels hat (das
Untreue-Beispiel sei hier explizit ausgenommen). Einmal faulenzen gefährdet nicht den Erfolg der Prüfungsvorbereitung, eine Vorlesung zu verpassen
nicht den Studienerfolg, einmal naschen macht keine Gewichtsprobleme. Der
LL wird durch eine einzelne Entscheidung zugunsten einer Versuchung nicht
ernsthaft gefährdet, genauso wenig wird er durch ein einmaliges Befolgen des
für den Erwerb des LL angemessenen Verhaltens erreicht.

Genau diese scheinbare Unempfindlichkeit des längerfristigen Ziels gegenüber einzelnen Ausnahmen stellt uns jedoch entscheidungstheoretisch vor ein
ernstes Problem (Ainslie, 1992). So hat bei wiederholten Entscheidungen jede
einzelne Versuchungssituation den Charakter eines sogenannten Gefangenendilemmas (Tab. 2). Entscheide ich mich jetzt, in dieser Situation der Versuchung
nachzugeben, in Zukunft aber immer der Versuchung zu widerstehen, so ist
der zu erwartende Gesamtnutzen für mich maximal – das große Ziel wird
erreicht, darüber hinaus habe ich jetzt noch das zusätzliche Vergnügen, die
aktuelle Versuchungssituation zu genießen. Ich schneide in diesem Falle also
noch besser ab, als wenn ich sowohl jetzt als auch in Zukunft der strengen
Regel folge, denn dann erreiche ich zwar auch mein Ziel, verzichte aber jetzt
auf den Genuss der Versuchung. Interessanterweise schneide ich aber auch
dann besser ab, wenn ich jetzt und in Zukunft der Versuchung nachgebe, als
wenn ich jetzt standhaft bin, in Zukunft aber beständig der Versuchung erliege.
In beiden Fällen ist das Gesamtergebnis negativ, denn das wertvolle Ziel wird
verfehlt. Im zweiten Fall (jetzt standhaft bleiben) habe ich mich allerdings in
der aktuellen Situation unnötig geplagt, während ich in der ersten Variante
wenigstens noch den aktuellen Spaß genossen habe. Man kann es drehen und

wenden wie man mag, entscheiden muss ich immer über das Verhalten, das ich jetzt gerade ausführe, für die Zukunft kann ich zwar gute Vorsätze fassen, aber erst nach dem Eintreten der zukünftigen Situation fällt die eigentliche Entscheidung. Wenn eine Versuchung wirklich ihren Namen verdient, dann fahre ich also – egal wie ich mich in Zukunft verhalten werde – immer besser damit, wenn ich ihr jetzt nachgebe.

Tabelle 2: Erwarteter Nutzen für die verschiedenen Kombinationen aktuellen und zukünftigen Arbeitsverhaltens.

	In Zukunft	
Jetzt	Arbeiten	Faulenzen
Arbeiten	+	- -
Faulenzen	++	-

Offensichtlich führt diese Logik dazu, Versuchungen immer nachzugeben, obwohl dies gegenüber einer konsequenten Orientierung des Verhaltens auf die Erreichung des wertvollen Ziels zu deutlich schlechteren Ergebnissen führt.[5] Einen möglichen Ausweg aus diesem Dilemma liefert die Einsicht, dass aktuelle und zukünftige Verhaltensentscheidungen möglicherweise nicht unabhängig voneinander sind, wie es die Auffassung suggeriert, jede der wiederholten Entscheidungen wäre strukturell gleich. Diese Betrachtungsweise vernachlässigt jedoch mögliche Auswirkungen aktueller auf zukünftige Entscheidungen – vielleicht ist aber meine jetzige Entscheidung bereits weichenstellend für mein zukünftiges Verhalten. Wenn ich also jetzt einer Versuchung nachgebe, erhöht sich möglicherweise das Risiko, auch in Zukunft bei ähnlichen Entscheidungen zu versagen. Die scheinbar so attraktive Konstruktion des „heute genießen – morgen arbeiten" erwiese sich damit als unrealistische Fehlkonstruktion. Analog wäre die Befürchtung, mich heute umsonst zu plagen, wenn ich mich doch in Zukunft möglicherweise ohnehin nicht zum konsequenten Verfolgen meines Zieles durchringen kann, insofern irreführend, als ich mit der heutigen Entscheidung für das wichtige Ziel bereits den ersten Schritt in die richtige Richtung eingeschlagen hätte.

Indem also das aktuelle Verhalten als diagnostisch für zukünftige Verhaltensentscheidungen aufgefasst wird, reduziert sich die aktuelle Entscheidung

---

[5] Eine alternative Erklärung für suboptimales Entscheidungsverhalten in wiederholten Wahlsituationen wird in Kapitel III.4.2 unter dem Stichwort der *melioration* (Herrnstein, 1990) vorgestellt.

auf nur zwei Möglichkeiten: jetzt und in Zukunft der Versuchung nachgeben vs. jetzt und in Zukunft für das wertvolle Ziel arbeiten. Unter dieser Darstellung fällt die richtige Entscheidung hoffentlich leichter.[6]

Verhaltenskonflikte. Konflikte zwischen Verhaltensoptionen sind ein häufiges Alltagsphänomen (z. B. Annäherungs- und Vermeidungstendenzen vor einer wichtigen Prüfung; Hin- und Hergerissensein zwischen verschiedenen möglichen Alternativen, wenn man ein Auto, eine Stereoanlage, ein paar neue Schuhe oder ein Haus kaufen möchte; Spiel mit dem Feuer in potenziell beziehungsgefährdenden Situationen). Sind die anziehenden oder abstoßenden Kräfte, die unser Verhalten in verschiedene Richtungen lenken, in ihrer Stärke annähernd gleich, in der Richtung aber entgegengesetzt, so fühlen wir uns manchmal wie gelähmt. Wir sind unfähig eine Entscheidung zu treffen oder unser Verhalten pendelt unentschlossen zwischen den Alternativen hin und her, ohne dass eine Verhaltensrichtung dauerhaft die Oberhand gewinnt.

Lewin entwickelte auf der Basis des Umweltmodells eine Typologie verschiedener solcher Verhaltenskonflikte. Ein *Annäherungs-Annäherungs-Konflikt* liegt vor, wenn von zwei positiv valenten Objekten, deren Verfolgung oder Konsum sich jedoch gegenseitig ausschließt, annähernd gleich starke Anziehungskräfte auf eine Person wirken. Erhält man etwa zwei Einladungen für den gleichen Abend, zwei Stellenangebote an unterschiedlichen Orten, oder kann man beim Kauf eines Fernsehers zwischen zwei annähernd gleich attraktiven Produkten wählen, so muss man sich für eine und damit gleichzeitig gegen die andere Alternative entscheiden. Im Extremfall entspricht dieser Konflikttyp der Situation des Buridanischen Esels, von dem angenommen wird, dass er zwischen zwei gleich großen und gleich weit entfernten Heuhaufen verhungern würde, wenn keine Alternative nennenswert attraktiver als die andere ist. Im Gegensatz zu diesem philosophischen Gedankenspiel sind tatsächliche Annäherungs-Annäherungs-Konflikte verhältnismäßig leicht aufzulösen, da bereits die zufällige Annäherung an eine Option eine Asymmetrie in der psychologischen Distanz herbeiführt, die selbstverstärkend wirkt. Die verringerte Distanz erhöht die Kraft, die von der näheren Alternative ausgeht, und reduziert die anziehende Kraft, die von der weiter entfernten Alternative

---

[6] Ainslie (1992) diskutiert noch eine Reihe weiterer Strategien, mit denen Versuchungssituationen gemeistert werden können. Bei diesen Techniken wird typischerweise bereits zu einem sehr frühen Zeitpunkt, wenn die Versuchssituation noch entfernt ist, für die Bewältigung der Versuchung Vorsorge getroffen. Zum Beispiel kann man sich entscheiden, die kritische Situation zu meiden, oder eine verbindliche Vereinbarung abzuschließen, durch die das Nachgeben in der Versuchungssituation mit massiven negativen Konsequenzen verbunden wird.

ausgeübt wird, was zu einer weiteren Annäherung an das erste Objekt beiträgt.

Im Falle eines *Vermeidungs-Vermeidungs-Konflikts* ist die Person einer Situation ausgesetzt, in der sie sich für eine von zwei unangenehmen Alternativen entscheiden muss; ein Verlassen der Situation und Vermeiden beider Übel ist unmöglich und wird durch entsprechende Barrieren räumlicher oder psychologischer Art verhindert. Ein Schiffbrüchiger auf hoher See steht vielleicht vor der Entscheidung, entweder seinen mittlerweile toten Kameraden zu verspeisen oder selbst zu verhungern. Aber auch weniger dramatische Fälle besitzen eine analoge Charakteristik, etwa wenn man die Wahl hat, die Zahnschmerzen weiter zu ertragen oder den Zahnarzt aufzusuchen, oder wenn ein Schüler entweder seine Hausaufgaben erledigt oder nachsitzen muss. Vermeidungs-Vermeidungs-Konflikte sind typischerweise schwer aufzulösen und führen zu einer dauerhaften Unentschlossenheit und Lähmung des Verhaltens. Sobald nämlich eine der beiden Alternativen wahrscheinlicher wird, reduziert sich die psychologische Distanz zu der jeweiligen Alternative. Hierdurch nimmt jedoch die abstoßende Kraft, die von dem Objekt ausgeht, noch weiter zu, sodass es zu einem erneuten Zurückweichen kommt.

Bei einem *Annäherungs-Vermeidungs-Konflikt* besitzt ein einziges Objekt gleichzeitig sowohl anziehende als auch abstoßende Wirkungen. So freut sich die schwangere Frau auf die bevorstehende Geburt ihres Kindes, hat aber gleichzeitig Angst vor den Schmerzen und gesundheitlichen Risiken, die mit der Geburt verbunden sind. Eine Mutprobe bietet die Gelegenheit, sich und anderen die eigene Fähigkeit und Tapferkeit zu demonstrieren, gleichzeitig halten die mit der Situation verbundenen Gefahren die Person von der Ausführung ab. Im Falle eines Annäherungs-Vermeidungs-Konflikts wechselt das Verhalten meist sehr schnell zwischen Tendenzen des Aufsuchens und Meidens, sodass sich der Organismus in einem bestimmten Entfernungsbereich von dem ambivalenten Zielobjekt aufhält; weitere Annäherung wird durch die abstoßenden Kräfte verhindert, einer echten Abkehr von dem Objekt stehen jedoch die anziehenden Kräfte entgegen. Schön illustriert wird dieser Konflikttyp durch die sprichwörtliche Katze, die in konstanter Entfernung um den heißen Brei herumschleicht, der einerseits attraktiv und lecker erscheint, an dem man sich jedoch auch die Schnauze verbrennen kann.

Um dieses häufig beobachtete Phänomen des Hin- und Herpendelns in einem bestimmten Entfernungsbereich um ein ambivalentes Objekt zu erklären, nimmt Lewin an, dass die abstoßenden Kräfte, die von einem ambivalenten Objekt ausgehen, in Zielnähe stärker zunehmen als die anziehenden Kräfte; technisch ausgedrückt verläuft der Vermeidungsgradient steiler als der

Annäherungsgradient (Abb. 12). Durch die unterschiedliche Steigung der beiden Gradienten kommt es in einer bestimmten Entfernung von einem ambivalenten Zielobjekt zu einem Schnittpunkt der Linien, an dem die anziehenden und abstoßenden Kräfte gleich stark sind. Nähert sich der Organismus noch weiter an das Zielobjekt an, so überwiegen aufgrund des steiler ansteigenden Meiden-Gradienten die abstoßenden Kräfte – der Organismus wird also wieder von dem Objekt weggetrieben. Überschreitet die Entfernung vom Zielobjekt jedoch die kritische Grenze, so dominieren die Anziehungskräfte, die dann ein erneutes Annäherungsverhalten in Gang setzen.

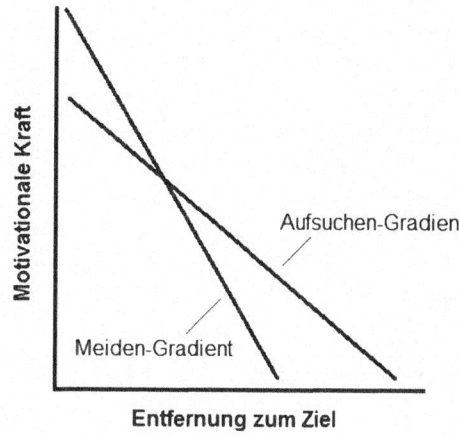

Abbildung 12: Distanzeffekte auf die Motivationsstärke für Annäherungs- und Vermeidungstendenzen.

Miller (1944) führt den steileren Verlauf des Vermeidungsgradienten im Vergleich zum Annäherungsgradienten darauf zurück, dass bestimmte situative Reize in der Nähe eines aversiven Objekts zu konditionierten Angst- oder Furchtsignalen werden, die negative Konsequenzen ankündigen (z. B. Schmerzen). Durch diese externen Furchtsignale in der Nähe des Objekts kommt es zu einer Aktivierung von sekundärer Furcht und damit verbundenen Vermeidungstendenzen. Annäherungstendenzen werden dagegen vor allem durch im Organismus liegende Bedürfniszustände gespeist, die mehr oder weniger unabhängig von der Entfernung zu einem Zielobjekt sind, und die aufgrund ihrer im Vergleich zu negativen motivationalen Zuständen geringeren Veränderungsdynamik auch schwerer auf externe Reize zu konditionieren sind.

In manchen Fällen führt ein Annäherungs-Vermeidungs-Konflikt auch dazu, dass ein Ersatzobjekt gesucht wird, das zumindest einen Teil der attraktiven Merkmale des ursprünglichen Zielobjekts beibehält, das aber vor allem frei ist von dessen bedrohlichen Aspekten. In diesen Fällen spricht man von einer *Verschiebung*, die insbesondere dann zu beobachten ist, wenn die Objekte starker Bedürfnisse mit strikten Verboten und Strafen belegt oder mit Ängsten besetzt sind. Der am häufigsten diskutierte Fall sind verbotene oder unberechenbar erscheinende Objekte des Sexualtriebs. Aufgrund der starken abstoßenden Kräfte in dem attraktiven Objekt kann es zu Verschiebungen auf mehr oder weniger ähnliche Ersatzobjekte kommen, die weniger gefährlich sind (z. B. Fetischismus).

Die von Lewin unterschiedenen Konflikttypen kommen im Alltag allerdings nur selten in Reinform vor. Hovland und Sears (1938) identifizierten daher einen vierten Konflikttyp, der als *doppelter Annäherungs-Vermeidungs-Konflikt* bezeichnet wird. Hier wird das Verhalten der Person von zwei Objekten beeinflusst, von denen jeweils sowohl anziehende als auch abstoßende Kräfte ausgehen. Muss sich etwa ein angehender Student zwischen verschiedenen Studienorten entscheiden, so kann es zu einem Konflikt kommen, wenn jede Alternative sowohl Vor- als auch Nachteile aufweist (z. B. reizt die Großstadt mit einer Vielfalt an kulturellen Angeboten, das Leben dort ist aber auch unpersönlicher und teurer).

📖 *Weiterführende Literaturempfehlungen.*

Heckhausen, H. (1980). Motivation und Handeln. In. Berlin: Springer. (in Ausführlichkeit und Systematik nach wie vor unerreichte Darstellung historischer Ansätze der Motivationsforschung; insbes. Kap. 2–5).

Schmalt, H.-D., & Langens, T. A. (2009). *Motivation* (4. Auflage). Stuttgart: Kohlhammer. (detaillierte Behandlung der Wirkung biologischer Motive, insbes. Kap. 5–7).

III Motivation als rationale Kalkulation

Im vorangehenden Kapitel wurde ein Bild von Motivation als Kraft entworfen. Menschen und Tiere werden als Spielball von Triebzuständen, Bedürfnissen und situativen Anreizen gesehen, die das Verhalten in Gang setzen, energetisieren und in eine bestimmte Richtung lenken können. Die im vorliegenden Kapitel entwickelte Sichtweise von Motivation als Resultat vernünftiger Überlegungen und Entscheidungen stellt einen Gegenentwurf zu dieser mechanischen Auffassung dar. Menschliches Verhalten wird jetzt als Ergebnis einer freien und überlegten Wahl zwischen verschiedenen Handlungsmöglichkeiten verstanden. Dies entspricht auch alltäglichen Formen menschlicher Verhaltenserklärung. Wir antworten auf die Warum?-Frage mit Gründen und Argumenten, die eine Entscheidung für das gewählte Verhalten als sinnvoll und vernünftig erscheinen lassen und die uns bewogen haben, diese Entscheidung zu treffen, zum Beispiel: „Ich habe mich für das Psychologiestudium entschieden, weil ich gerne Menschen helfen möchte, die mit ihrem Leben nicht zurechtkommen, und weil ich glaube, dass mir dieses Studium die dazu nötigen Kompetenzen und Qualifikationen vermittelt."

Die in diesem Kapitel vorgestellten Erklärungsansätze verstehen rationales menschliches Wahlverhalten als Maximierung des persönlichen Nutzens. Bei der Wahl zwischen verschiedenen Handlungs- und Verhaltensmöglichkeiten wird demnach immer diejenige Alternative gewählt, die aus Sicht der Person die besten Ergebnisse verspricht. Eine formalisierte Darstellung dieser Konzeption rationaler Entscheidungen geben ökonomische Theorien der Nutzenmaximierung (III.1).

Rationale Verhaltenserklärungen sind im Kern kognitiv: Entscheidungen werden auf der Basis von Erwartungen darüber getroffen, welche Ergebnisse die verschiedenen möglichen Handlungen nach sich ziehen können und mit welcher Wahrscheinlichkeit diese Ergebnisse eintreten, wenn die entsprechende Handlung ausgeführt wird. Vor allem aber werden Auswahlentscheidungen von der persönlichen Bewertung der möglichen Handlungsergebnisse bestimmt. Allerdings spiegeln menschliche Entscheidungen nicht immer die objektiven Gegebenheiten wider. Die von Kahneman und Tversky (1984) entwickelte *prospect theory* macht daher Aussagen darüber, wie sich objektive Gewinne und Verluste in subjektiven Nutzeneinschätzungen abbilden und wie objektive Wahrscheinlichkeiten in persönliche Entscheidungsgewichte übersetzt werden (III.2).

Für ein adäquates Verständnis rationalen Handelns ist weiterhin zu berücksichtigen, dass Verhaltensentscheidungen häufig nicht isoliert sondern in sozialen Kontexten getroffen werden. In vielen Fällen hängen die zu erwartenden Ergebnisse nicht nur von der eigenen Handlungsentscheidung ab, sondern ergeben sich erst aus der Kombination von verschiedenen, unabhängigen Entscheidungen mehrerer beteiligter Personen. So kann etwa die eigene Anstrengung für eine gemeinsame Sache wertlos sein, wenn die meisten anderen keinen Beitrag leisten. Eine systematische Analyse rationalen Verhaltens in solchen komplexen sozialen Interaktionssituationen liefert die Spieltheorie (III.3).

In einem weiteren Abschnitt diskutieren wir mögliche Grenzen spiel- und nutzentheoretischer Rationalitätskonzeptionen (III.4). Abschließend gehen wir auf genuin psychologische Ansätze einer rationalen Verhaltenserklärung ein, die sogenannten Erwartung × Wert-Modelle (III.5). In diesen Ansätzen werden vor allem verschiedene Formen von Erwartungen unterschieden, die bei Handlungsentscheidungen eine wichtige Rolle spielen.

III.1   Ökonomische Modelle der Nutzenmaximierung

In der ersten Hälfte des 20. Jahrhunderts wurden in den Wirtschaftswissenschaften formalisierte Modelle menschlichen Entscheidungsverhaltens entwickelt (Samuelson, 1947). Sind in einer Situation verschiedene Handlungsoptionen möglich, so wird immer dasjenige Verhalten ausgewählt, dessen erwartete Folgen und Ergebnisse den persönlichen Vorlieben am besten entsprechen. Dieses Bild des Menschen als vernünftiger Entscheider, der durch rationale Wahl seiner Verhaltensmöglichkeiten den subjektiven Nutzen maximiert, wird als *homo oeconomicus* bezeichnet.

Ein zentrales Merkmal dieser Präferenztheorien liegt in der Betonung des *subjektiven* Nutzens. Die Bewertung von Situationen ist eine restlos individuelle Angelegenheit, bei der je nach Person höchst unterschiedliche und nahezu beliebige Bewertungen verschiedener Handlungsergebnisse möglich sind. Im

Wahlverhalten einer Person offenbaren sich ihre Vorlieben (Samuelson, 1948, spricht von sog. „revealed preferences"). Subjektive Bewertungen beziehen sich dabei immer auf das Gesamt aller Merkmale einer Situation. Ein Handlungsergebnis besteht aus unterschiedlichen Gesichtspunkten, die dann als zusammengehörige Einheit bewertet werden. Hat man etwa beim mittäglichen Mensabesuch die Wahl zwischen verschiedenen Gerichten, so bezieht sich die Entscheidung für ein bestimmtes Essen (und gegen die anderen Angebote) auf einen Komplex von Gesichtspunkten wie Geschmack, Preis, Kalorienmenge, Nahrungsbestandteile (Fleisch vs. vegetarisch), Verträglichkeit, ökologische Gesichtspunkte (Transport, Herstellungsmerkmale) und nicht zuletzt auf die unterschiedliche Länge der Schlange. Jedes Essen kann somit als eine Ansammlung (ein Vektor) von Merkmalen x aufgefasst werden. Die technische Konstruktion der Nutzentheorien besteht nun darin, dass jedem möglichen Handlungsergebnis x genau ein subjektiver Nutzenwert $u(x)$ zugeordnet wird. Bei der Entscheidung der Person wird jeweils das Ergebnis bevorzugt, dessen subjektiver Nutzenwert am höchsten ist. Die Nutzenfunktion erlaubt dann eine fehlerfreie Rekonstruktion der subjektiven Vorlieben:

$$x \text{ pref } y <=> u(x) > u(y)$$

Anders als in den meisten anderen Motivationstheorien werden allerdings von den ökonomischen Nutzentheorien keinerlei Versuche unternommen, die Vorlieben einer Person zu erklären oder diese auf fundamentale Bedürfnisse oder Motive zurückzuführen. Präferenzen sind ein motivational inhaltsleerer Begriff, der lediglich formalen logischen Konsistenzpostulaten genügen muss, die als „Rationalitätsaxiome" aufgefasst werden können. So müssen die Präferenzen einer Person beispielsweise dem Axiom der Transitivität genügen: Aus der Tatsache, dass x gegenüber y bevorzugt wird und außerdem y gegenüber z den Vorzug erhält folgt, dass x auch im direkten Vergleich mit z gewählt wird. Ein Verstoß gegen dieses Ordnungsprinzip ist mit dem Begriff der Präferenz nicht vereinbar. Eine Rekonstruktion eines solchermaßen inkonsistenten Wahlverhaltens lässt sich durch Zuordnung von Nutzenwerten nicht mehr abbilden. Das heißt jedoch nicht, dass es nicht plausible Fälle gibt, in denen menschliches Wahlverhalten gegen die fundamentalen Konsistenzpostulate verstößt – in den folgenden Abschnitten werden hierfür einige Beispiele genannt.

Eine mögliche Ursache für diese Schwierigkeiten und Inkonsistenzen mag darin liegen, dass das Gewicht, mit dem die verschiedenen Merkmale von Ergebnissen in eine Entscheidung eingehen, je nach Kontext unterschiedlich ausfällt. Durch das Verteilen eines Flyers vor der Mensa wird möglicherweise auf die grausamen Bedingungen der industriellen Tierhaltung aufmerksam gemacht, wodurch der Gesichtspunkt der fleischhaltigen vs. vegetarischen Kost besonders zugänglich gemacht und in der Entscheidungsbildung vermutlich betont wird. Neben einer solchen Verschiebung von Gewichtungen einzelner Merkmale kann aber auch die bloße Wahrnehmung von Ausprägungsunterschieden bzgl. eines Merkmals durch den Kontext beeinflusst werden. Vielleicht schwanke ich noch zwischen Eintopf und Schnitzel. Eintopf hat wegen des etwas niedrigeren Preises (2,– € gegenüber 2,50 €) einen leichten Vorteil, das Schnitzel sieht allerdings sehr appetitlich aus. Die bloße Tatsache, dass heute auch Forelle (die ich sowieso nicht mag) für den exorbitanten Preis von 7,50 € angeboten wird, lässt den preislichen Unterschied zwischen Eintopf und Schnitzel jedoch als vernachlässigbar erscheinen, sodass ich mich für das Schnitzel entscheide. Wird als drittes Essen dagegen das von mir ebenfalls verschmähte vegetarische Gericht für 2,20 € angeboten, so vergrößert sich der wahrgenommene Preisunterschied zwischen Eintopf und Schnitzel, sodass die Wahl möglicherweise auf den Eintopf fällt.

Ein zentrales Element moderner Entscheidungstheorien besteht darin, Gesichtspunkte der Unsicherheit und des Risikos bei Handlungsentscheidungen abzubilden („Entscheiden unter Unsicherheit"). Nur in wenigen Fällen führen unsere Handlungen zu eindeutig bestimmten und vorhersehbaren Ergebnissen. In der Regel können wir durch unser Verhalten lediglich die Wahrscheinlichkeiten beeinflussen, mit denen bestimmte Ergebnisse auftreten. Schnelles Fahren erhöht zwar die Wahrscheinlichkeit, dass ich früh am gewünschten Ziel ankomme, sicher ist dieses Ergebnis allerdings nicht: Vielleicht kommt es infolge eines Staus dennoch zu einer Verspätung. Sicherlich erhöht sich durch eine rasante Fahrweise auch die Wahrscheinlichkeit, dass ich mein Ziel gar nicht erreiche sondern stattdessen im Krankenhaus aufwache. Handlungen können also als unterschiedliche subjektive Wahrscheinlichkeitsverteilungen über verschiedene mögliche Ergebnisse aufgefasst werden (H = x, p_H; y, q_H; z, r_H; ...; hierbei sind x, y, z mögliche Ergebnisse und p_H, q_H, r_H die Wahrscheinlichkeiten, mit denen diese Ergebnisse auftreten, wenn die Handlung H ausgeführt wird).

Ein zentrales Theorem der modernen Nutzentheorie besteht nun darin, dass der subjektiv erwartete Nutzen einer Handlung eine gewichtete Summe des Nutzens der möglichen Ergebnisse darstellt, wobei der Nutzen jedes Ergebnisses mit der ihm zugeordneten Wahrscheinlichkeit multipliziert wird (von Neumann & Morgenstern, 1947):

$$u(H) = u(x, p_H; y, q_H; z, r_H; \ldots) = p_H \cdot u(x) + q_H \cdot u(y) + r_H \cdot u(z) + \ldots$$

Eine Handlung oder Verhaltensweise ist für eine Person also umso attraktiver, je mehr sie die subjektive Erwartung erwünschter Ergebnisse erhöht oder aber die Auftretenswahrscheinlichkeit unerwünschter Situationen reduziert. Handlungsbezogene Ergebniserwartungen sind daher ein zentraler Bestandteil motivationspsychologischer Verhaltenserklärungen. Wie schon bei den Präferenzen und Nutzenwerten von Ergebnissen bleibt die ökonomische Entscheidungstheorie jedoch auch bei der Erklärung des Zustandekommens handlungsabhängiger Ergebniswahrscheinlichkeiten stumm. Diese werden als gegebene subjektive Faktoren betrachtet, die sich zwar empirisch ermitteln lassen, für die aber keine motivationstheoretische Erklärung vorgehalten wird.

Auch für Entscheidungen unter Unsicherheit wurden Verletzungen der klassischen Rationalitätsaxiome nachgewiesen. Der berühmteste Fall einer solchen Verletzung wird nach dem Entdecker der Anomalie als Allais-Paradox bezeichnet (Allais, 1953). Bei der Wahl zwischen einem sicheren Gewinn von 500.000 € und einem Glücksspiel, das mit 89%iger Wahrscheinlichkeit ebenfalls einen Gewinn von 500.000 €, mit 10%iger Wahrscheinlichkeit einen Gewinn von 2,5 Mio. €, und mit einer Wahrscheinlichkeit von 1 % eine Niete (0,– €) ergibt, entscheiden sich die meisten Personen für den sicheren Gewinn.

III.2 Psychophysik von Wert und Wahrscheinlichkeit: Die *prospect theory* von Kahneman und Tversky

Wie im vorangegangenen Abschnitt dargestellt wurde, spielen subjektive Einschätzungen des Wertes von Handlungsergebnissen und ihrer Auftretenswahrscheinlichkeit eine zentrale Rolle für die Handlungserklärung in rationalen Entscheidungstheorien. Allerdings fehlen in der klassischen ökonomischen Theorie Ansätze, mit denen die Entstehung von subjektivem Wert und subjektiven Erwartungen erklärt werden kann. Mit der *prospect theory* haben Kahneman und Tversky (1984) einen enorm einflussreichen Ansatz entwickelt, der die Zusammenhänge zwischen objektiven Gewinnen und Verlusten und subjektiven Nutzeneinschätzungen sowie zwischen objektiven Wahrscheinlichkeiten und subjektiven Entscheidungsgewichten analysiert.

Die *prospect theory* übernimmt zunächst zentrale Grundannahmen und auch die Terminologie der subjektiven Nutzentheorien. Eine Verhaltensoption und die damit verbundenen möglichen Ergebnisse und Wahrscheinlichkeiten wird als „*prospect*" bezeichnet, also als Erwartung, Chance oder Aussicht auf einen möglichen Gewinn oder Verlust. Die Grundidee der *prospect theory* entspricht dem Modell der Psychophysik: Analog zur subjektiven Wahrnehmung, deren Zusammenhang mit der objektiven Reizstärke durch eine psychophysische Funktionsgleichung beschrieben wird (z. B. Potenzfunktion nach Stevens, Logarithmusfunktion für das Weber-Fechner-Gesetz), gehen Kahneman und Tversky davon aus, dass auch der subjektive Wert von Ergebnissen und subjektive Entscheidungsgewichte von objektiven Einflussgrößen abhängen. Für den subjektiven Nutzen und für subjektive Entscheidungsgewichte wurden jeweils unterschiedliche Übersetzungsfunktionen spezifiziert, die wir im Folgenden darstellen.

III.2.1   Die subjektive Nutzenfunktion

Die *prospect theory* nimmt an, dass sich subjektive Nutzeneinschätzungen auf relative *Veränderungen* der persönlichen Situation beziehen, nicht auf die absolute Ausprägung von relevanten Merkmalen. Man freut sich darüber, dass man 10,– € im Lotto gewonnen hat, nicht über den neuen Stand, den die persönlichen Finanzbestände nach diesem Gewinn erreicht haben und für den der Lottogewinn ohnehin unerheblich ist.

Vor allem aber werden die objektiven Gewinne und Verluste nicht eins-zu-eins in subjektive Nutzenwerte übersetzt. Nach Kahneman und Tversky folgt diese Übersetzung einer S-förmigen Funktion (Abb. 13). Mit zunehmender Höhe der objektiven Gewinne und Verluste flacht sich die Nutzenfunktion asymptotisch ab. Weitere Steigerungen des objektiven Gewinns oder Verlusts führen dann zu immer geringeren Zu- bzw. Abnahmen im subjektiven Nutzen. So mag die Freude über einen Lottogewinn von 20,– € noch deutlich größer ausfallen als die Freude über einen Gewinn von 10,– €, allerdings wird es keine Rolle spielen, ob der Gewinn 1.556.730,– € oder 1.556.740,– € beträgt, obwohl der objektive Unterschied zwischen den Optionen ebenfalls 10,– € beträgt.

Aus dem asymptotischen Verlauf der Nutzenfunktion in den Extrembereichen lässt sich eine wichtige Eigenschaft menschlichen Risikoverhaltens ableiten. Kahneman und Tversky postulieren, dass wir bei der Entscheidung zwischen Handlungsoptionen, die mit unterschiedlich hohen und unterschiedlich wahrscheinlichen Gewinnoptionen verbunden sind, Risiken meiden. Ein sicheres Geschenk von 100,– € ist uns lieber als die Teilnahme an einem Spiel (z. B. Münzwurf), bei dem wir mit 50%iger Wahrscheinlichkeit 200,– € und mit ebenfalls 50%iger Wahrscheinlichkeit gar nichts bekommen. Da beide Optionen den gleichen Erwartungswert besitzen, spiegelt die Präferenz für den sicheren Gewinn eine Tendenz zur Risikovermeidung wider.

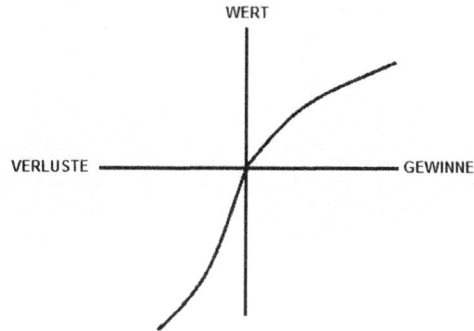

Abbildung 13: Zusammenhang zwischen objektiven Gewinnen und Verlusten und dem subjektiven Nutzen bzw. Schaden (nach Kahneman & Tversky, 1984).

Umgekehrt zeigt sich jedoch eine Tendenz zur Risikosuche bei verlustbezogenen Entscheidungen. Statt einen sicheren Verlust von 100,– € zu akzeptieren (z. B. einen entsprechenden Strafzettel zu bezahlen), gehen wir häufig das Risiko eines noch höheren Verlusts ein (Verwarnungsgeld plus Mahngebühren), um dadurch die – wenn auch geringe – Möglichkeit zu bekommen, den Verlust abzuwehren (die Verwarnung wird vergessen).

Die gegenläufigen Risikotendenzen bei gewinn- bzw. verlustbezogenen Entscheidungen lassen sich unmittelbar aus der Nutzenfunktion der *prospect theory* ableiten. Entscheidend ist, dass die Qualität der Veränderung offenbar wichtiger ist als deren Quantität: Ein sicherer Gewinn ist attraktiver als ein unsicherer Gewinn, während ein sicherer Verlust aversiver ist als ein unsicherer Verlust. Der asymptotische Verlauf der Nutzenfunktion bringt genau dies zum Ausdruck (Abb. 13). Die mögliche weitere Erhöhung eines objektiven Gewinns fällt subjektiv nicht so viel ins Gewicht, als dass sie eine Einbuße der Gewinnwahrscheinlichkeit aufwiegen könnte; eine Verdopplung des objektiven Gewinns erhöht den subjektiven Nutzen nur um einen wesentlich geringeren Faktor, sodass die damit verbundene Halbierung der Gewinnwahrscheinlichkeit zu einem insgesamt niedrigeren Ergebnis führt. Umgekehrt verschlimmert sich der subjektiv empfundene Schaden durch eine Erhöhung des objektiven Verlusts nicht so sehr, dass er uns von dem Versuch abhalten könnte, die Verlustwahrscheinlichkeit zu senken.

Kahneman und Tversky haben die unterschiedlichen Risikotendenzen bei Gewinnen und Verlusten in verschiedenen Untersuchungen zu den sogenannten Framing-Effekten nachgewiesen. Hierbei werden *dieselben* Ergebnisse einmal als Gewinne, einmal als Verluste ausgedrückt („geframet"). Stellen Sie sich etwa vor, die BRD bereite sich auf den Ausbruch eines neuen Krankheitserregers vor, der etwa 600 Personen das Leben kosten wird. Nun werden zwei alternative Programme zur Bekämpfung des Erregers diskutiert. Wenn Programm A eingesetzt wird, werden 200 Personen gerettet. Bei Programm B besteht eine Chance von einem Drittel, dass alle 600 Personen gerettet werden. Allerdings wird bei einem Einsatz von Programm B mit einer Wahrscheinlichkeit von zwei Dritteln niemand gerettet. Wenn Sie sich für eins der beiden Programme entscheiden müssten, würden Sie bei dieser Darstellung wahrscheinlich Programm A bevorzugen (in der Studie von Kahneman und Tversky taten dies jedenfalls 72 % der Untersuchungsteilnehmer). Eine andere Gruppe von Teilnehmern wurde nach derselben Einleitung vor die folgende Wahl gestellt: Wenn Programm C eingesetzt wird, werden nur 400 Personen sterben. Bei einem Einsatz von Programm D besteht eine Chance von einem Drittel, dass niemand sterben wird. Allerdings werden bei einem Einsatz von Programm D mit einer Zwei-Drittel-Wahrscheinlichkeit alle 600 Personen sterben. Interessanterweise sprachen sich in diesem Falle 78 % der Teilnehmer für einen Einsatz von Programm D aus, Programm C wurde nur von 22 % der Teilnehmer gewählt. Bei näherem Hinsehen zeigt sich jedoch, dass die Programme A und C wie auch die Programme B und D jeweils hinsichtlich der erwarteten Konsequenzen identisch sind. Wie erklärt sich dann aber, dass zwar A gegenüber B bevorzugt wird, bei einer Entscheidung über die identischen Programme C und D dagegen eine klare Präferenz für D entsteht? Offenbar bevorzugen wir sichere Gewinne (unabhängig von der Größe des Gewinns), was die Vorliebe für A gegenüber B erklärt. Andererseits ist uns der unsichere Verlust immer noch lieber als der sichere – wenn auch kleinere – Verlust, was den Vorzug von D gegenüber C verständlich macht. Der Nachweis von Framing-Effekten auf das Entscheidungsverhalten liefert somit einen klaren Beleg für die nicht-lineare Beziehung zwischen objektivem und subjektivem Nutzen. Zugleich stellt dieses Ergebnis ein weiteres eindrückliches Beispiel von inkonsistentem Entscheidungsverhalten dar, das die Rationalitätsaxiome der klassischen ökonomischen Entscheidungstheorie verletzt. Wenn die bloße Veränderung der Beschreibung von Ergebnissen so gravierende Auswirkungen auf unser Wahlverhalten hat, dann ist auch die Annahme einer stabilen und eindeutigen Präferenzordnung über Handlungsergebnisse möglicherweise eine unrealistische Konstruktion.

Kommen wir aber noch einmal auf die Abb. 13 zurück, in der die Nutzenfunktion auf der Basis der *prospect theory* dargestellt ist. Bei genauerem Hinsehen zeigt sich, dass die beiden Abschnitte der Funktion im Bereich von Gewinnen und Verlusten zwar dieselbe asymptotische Form besitzen, allerdings sieht man auch, dass die Kurve im Bereich der Verluste steiler verläuft als im Bereich der Gewinne. Diese Eigenschaft der Kurve illustriert einen weiteren Kernsatz der Theorie: *„losses loom larger than gains"* (Kahneman & Tversky, 1984; S. 348). Hiermit ist gemeint, dass dieselbe quantitative Ergebnisveränderung im Bereich von Verlusten eine stärkere subjektive Nutzenveränderung bewirkt als bei Gewinnen. Würden Sie sich beispielsweise auf ein einfaches Münzwurfspiel einlassen, dass Ihnen von einer seriös wirkenden Person in der Fußgängerzone angeboten wird, bei dem Sie 10,– € gewinnen, wenn Sie das Ergebnis des Münzwurfs richtig vorhersagen, aber bei dem Sie 10,– € bezahlen müssen, wenn Ihnen dies nicht gelingt? Selbst wenn Sie keine Zweifel an einer ordnungsgemäßen Abwicklung des Spiels haben – das Spiel Ihnen also fair erscheint –, werden die meisten sich nicht auf die Wette einlassen wollen. Offenbar wiegt die Möglichkeit eines Verlusts von 10,– € schwerer als die Aussicht auf einen Gewinn der gleichen Höhe. Dieser Negativitätsbias wird von mehreren Forschern als generelles Charakteristikum der Verarbeitung und Wirkung relevanter Information betrachtet (z. B. Baumeister et al., 2001; Pratto & John, 1991), allerdings sprechen neuere Befunde gegen die generelle Gültigkeit dieser These (Wentura & Rothermund, 2009).

III.2.2 Die Übersetzung von Wahrscheinlichkeiten in subjektive Entscheidungsgewichte

Das zentrale Theorem der subjektiven Nutzentheorie postuliert eine Gewichtung des Nutzens möglicher Handlungsergebnisse mit der erwarteten Wahrscheinlichkeit ihres Eintretens (s. o.). In der *prospect theory* wird dagegen eine nicht-lineare Übersetzung von Wahrscheinlichkeiten in subjektive Entscheidungsgewichte angenommen, die darüber hinaus qualitative Sprünge aufweist (Abb. 14).

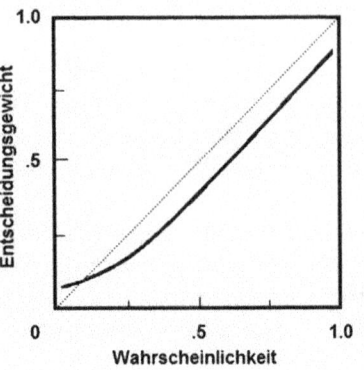

Abbildung 14: Übersetzung objektiver Wahrscheinlichkeiten in subjektive Entscheidungs-gewichte (nach Kahneman & Tversky, 1984).

Auffällig sind vor allem die Randbereiche der Funktion. So zeigt sich eine deutliche Übergewichtung sehr niedriger Wahrscheinlichkeiten. Offenbar reicht die bloße Möglichkeit eines Ereignisses (p > 0), um ein Ergebnis mit einem Mindestgewicht bei der Entscheidungsbildung zu berücksichtigen, selbst wenn die objektive Wahrscheinlichkeit des Eintretens dieses Ereignisses verschwindend gering ist. Der Übergang von einem unmöglichen (p = 0) zu einem unwahrscheinlichen (0 < p < .01) Ereignis führt zu einem sprunghaften Anstieg in den zugeordneten Entscheidungsgewichten. Mit dieser Annahme erklärt sich wie von selbst die Teilnahme großer Bevölkerungsgruppen an staatlichen Lotterien, obwohl deren Ausschüttungen meist unter 50 % der Einsätze liegen. Auf ein Münzwurfspiel, bei dem man bei richtiger Vorhersage 50 Cent gewinnt, aber im Falle einer falschen Vorhersage 1 Euro bezahlen muss, würde sich unter normalen Umständen niemand einlassen. Die Aussicht auf einen extrem hohen Gewinn allerdings treibt die Leute trotz schlechter Quoten in die Lottobude. Obwohl der Hauptgewinn objektiv sehr unwahrscheinlich ist, stellt dieses Ergebnis subjektiv immerhin ein mögliches Ereignis dar und wird daher mit einem nennenswerten Entscheidungsgewicht versehen.

Kahneman und Tversky beschreiben ein weiteres anschauliches Beispiel für diesen qualitativen Sprung in der Berücksichtigung von Wahrscheinlichkeiten bei Entscheidungen. Eine Hausbesitzerin möchte ihr Eigenheim gegen Erdbeben versichern lassen, ist aber noch unentschlossen, ob sie das vorliegende Versicherungsangebot annehmen soll. Da macht ihr der Makler folgenden Vorschlag: „Für die halbe Prämie sind alle Schäden gedeckt, wenn das Erdbeben an einem ungeraden Datum auftritt (1./3./5./... eines Monats). Dann sind sie für die Hälfte des Geldes an mehr als der Hälfte aller Tage versichert (die meisten Monate haben 31 Tage)." Trotz des verbesserten Kosten/Nutzen-Verhältnisses würde wohl kaum ein Kunde auf dieses Angebot eingehen. Warum nicht? Die bloße Möglichkeit eines nicht versicherten Erdbebenschadens stellt trotz objektiv halbierter Wahrscheinlichkeit immer noch ein mögliches Ereignis dar, das mit einem relativ hohen Entscheidungsgewicht versehen wird und deshalb zu einer klaren Ablehnung des modifizierten Vertragsangebots führt. Nach dem Modell von Kahneman und Tversky ist das Entscheidungsgewicht π_2 für die Wahrscheinlichkeit p/2 also deutlich größer als die Hälfte des Entscheidungsgewichts π_1, das der Auftretenswahrscheinlichkeit p für ein Erdbeben entspricht.

Auch im Bereich sehr hoher Wahrscheinlichkeiten kommt es zu einem qualitativen Sprung bei der Übersetzung in Entscheidungsgewichte, der dem Übergang von einem hoch wahrscheinlichen zu einem sicheren Ereignis entspricht. Die auch mit hoch wahrscheinlichen Ereignissen immer noch verbundene Unsicherheit schlägt sich in reduzierten Entscheidungsgewichten nieder, die erst mit dem Übergang zum sicheren Ereignis sprunghaft auf den Maximalwert ansteigen.

III.3 Spieltheorie

In den bisherigen Abschnitten zur Nutzen- und Entscheidungstheorie ging es vor allem um Situationen, in denen eine einzelne Person aus einer Menge möglicher Handlungen die für sie erfolgversprechendste auswählt (sogenannte „Spiele gegen die Natur"). Die Spieltheorie (z. B. Aumann & Hart, 1992, 1994, 2002) erweitert diese Perspektive und behandelt nun auch solche Situationen, in denen mehrere Akteure gleichzeitig Verhaltensentscheidungen treffen (,,soziale Interaktionsspiele"). Das Ergebnis für die einzelnen Beteiligten hängt dabei nicht nur von ihrer eigenen Entscheidung, sondern auch von den Entscheidungen der jeweils anderen Agenten ab.

Die Spieltheorie versucht systematisch die Nutzenstruktur dieser komplexen Entscheidungssituationen zu analysieren und dabei verschiedene Typen von „Spielen" mit mehreren beteiligten Agenten zu identifizieren und zu unterscheiden. Außerdem liefert sie Lösungsansätze, um in solchen komplexen Situationen für jeden Agenten jeweils die optimale Handlungsalternative zu identifizieren.

Betrachten wir als Beispiel für ein soziales Interaktionsspiel folgende Situation: Zwei große Elektromärkte konkurrieren in einer Stadt um die Gunst ihrer Kunden. Beide Märkte haben die Wahl, entweder einen geringen, mittleren oder hohen Betrag in Werbemaßnahmen zu investieren (Wurfsendungen, Billigangebote etc.). Mit einem hohen Werbebudget kann das Interesse der Kunden auf das eigene Geschäft gelenkt und der Umsatz gesteigert werden; gleichzeitig sind diese Maßnahmen jedoch auch kostspielig. Entscheidend ist nun, dass das Ergebnis (die Höhe des Nettogewinns) für jeden der beiden Anbieter nicht nur von der eigenen Entscheidung, sondern auch von der Entscheidung des Konkurrenzunternehmens beeinflusst wird (Tab. 3). Der Gewinn hängt vor allem davon ab, wie viel man im Verhältnis zum Konkurrenzunternehmen investiert. Investieren beide Unternehmen denselben Betrag, so verteilt sich das Kundeninteresse gleichmäßig auf die beiden Geschäfte. In diesem Fall ist für beide Unternehmen der Nettogewinn am höchsten, wenn wenig in die Werbung investiert wird. Mittlere oder hohe Werbeausgaben (gleicher Höhe) schmälern den Reinerlös für beide Unternehmen, denn sie führen nicht dazu, mehr Kunden in eins der beiden Geschäfte zu locken. Investiert jedoch ein Unternehmen weniger als der Konkurrent, so kommt es zu einem asymmetrischen Kaufverhalten. Das „engagierte" Unternehmen kann dann den Umsatz erhöhen, während das Unternehmen mit den geringeren Werbeaktivitäten Gewinneinbußen hinnehmen muss.

Tabelle 3: Erwartete Gewinne für das eigene (erste Zahl in der Klammer) und ein Konkurrenzunternehmen (zweite Zahl in der Klammer) in Abhängigkeit von der Höhe der eigenen und fremden Investitionen (niedriges, mittleres, hohes Engagement) (nach Rieck, 2006).

	Engagement der Anderen		
Eigenes Engagement	gering	mittel	stark
gering	(18,18)	(15,19)	(9,21)
mittel	(19,15)	(16,16)	(11,15)
stark	(21,9)	(15,11)	(9,9)

Die Entscheidungen der beiden Unternehmer werden unabhängig voneinander getroffen – selbst im Fall einer heimlichen Verabredung (beide einigen sich auf gleichmäßig niedrige Werbeinvestitionen um den gemeinsamen Gewinn zu maximieren) kann sich keiner darauf verlassen, dass der Konkurrent die

Absprache einhält[7] (bekanntlich sind Kartellabsprachen verboten und lassen sich nicht einklagen). Welche Entscheidung ist nun in dieser komplexen Situation die beste? Auch bei genauer Kenntnis der gesamten Nutzenmatrix für alle beteiligten Spieler ist die Identifikation einer optimalen Entscheidung nicht einfach. Mithilfe der Spieltheorie lassen sich jedoch optimale Lösungen identifizieren.

III.3.1 Die Identifikation rationaler Entscheidungen

Eine erste Lösungsstrategie besteht darin, diejenigen Handlungsentscheidungen auszuschließen, die von einer anderen Option dominiert werden. Sollte also für einen Spieler eine bestimmte Handlungsmöglichkeit in jedem Fall – also für jede Wahl, die der andere Spieler treffen kann – ein schlechteres Ergebnis liefern als eine bestimmte Alternative, so ist die unterlegene Strategie für das Entscheidungsverhalten irrelevant und kann aus der Matrix entfernt werden (die entsprechenden Zeilen und/oder Spalten werden gestrichen). In unserem Beispiel trifft dies auf die Option, wenig in Werbemaßnahmen zu investieren, zu. Die Ergebnisse sind immer besser, wenn ein Unternehmen einen mittleren Betrag investiert, als wenn es einen kleinen Betrag investiert, unabhängig davon, ob der Konkurrent wenig (19 > 18), mittel (16 > 15) oder viel (11 > 9) investiert. Bei der Wahl zwischen den verbleibenden Optionen (mittleres vs. hohes Investment) zeigt sich, dass nun auch das hohe Investment durch das mittlere Investment dominiert wird, denn mittleres Investment führt zu besseren Ergebnissen als hohes Investment, sowohl wenn der Konkurrent einen mittleren Betrag investiert (16 > 15) als auch wenn er viel investiert (11 > 9). In diesem Fall ergibt sich also, dass für beide Unternehmen die mittlere Investitionshöhe die optimale Wahl darstellt.

Eine weitere Methode zur Identifikation optimaler Wahlentscheidungen besteht darin, sogenannte Gleichgewichtspunkte *(equilibria)* zu identifizieren

---

[7] Allgemein behandelt die Spieltheorie den Fall der Absprache wie folgt: Wenn sich die Spieler vor der eigentlichen Entscheidung darauf geeinigt haben, jeweils ein bestimmtes Verhalten zu wählen, so ist die Abweichung von dieser Vereinbarung mit Kosten verbunden, deren Höhe von den Sanktionen abhängt, die bei einem Vertragsbruch zu erwarten sind. Diese Kosten sind dann in der Nutzenmatrix zu berücksichtigen, wenn jeder Spieler seine tatsächliche Verhaltensentscheidung trifft. Auf eine Absprache ist demnach nur dann Verlass, wenn die Kosten für eine Verletzung der Absprache so hoch sind, dass sie nicht durch den möglichen Gewinn aufgewogen werden, den eine einseitige Abweichung von der Absprache verspricht.

(Nash, 1951). Ein Gleichgewichtspunkt besteht in einer Kombination von Entscheidungen, bei der es sich für keinen der beteiligten Spieler lohnt, allein von seiner Wahl abzuweichen. Die Kombination eines mittleren Investments beider Unternehmen stellt einen solchen Gleichgewichtspunkt dar: Wenn ein Unternehmer weiß (oder annimmt), dass der jeweils andere Unternehmer einen mittleren Werbeaufwand betreibt, so ist auch für das eigene Unternehmen ein mittleres Investment optimal. Da die Matrix symmetrisch ist, stellt die Kombination mittleres Investment/mittleres Investment somit einen Gleichgewichtspunkt dar. Dies ist zugleich auch der einzige Gleichgewichtspunkt der Matrix.

Interessanterweise stellt die Kombination mit einem geringen Investment beider Unternehmen keinen Gleichgewichtspunkt dar, obwohl beide Unternehmen mit dieser Kombination einen höheren Gewinn erzielen würden (18, 18) als wenn beide einen mittleren Betrag investieren (16, 16). Die Kombination mit beidseitigem geringen Investment ist allerdings nicht stabil, denn für beide Spieler lohnt sich die einseitige Abweichung: Ist davon auszugehen, dass der Konkurrent das geringe Investment wählt, so würde man selbst natürlich einen hohen Betrag investieren, um den eigenen Gewinn zu maximieren (21 > 18). Dieser Anreiz zur Abweichung verhindert somit, dass die Kombination mit geringen Investitionen beider Unternehmen einen stabilen Gleichgewichtspunkt darstellt.

Nicht alle Spiele lassen sich jedoch auf diese Weise eindeutig lösen. In manchen Spielen existieren mehrere Gleichgewichtspunkte (wir werden ein solches Spiel noch kennenlernen), in anderen Spielen existiert kein Gleichgewichtspunkt. Dennoch liefern die skizzierten Strategien (Elimination dominierter Optionen, Identifikation von Gleichgewichtspunkten) wichtige Hinweise für die Identifikation rationaler Entscheidungen in sozialen Interaktionsspielen.

III.3.2   Einige bekannte Typen von Spielen

Die Literatur hat eine Reihe von Spielstrukturen identifiziert, die für alltägliche Entscheidungssituationen charakteristisch sind und mit denen das Verhalten in diesen Situationen erklärt werden soll. Tatsächlich lassen sich solche spieltheoretischen Analysen auf alle möglichen Kontexte anwenden, in denen freie Wahlentscheidungen zu treffen sind (in denen das Verhalten also nicht durch Zwang, Triebzustände, Aufregung oder intensive Emotionen in eine bestimmte Richtung gelenkt oder blockiert wird). Dies soll durch einige Beispiele illustriert werden.

Ein häufig diskutiertes und mittlerweile weit über die Ökonomie hinaus bekanntes Spiel stellt das sogenannte Gefangenendilemma dar („prisoners dilemma game", s. Tab. 4). Dieses Spiel bezieht seinen Namen von der folgenden inhaltlichen Einbettung: Zwei Schwerverbrecher haben gemeinsam einen bewaffneten Einbruch begangen und wurden kurz danach festgenommen. Die Beweislage reicht allerdings nur aus, um ihnen unerlaubten Waffenbesitz nachzuweisen, was mit einem Jahr Gefängnis für jeden geahndet wird. Der Staatsanwalt versucht nun, die beiden Gefangenen zum Geständnis des Einbruchs zu überreden, für den eine zehnjährige Gefängnisstrafe verhängt wird. Hierzu bietet er jedem Gefangenen die Kronzeugenregelung an: Gesteht er das gemeinsame Verbrechen, so dass der Komplize überführt wird, so geht der Geständige selbst als einziger Zeuge der Straftat straffrei aus (auch der unerlaubte Waffenbesitz bleibt dann ungeahndet). Gestehen allerdings beide das Verbrechen, so kann keiner die Kronzeugenregelung in Anspruch nehmen, da es ja nunmehr zwei Zeugen gibt. In diesem Fall wird die Gefängnisstrafe für beide immerhin von zehn Jahren auf neun Jahre gesenkt, da die Tat freiwillig gestanden wurde.

Tabelle 4: Das Gefangenendilemma: Höhe der Gefängnisstrafe in Jahren für zwei Straftäter (die erste/zweite Zahl in der Klammer entspricht der Strafe für den ersten/zweiten Angeklagten) in Abhängigkeit davon, ob sie die Straftat gestehen oder schweigen.

	Gefangener 2	
Gefangener 1	reden	schweigen
reden	(9;9)	(0;10)
schweigen	(10;0)	(1;1)

Jeder der beiden Gefangenen hat also zwei Verhaltensmöglichkeiten: Er kann entweder gestehen oder schweigen. Auch in diesem Fall muss jeder Beteiligte seine Entscheidung treffen, ohne zu wissen, wie sich der jeweils andere entscheidet. Selbst wenn die beiden die Situation bereits vorher besprochen und sich für den Fall einer Verhaftung zum gemeinsamen Schweigen verpflichtet haben, weiß keiner der beiden, ob sich der Komplize an diese Abmachung halten wird.

Was ist nun die rationale Lösung für diese Situation? Jeder Spieler hat nur ein Ziel, und zwar die Dauer der eigenen Gefängnisstrafe möglichst kurz zu gestalten. Das Gestehen ist also die beste Wahl, denn unabhängig davon, wie der Komplize sich entscheidet, fällt die eigene Gefängnisstrafe immer um ein Jahr kürzer aus, wenn man gesteht als wenn man schweigt: Schweigt der andere, so erhalte ich mit Gestehen null Jahre statt einem Jahr, wenn ich schweigen würde. Gesteht der andere, so komme ich mit neun Jahren ebenfalls ein Jahr besser weg als wenn ich gestanden hätte (zehn Jahre). Schweigen wird also für beide Angeklagten durch Gestehen dominiert. Die Kombination des gegenseitigen Gestehens stellt somit einen – und zugleich den einzigen – Gleichgewichtspunkt des Spiels dar, denn keiner der Spieler gewinnt etwas, wenn er allein durch Schweigen von diesem Gleichgewichtspunkt abweicht.

Das vertrackte an der Situation ist nun, dass – wenn sich beide diese Überlegung zu eigen machen und gestehen – jeder der beiden neun Jahre ins Gefängnis wandert. Beide wären deutlich besser gefahren, wenn sie geschwiegen hätten (jeder nur ein Jahr). Dennoch ist die Kombination des gegenseitigen Schweigens keine stabile Lösung des Spiels, denn der Anreiz einer um ein Jahr kürzeren Strafe führt jeden Beteiligten dazu, zu gestehen. Der Grund für dieses scheinbar paradoxe Ergebnis liegt darin, dass die Entscheidung eines Verbrechers zwar auch seine eigenen Konsequenzen betrifft (Gestehen reduziert die eigene Strafe um ein Jahr), in viel stärkerem Maße aber die des anderen (Gestehen erhöht die Strafe des anderen um neun Jahre). Genau diese Implikationen für das Wohl (und Wehe) des anderen gehen aber bei einer Maximierung des eigenen Nutzens nicht in die Entscheidungsfindung ein.

Das Gefangenendilemma (oder strukturell ähnliche Spiele) lässt sich als Modell für eine Reihe interessanter Verhaltensentscheidungen in Alltagssituationen benutzen. Im Arbeitskontext müssen etwa häufig Gruppenleistungen erbracht werden, wobei das gemeinsame Produkt die Entlohnung für alle festlegt. Lasse ich dann die anderen für mich arbeiten oder beteilige ich mich aktiv am Ergebnis, obwohl mein eigener Beitrag für das Gesamtergebnis kaum ins Gewicht fällt (sog. *free rider* Problem)? Sind die Folgen einer Entdeckung/ Bestrafung gering, besteht die Gefahr, dass sich jeder Arbeiter zurücklehnt und auf Kosten der anderen ausruht. Wie im Gefangenendilemma können solche Situationen dazu führen, dass sich niemand für die gemeinsame Sache engagiert, sodass hinterher alle für den mangelnden Einsatz mit geringer Entlohnung bestraft werden. Ähnliche Entscheidungsstrukturen finden sich auch beim Konsum- oder Umweltverhalten (Entscheidung für ökologische Produkte, Müllvermeidung etc.).

Eine für spieltheoretische Analysen zentrale Unterscheidung lässt sich gut am Beispiel des Gefangenendilemmas verdeutlichen. So ist es für das Wahlverhalten der Spieler von großer Bedeutung, ob ein Spiel nur einmal oder aber wiederholt gespielt wird. Situationen, in denen dieselben Spieler immer wieder aufeinander treffen und dieselbe Art von Entscheidung treffen müssen, bezeichnet man als Superspiele. Interessanterweise ist die Lösung für ein Einmal-Spiel normalerweise eine andere als für ein Superspiel, dessen einzelne Entscheidungen jeweils aus dem Einmal-Spiel bestehen. Im Falle eines wiederholten Gefangenendilemmas etwa besteht die Lösung nicht im wiederholten Gestehen. Stattdessen sind solche Strategien vielversprechend und stabil, bei denen das eigene Entscheidungsverhalten auf das vorangehende Verhalten des Mitspielers reagiert, um diesen für bösartiges Verhalten (Gestehen) zu bestrafen und für wohlmeinendes Verhalten (Schweigen) zu belohnen. Diese Abhängigkeiten über mehrere Einzelspiele hinweg führen zu völlig anderen Strategiemöglichkeiten, die im Einmal-Spiel *per definitionem* nicht zu realisieren sind. Trotzdem ist der Hinweis wichtig, dass ein Spiel nur dann als Superspiel aufgefasst und analysiert werden kann, wenn immer dieselben Spieler beteiligt sind und wenn die Entscheidungen der Einzelnen in jeder Runde für die Mitspieler auch identifizierbar sind. Nur in diesem Fall lassen sich gezielte Strategien zur Beeinflussung des Mitspielerverhaltens entwickeln. Ein Taschendieb, der immer wieder versucht, Passanten den Geldbeutel zu entwenden, spielt also kein Superspiel, da seine Mitspieler ständig wechseln.

Ganz generell lohnt es sich, alltägliche Wahl- und Entscheidungssituationen, in denen verschiedene Personen gleichzeitig Verhaltensentscheidungen zu treffen haben, mit Blick auf ihre Nutzenstrukturen zu analysieren. Dies erlaubt oft ein tieferes Verständnis für das Zustandekommen des Wahlverhaltens und auch für Möglichkeiten der Verhaltensbeeinflussung, auch wenn diese Analysen auf den ersten Blick ungewohnt und befremdlich erscheinen mögen. Bei der Partnersuche bzw. Partnerwahl etwa hängt das Ergebnis sowohl von der eigenen als auch von fremden Entscheidungen ab. So ist es wenig vielversprechend, die ganze Aufmerksamkeit auf einen potentiellen Partner auszurichten, der deutlich attraktiver ist als man selbst, denn in diesem Fall ist nicht damit zu rechnen, dass sich dieser auch für mich entscheiden wird. Im Falle eines solchen Partnersuche-Spiels geht es also vor allem um die *Koordination* von Entscheidungen, damit möglichst erfolgversprechende Partnerschaften entstehen können (sog. Koordinationsspiele). Das ökonomisch inspirierte Modell der „love leagues" geht etwa davon aus, dass sich Personen auf der Basis der Merkmale Macht, Geld, Aussehen und Alter bewerten und gruppieren lassen; bei dieser Klassifikation können schlechte Bewertungen auf einem Merkmal durchaus durch positive Bewertungen auf anderen Merkmalen ausgeglichen werden. Diese Kategorisierung liefert eine wichtige Orientierungshilfe bei der Partnerwahl: Durch Fokussierung auf Personen aus „derselben Liga" werden die Chancen einer dauerhaften Erwiderung der eigenen Bemühungen deutlich erhöht; spielt der gewünschte Partner dagegen nicht in „derselben Liga", so hat die Beziehung nur geringe Aussicht auf Stabilität.

Wie unser Eingangsbeispiel mit den beiden Elektrogroßmärkten zeigt, können spieltheoretische Analysen nicht nur für eine Rekonstruktion des Entscheidungsverhaltens einzelner Personen sondern auch für die Erklärung/ Prognose der Verhaltensentscheidungen von Gruppen von Akteuren (Firmen, Gewerkschaften, Verbände, Staaten etc.) genutzt werden[8]. Bekannt geworden sind in diesem Kontext vor allem sogenannte Abschreckungs- und Einschüchterungsspiele. Besonders aufschlussreich ist das sog. *game of chicken* (Tab. 5). Bei diesem Spiel verfügen beide Spieler über zwei Verhaltensmöglichkeiten, die riskante und die vorsichtige Option. In einer inhaltlichen Variante des Spiels rasen zum Beispiel zwei Jugendliche nachts mit ihren Autos aufeinander zu. Die riskante Option besteht darin, bis zum Schluss auf der Mittellinie der Fahrbahn zu bleiben, das Ausweichen nach rechts stellt die vorsichtige Option dar. Der Reiz des Spiels besteht darin, sich mit dem riskanten Verhalten durchzusetzen und den Gegner zur Wahl des vorsichtigen Verhaltens zu bewegen. In diesem Fall erhält der wagemutige Spieler für sein Verhalten die Anerkennung der Gruppe, während der vorsichtige Fahrer an Achtung verliert (er ist das „chicken"). Weichen beide Spieler rechtzeitig aus, so winkt beiden ein moderater Gewinn an Wertschätzung, denn immerhin haben sie sich auf das gefährliche Spiel eingelassen. Unangenehm wird es allerdings, wenn beide bis zuletzt hartnäckig mit ihrem Wagen auf der Mittellinie bleiben.

---

[8] Ein weiterer vielbeachteter Anwendungsbereich der Spieltheorie liegt in der Analyse des Verhaltens und der Entwicklung subhumaner Organismen. Die Grundidee der sogenannten „evolutionären Spieltheorie" (Axelrod, 1984; Dawkins, 1976; Maynard Smith, 1982) besteht darin, dass genetisch fixierte Verhaltensprogramme die Wahrscheinlichkeit beeinflussen, mit der dieses Verhaltensmuster in zukünftigen Interaktionen und Populationen vertreten ist. Durch die Auswirkungen eines Verhaltens auf das Überleben (Kampf, Nahrungssuche) und den Fortpflanzungserfolg eines Organismus entscheidet sich, welches Verhalten sich in der Population der Organismen dauerhaft durchsetzt. Eine zentrale These der evolutionären Spieltheorie besteht darin, dass sich nur solche Verhaltensmuster behaupten können, die evolutionär stabil sind, d. h., die nicht durch konkurrierende Verhaltensmuster verdrängt und unterwandert werden können. Die Tendenz zu bedingungslosem („naivem") Engagement für die Gemeinschaft stellt unter dieser Perspektive also keine stabile Verhaltensstrategie dar, da sie leicht durch Parasiten ausgenutzt werden kann, die sich an den von anderen erarbeiteten Gütern bedienen ohne einen eigenen Beitrag geleistet zu haben.

Tabelle 5: Das game of chicken: *Erwarteter Nutzen (positive Werte) bzw. Schaden (negative Werte) für zwei Personen, die als Mutprobe mit ihren Autos aufeinander zu fahren. Jeder Beteiligte kann entweder die Spur halten (riskante Option) oder ausweichen (vorsichtige Option). Die erste/zweite Zahl in der Klammer entspricht den Konsequenzen für die erste/zweite Person.*

	Spieler 2	
Spieler 1	vorsichtig	riskant
vorsichtig	1, 1	-10, 10
riskant	10, -10	-100, -100

Eine spieltheoretische Analyse dieses Spiels ergibt genau zwei Gleichgewichtspunkte, und zwar sind dies die Kombinationen, in denen je einer der beiden Spieler die vorsichtige, der jeweils andere die riskante Variante wählt (wie man leicht erkennen kann, sind die beiden symmetrischen Kombinationen nicht stabil). Weiß ich, dass der andere „riskant" spielt, so bleibt mir nur die vorsichtige Option; umgekehrt stellt die riskante Option ebenfalls die bestmögliche Wahl dar, wenn ich erwarte, dass der andere vorsichtig spielt. Allerdings sind die beiden Gleichgewichtspunkte offensichtlich jeweils nur für einen der beiden Spieler attraktiv: Jeder wird nach Möglichkeit versuchen, den jeweils anderen zur Wahl der vorsichtigen Option zu zwingen. Eine mögliche Strategie besteht also darin, dem anderen zu signalisieren, dass man selbst auf jeden Fall riskant spielen wird (durch entsprechende Ankündigungen und öffentliche Festlegungen), um ihn durch diese Drohung/Einschüchterung zur Wahl der vorsichtigen Option zu verleiten.

Interessanterweise wurde das *game of chicken* auch als Modell für politisch-militärische Verhandlungszusammenhänge benutzt. Nach Meinung eines berühmten amerikanischen Verhaltensstrategen (Kahn, 1965) ist es am effektivsten, wenn man dem Gegner zeigt, dass man gar nicht mehr anders kann als riskant zu spielen. Vielleicht reißt einer der Jugendlichen das Lenkrad seines Autos ab und hält es für den anderen deutlich sichtbar aus dem Fenster. Somit ist für den anderen klar, dass der Mitspieler gar nicht mehr anders kann als auf der Mittellinie zu bleiben, so dass für ihn nur noch das Ausweichen als rationale Wahl übrig bleibt. In militärischen Abschreckungskontexten könnte diese Option zum Beispiel darin bestehen, einen Mechanismus zu installieren, der auf eine Provokation des Gegners automatisch, also ohne Korrekturmöglichkeit, einen atomaren Angriff auslöst. In diesem Fall bleibt dem anderen nur noch die Möglichkeit, sich sehr vorsichtig zu verhalten – wenn er nicht zufällig im gleichen Moment auf dieselbe Idee gekommen ist (in diesem Fall haben allerdings beide Parteien ein echtes Problem).

III.4   Grenzen nutzen- und spieltheoretischer Verhaltenserklärungen

Nutzen- und Spieltheorie treten mit einem doppelten Anspruch auf. Zum einen liefern sie Kriterien, anhand deren beurteilt werden kann, ob eine Verhaltensentscheidung vernünftig ist oder nicht. Darüber hinaus postulieren Nutzen- und Spieltheoretiker, dass auch tatsächliches menschliches Verhalten in Entscheidungssituationen in der Regel nach Gesichtpunkten einer Optimierung des erwarteten subjektiven Nutzens erfolgt und durch nutzen- und spieltheoretische Analysen adäquat beschrieben und vorhergesagt werden kann. Im Folgenden gehen wir zunächst auf Probleme eines nutzentheoretisch gefassten normativen Rationalitätsbegriffs ein und diskutieren anschließend die Grenzen einer deskriptiven Theorie menschlicher Verhaltensentscheidungen auf der Basis der Nutzenmaximierung.

III.4.1 Konzeptuelle Probleme eines nutzentheoretischen Rationalitätskonzepts

Nutzen- und Spieltheorie teilen die Grundannahme, dass bei menschlichen Entscheidungen ausschließlich der eigene Nutzen maximiert wird. Die Nutzenwerte anderer beteiligter Personen spielen bei allen Entscheidungen nur eine Rolle, insofern sie helfen, für soziale Interaktionsspiele eine rationale und stabile Lösung zu identifizieren. Allerdings geht es hierbei nicht darum, das Wohl der anderen zu verbessern, sondern lediglich um eine Vorhersage ihres Wahlverhaltens, die dann genutzt wird, um die eigene Entscheidung zu optimieren.

Wie steht es dann aber um Phänomene wie Mitleid, Neid oder Missgunst, die ja nicht zu leugnende Einflussgrößen menschlichen Entscheidungsverhaltens darstellen, obwohl sie sich direkt auf das Wohlergehen anderer Personen beziehen? Bei hinreichend flexibler Auslegung erlaubt die spieltheoretische Analyse, diese Phänomene in der Analyse abzubilden. Nehmen wir etwa das Beispiel des Mitleids. Hier werden Situationen, bei denen andere Spieler mit objektiv sehr schlechten Ergebnissen abschneiden, subjektiv negativ bewertet. Eine Entscheidung, bei der man selbst hohe Gewinne erwirtschaftet, während andere leer ausgehen, würde bei einer mitleidsvollen Person dann eben nur mit geringen subjektiven Nutzenwerten versehen. Analoges gilt für neidische oder missgünstige Personen, denen es weniger darum geht, den absoluten eigenen Gewinn, sondern eher die relative Differenz zu anderen Personen zu maximieren. Vergessen wir also nicht, dass subjektive Präferenzen und Nutzeneinschätzungen nicht mit objektiven Gewinnen gleichgesetzt werden dürfen.

Diese Flexibilität in der Auslegung des Nutzenmaximierungskonzepts weist jedoch gleichzeitig auf eine gravierende konzeptuelle Schwäche hin. So wurden die Nutzenmaximierungsansätze wiederholt dafür kritisiert, dass sie den Begriff der Rationalität auf die Wahl geeigneter Mittel zur Erreichung beliebiger Ziele und Präferenzen beschränken. Diese Verkürzung des Rationalitätsbegriffs wurde als „halbierte" Rationalität bezeichnet (Habermas, 1969). Diese Kritik macht deutlich, dass der Begriff der Vernünftigkeit deutlich mehr umfasst als die optimale Wahl von Mitteln zur Erreichung gegebener Zwecke. Auch wer sein Verhalten an wertlosen oder gar verwerflichen Zielen ausrichtet, kann schlecht und unvernünftig handeln , selbst wenn er bei der Erreichung dieser Ziele höchste Intelligenz an den Tag legt. Wir halten jedenfalls auch den für unklug, der sein Verhalten nur an kurzfristigen Zielen und Wünschen ausrichtet und darüber die langfristige Lebensplanung vernachlässigt. Gleiches gilt für unser Bild von Personen, die um ihrer egoistischen Interessen willen die Pflege persönlicher Beziehungen und die Erfordernisse eines verträglichen Zusammenlebens in einer Gemeinschaft missachten. An diesen Beispielen zeigt sich, dass auch Ziele, Wünsche und Vorlieben selbst einer Vernünftigkeitsprüfung unterliegen, bei der es um die Verträglichkeit mit übergeordneten Lebenszielen, sowie um moralische und charakterliche Wertigkeiten geht. Entsprechende Kurzsichtigkeiten und Abweichungen stellen durchaus einen Mangel an Klugheit dar, da sie sowohl dem individuellen wie auch dem gemeinschaftlichen menschlichen Gedeihen im Wege stehen. Genau diese Aspekte werden durch einen rein instrumentell verstandenen Begriff der Rationalität als nutzenmaximierende Auswahl von Verhalten zur Erfüllung gegebener Präferenzen nicht abgebildet.

Auch ist die Vorstellung der *Maximierung* des Nutzens nicht unproblematisch. Müssen meine Wünsche und Interessen wirklich immer in bestmöglicher Weise erfüllt werden? Ist jede noch so kleine Steigerung des persönlichen Nutzens ein Anlass, das Entscheidungsverhalten anzupassen? Wann kann ich mir hinreichend sicher sein, die wirklich beste Entscheidung für mich getroffen zu haben? Kostet mich das viele Grübeln über die beste Entscheidung nicht vielleicht viel mehr (Zeit, Anstrengung, Unsicherheit), als es an Gewinn einbringt?

Angesichts dieser Probleme schlug Herbert Simon (1955) vor, das Modell der Nutzenmaximierung durch eine Strategie des „satisficing" zu ersetzen. Menschen treffen ihre Entscheidungen häufig so, dass die Ergebnisse gut genug sind. Wenn durch ein Verhalten die Erreichung eines bestimmten Ziels sichergestellt ist, dann bedarf es keiner weiteren Verbesserungsversuche mehr. In verschiedenen Untersuchungen konnte nachgewiesen werden, dass die Tendenz zur immer weiteren Optimierung (sog. „Maximizer") tatsächlich einen

Risikofaktor darstellt, der mit Unzufriedenheit und dem Bedauern getroffener Entscheidungen einhergeht (Schwartz et al., 2002).

III.4.2 *Inadäquate Beschreibung menschlichen Entscheidungsverhaltens*

Über die bereits genannten immanenten und konzeptuellen Probleme hinaus weisen nutzentheoretische Erklärungsmodelle auch Defizite in der Beschreibung des tatsächlichen Wahlverhaltens in Entscheidungssituationen auf. So entscheiden Menschen in vielen Situationen nicht nur nach egoistischen Gesichtspunkten, sondern berücksichtigen bei ihren Verhaltensentscheidungen Normen der Fairness und Gerechtigkeit. Bei dem sog. Diktatorspiel etwa wird ein Spieler aufgefordert, einen Geldbetrag von sagen wir 10,– Euro nach Belieben zwischen sich und einem Mitspieler aufzuteilen. Obwohl das Spiel nur einmal gespielt wird – Vergeltung ist also nicht zu befürchten –, entscheidet sich dennoch ein nennenswerter Anteil von Personen dafür, auch dem Mitspieler einen Teil des Geldes zukommen zu lassen, einige teilen den Geldbetrag sogar zu gleichen Teilen auf (Forsythe et al., 1994). Interessanterweise tritt diese Verletzung der Norm der subjektiven Gewinnmaximierung sogar dann auf, wenn das Experiment unter vollständig anonymisierten Bedingungen durchgeführt wird, bei der weder der Versuchsleiter noch der Mitspieler die Möglichkeit haben, den Diktator oder sein Verhalten zu identifizieren (Johannesson & Persson, 2000).

Dieser Befund lässt sich nicht damit erklären, dass es den Personen an Klugheit fehlt, zu erkennen, welches Verhalten ihnen im Diktatorspiel den meisten Gewinn einbringt, dazu sind die Regeln des Spiels viel zu offensichtlich. Es müssen also Fairness-Erwägungen sein, die zu den Entscheidungen geführt haben. Zwar kann man nun – wie bereits unter III.4.1 skizziert – argumentieren, dass offenbar Geld nicht gleich subjektivem Nutzen ist, sodass manche Personen offenbar Gleichverteilungen des Geldes subjektiv gegenüber einer Ungleichverteilung zu den eigenen Gunsten bevorzugen. Allerdings weicht eine solche Rekonstruktion den subjektiven Nutzenbegriff nahezu vollständig auf. Unterstellt man, dass auch diese Personen deshalb Geld abgeben, weil für sie eine faire Verteilung mehr subjektiven Nutzen verspricht, so verliert der Nutzenbegriff jeden Erklärungs- und Vorhersagewert. Wie auch immer eine Person sich entscheidet, offenbar optimiert sie mit ihrer Entscheidung den subjektiven Nutzen. Solchermaßen ausgehöhlt ist die These der Nutzenmaximierung unwiderlegbar und bar jeder empirischen Substanz.

Vor allem aber suggeriert die Begrifflichkeit des subjektiven Nutzens, dass bei allen Entscheidungen die Erwägung eine Rolle spielt, wie man sich nach dieser Entscheidung fühlen wird. Warum? Viel überzeugender und geradliniger ist doch die Annahme, dass die Personen einfach nur fair sein wollten, ohne jeden Hintergedanken (außer vielleicht dem, dass Fairness etwas Gutes ist).

Ein weiteres, ganz anders gelagertes empirisches Problem der Nutzentheorie besteht darin, dass Menschen häufig tatsächlich nicht in der Lage sind, zu erkennen, welches Entscheidungsverhalten am besten für sie ist. Diese Unfähigkeit führt ebenfalls zu Abweichungen des Verhaltens von den Vorhersagen des rationalen Modells. Dabei bedarf es gar nicht besonders komplizierter Entscheidungssituationen, um systematische Abweichungen zwischen tatsächlichem und normativ gefordertem Verhalten nachzuweisen. Von Herrnstein (1990) wurden in seiner „melioration theory" insbesondere einfache wiederholte Wahlsituationen zwischen zwei Handlungsalternativen analysiert. Die Kernannahme von Herrnsteins Modell ist, dass bei jeder einzelnen Entscheidung jeweils die Alternative gewählt wird, die den jeweils höheren Nutzen besitzt. Diese Annahme entspricht scheinbar genau der Grundidee der Nutzenmaximierung. Allerdings zeigt sich bei genauerer Analyse, dass ein solches nutzenmaximierendes Entscheidungsverhalten oft zu suboptimalen – also gerade nicht maximalen – Ergebnissen führt.

Worin liegt der Grund für dieses paradoxe Ergebnis? Ein typisches Charakteristikum vieler solcher wiederkehrenden Entscheidungen besteht darin, dass die Häufigkeitsverteilung, mit der die beiden Alternativen gewählt werden, gravierende Auswirkungen auf die Nutzenwerte der Alternativen selbst hat. Nehmen wir etwa an, wir müssten uns jeden Abend entscheiden, entweder Kaviar oder Brot zu essen. Sicher erscheint uns auf den ersten Blick der Kaviar als die deutlich attraktivere Variante. Allerdings hat diese Einschätzung auch damit zu tun, dass Kaviar ein exklusives Nahrungsmittel ist, das nur selten zur Verfügung steht. Durch wiederholten Kaviarkonsum würde sich diese Qualität abnutzen. Aufgrund des intensiven und sehr speziellen Geschmacks des Kaviars stellt sich bei wiederholtem Genuss zudem möglicherweise auch Überdruss ein, sodass insgesamt der Nutzen der einzelnen Kaviarmahlzeit bei wiederholtem Konsum immer geringer ausfällt. Für Brot gilt im Prinzip ein ähnlicher inverser Zusammenhang zwischen Genuss und der Häufigkeit des Konsums, nur ist dieser deutlich schwächer ausgeprägt als für den Kaviar.

Die beschriebenen Zusammenhänge zwischen der relativen Häufigkeit, mit der Brot und Kaviar verspeist werden, und dem Nutzen der einzelnen Wahl für jedes der beiden Produkte ist in Abb. 15 veranschaulicht. Die gestrichelte Linie gibt den mittleren Gesamtnutzen für jede Häufigkeitsverteilung an. Diese ergibt sich einfach als mit dem jeweiligen Verhaltensanteil gewichtete Summe des Nutzens der beiden Alternativen:

$$u(\text{Kaviar}, p_K; \text{Brot}, 1-p_K) = p_K \cdot u(\text{Kaviar} \mid p_K) + (1-p_K) \cdot u(\text{Brot} \mid 1-p_K)$$

Aus Herrnsteins Modell folgt, dass sich das Wahlverhalten genau an der Stelle einpendeln wird, an der die beiden Alternativen den gleichen Nutzen besitzen. Solange nämlich der Nutzen von Kaviar über dem Nutzen von Brot liegt, wird ausschließlich die Kaviaroption gewählt. Die relative Häufigkeit für Kaviar nimmt also immer weiter zu bis der Punkt erreicht ist, an dem durch die häufige Wahl der Kaviar so weit abgewertet ist, dass er mit dem Nutzen von Brot gleichauf ist. Analog gilt für den Bereich rechts des Schnittpunkts, dass hier immer Brot gewählt wird, denn dessen Attraktivität liegt in diesem Bereich über der des Kaviars. Letztlich wird sich das Verhalten also genau am Schnittpunkt einpendeln – im Beispiel also bei einem Verhältnis von ca. 70 zu 30 für Kaviar- und Brot-Entscheidungen. Der mittlere Gesamtnutzen an diesem Schnittpunkt ist identisch mit dem Nutzen der beiden Alternativen an dieser Stelle, denn jede Gewichtung gleichwertiger Alternativen muss genau diesen Wert ergeben.

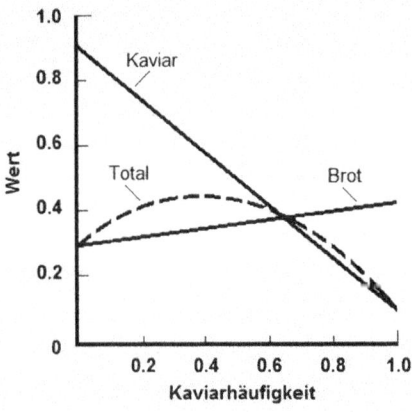

Abbildung 15: Nutzen von zwei Entscheidungsalternativen (Kaviar, Brot) sowie dem gewichteten Gesamtnutzen der beiden Alternativen (Total) in Abhängigkeit von der relativen Häufigkeit der Wahl einer Alternative (nach Herrnstein, 1990).

Wie man am Verlauf der gestrichelten Kurve erkennt, entspricht dieser Wert jedoch nicht dem Optimum des mittleren Gesamtnutzens, der bei einer Häufigkeitsverteilung von ca. 40 zu 60 (Kaviar zu Brot) erreicht wird. Tatsächlich wäre es also klüger, häufiger Brot zu essen, um so die Attraktivität des Kaviars zu erhöhen, ohne dadurch viel an Brot-Attraktivität zu verlieren. Genau diese Weitsichtigkeit geht jedoch verloren, wenn in jeder einzelnen Entscheidungssituation stets die Alternative gewählt wird, die aktuell den höheren Nutzen verspricht. So bleiben die Auswirkungen der Häufigkeitsverteilung auf die Nutzenwerte der Alternativen bei Verhaltensentscheidungen unberücksichtigt.

Die „melioration theory" mag auf den ersten Blick wie eine bloße Spielerei erscheinen. Allerdings wurde dieser Ansatz auch benutzt, um dramatische Fehlentwicklungen des Entscheidungsverhaltens zu erklären, die etwa bei Abhängigkeitsphänomenen auftreten. Sucht kann als eine extreme Verteilung des Wahlverhaltens in wiederkehrenden Versuchungssituationen verstanden werden. Der Abhängige entscheidet sich bei der Wahl zwischen dem Konsum eines Genussmittels (Droge, Alkohol, Zigarette, etc.) und dem Verzicht häufig für das Genussmittel. Um dieses Entscheidungsverhalten zu rekonstruieren nimmt Herrnstein die in Abb. 16 skizzierten Verläufe des Nutzens für Genuss und Verzicht über das Spektrum der möglichen Häufigkeitsverteilungen an. Analog zu dem Eingangsbeispiel liegt auch in diesem Modell der subjektive Wert des Genussmittels über weite Bereiche der Verteilung über dem Nutzen der Verzichtsoption. Allerdings werden bei diesem Modell sowohl die Nutzenwerte für den Genuss wie auch für den Verzicht durch einen häufigen Konsum des Genussmittels in Mitleidenschaft gezogen. Habituationseffekte reduzieren die positive Wirkung der Droge, gleichzeitig führt häufiger Drogenkonsum zu Entzugserscheinungen, die die Situation ohne Droge zunehmend unerträglich machen (Solomon & Corbit, 1974). Zieht man neben den physiologischen auch die sozialen Konsequenzen häufigen Drogenkonsums in Betracht (Zerbrechen von Partnerschaften, Verlust von Freunden, Arbeitslosigkeit), so wird verständlich, dass wir hier schnell in einen Teufelskreis geraten, bei dem durch immer häufigeren Konsum des nach wie vor im Vergleich zum Verzicht attraktiveren Genussmittels eine Situation entsteht, in der man nur noch zwischen Alternativen mit extrem geringen Anreizwerten wählt. Das eigentlich optimale Wahlverhalten mit nur gelegentlichem Genuss der Droge liegt hinsichtlich des mittleren Gesamtnutzens deutlich oberhalb des tatsächlich erzielten Ergebnisses. Dieses kann jedoch nicht gehalten werden, solange die Droge die attraktivere Alternative darstellt.

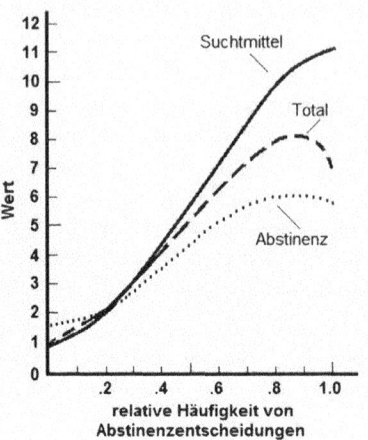

Abbildung 16: Subjektiver Wert für Suchtmittelkonsum und Abstinenz sowie dem gewichteten Gesamtnutzen der beiden Alternativen (Total) in Abhängigkeit von der relativen Häufigkeit von Abstinenzentscheidungen (nach Herrnstein, 1990).

Allerdings kann das in Abb. 16 skizzierte Modell kein allgemein gültiges Modell des Umgangs mit Genussmitteln sein, sonst würden ja alle Menschen letztlich in der Abhängigkeit enden. Worin unterscheiden sich also die Verlaufskurven von Suchtgefährdeten und anderen Menschen? Wahrscheinlich zieht der Drogenkonsum bei „stabilen" Personen sehr viel früher deutliche negative Konsequenzen nach sich als bei gefährdeten Personen. Dies können sowohl körperliche Symptome (Unverträglichkeit, Abwehrreaktionen) wie auch soziale Reaktionen sein (Irritation, Ablehnung), die durch den Konsum des Genussmittels hervorgerufen werden. Diese negativen Konsequenzen wirken als Warnsystem, das eine weitere Steigerung der Häufigkeit des Konsums verhindert. Durch die negativen Konsequenzen sinkt die Attraktivität der Droge schon bei seltenem Genuss unter das Niveau der Verzichtskurve, sodass ein weiteres Abgleiten in den Bereich des regelmäßigen Drogenkonsums verhindert wird.

III.5   Psychologische Erwartung × Wert-Modelle

Auch in der Psychologie erfreuen sich kognitiv-rationalistische Motivationsmodelle großer Beliebtheit. Aufbauend auf dem unter III.1 skizzierten Grundmodell der Nutzentheorie wird auch hier angenommen, dass Entscheidungen für oder gegen ein Verhalten auf einer Abschätzung der zu erwartenden Folgen und ihrer subjektiven Bewertung basieren. Folgerichtig werden diese Modelle als Erwartung × Wert-Modelle bezeichnet. Allerdings gehen diese Ansätze insofern über ökonomische Rationalitätsmodelle hinaus, als hier verschiedene Arten von Erwartungen unterschieden werden.

III.5.1 Das erweiterte kognitive Motivations-Modell von Heckhausen

Heckhausen (1977) unterscheidet in seinem erweiterten kognitiven Motivationsmodell zwischen drei verschiedenen Typen von Erwartungen (Abb. 17).

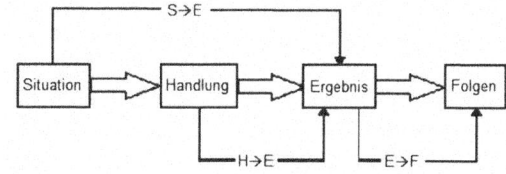

Abbildung 17: Verschiedene Typen von Erwartungen nach dem erweiterten kognitiven Motivationsmodell (S→E: Situations-Ergebnis-Erwartung; H→E: Handlungs-Ergebnis-Erwartung; E→F: Ergebnis-Folge-Erwartung/Instrumentalität; nach Rheinberg, 2008).

Situations-Ergebnis-Erwartungen bezeichnen Vorstellungen davon, was in einer bestimmten Situation unabhängig von meinem Handeln passieren wird. Bei einer starken Situations-Ergebnis-Erwartung scheint das Ergebnis bereits festzustehen, egal, ob und wie ich handle. Einer prüfungsängstlichen Person erscheint durch die Prüfungssituation der Misserfolg bereits vorprogrammiert. Sie sieht keine Möglichkeit, dieses Ergebnis durch ihr Verhalten abzuwenden. Ähnlich mag eine schüchterne Person in einer sozialen Situation eine Zurückweisung für wahrscheinlich halten. Aber natürlich gibt es auch Situationen, in denen positive Ergebnisse als sicher erscheinen („Gegen den Gegner können wir nur gewinnen").

Situations-Ergebnis-Erwartungen spielen eine wichtige Rolle bei der Erklärung von Motivationsdefiziten. Insoweit durch die gegebene Situation der Spielraum der möglichen Ergebnisse bereits festgelegt oder stark eingeschränkt ist, besteht weder Veranlassung noch Anreiz, sich für die Erreichung positiver oder die Vermeidung negativer Ergebnisse noch besonders ins Zeug zu legen.

„Warum soll ich jetzt noch mit dem Rauchen aufhören und Einschränkungen in Kauf nehmen? Das lohnt sich doch nicht, denn es steht ohnehin schon fest, dass ich früher oder später Krebs bekommen werde, weil ich schon so lange geraucht habe." Analog: „Ich bin ein robuster Typ und kriege sowieso keinen Krebs, also kann ich ruhig weiter rauchen."

Durch *Handlungs-Ergebnis-Erwartungen* werden bestimmte Handlungsstrategien und Verhaltensweisen mit spezifischen Konsequenzen verknüpft. Zumeist beziehen sich solche Erwartungen auf Verhaltensweisen, deren Ausführung oder Unterlassung eine gewisse Anstrengung verlangen oder die eines Entschlusses bedürfen, die also nicht gewohnheitsmäßig oder selbstverständlich ausgeführt werden: „Um diese Prüfung zu bestehen, muss man sich intensiv vorbereiten."

Starke Handlungs-Ergebnis-Erwartungen stellen eine zentrale Motivationsquelle dar. Sie liefern den Grund für die Ausführung von schwierigen, unangenehmen und anspruchsvollen Verhaltensweisen, um damit ein gewünschtes Ergebnis zu verwirklichen. Handlungs-Ergebnis-Erwartungen sind aber auch dann unerlässlich, wenn es darum geht, bestimmte Handlungen und Verhaltensweisen zu unterlassen. Die Verknüpfung dieser Handlungen mit negativen Ergebnissen stellt einen Hinderungsgrund für ihre Ausführung dar. Fehlende oder schwache Handlungs-Ergebnis-Erwartungen liefern einen wichtigen Schlüssel für das Verständnis und die Änderung von Motivationsdefiziten. Hilflosigkeit und Kontrollverlust reflektieren die Erfahrung, dass eigene Anstrengungen und Handlungsversuche folgenlos bleiben (Abramson, Seligman & Teasdale, 1978). Dementsprechend spielt der Aufbau starker Handlungs-Ergebnis-Erwartungen auch eine wichtige Rolle in der Therapie von Antriebslosigkeit und Depression.

Ergebnis-Folge-Erwartungen stellen den dritten und letzten Typus von Erwartungen im Heckhausen-Modell dar. Diese werden als „Instrumentalitäten" bezeichnet, da sie das unmittelbare Ergebnis einer Handlung oder Situation mit persönlichen Zielen, Werten, Selbst- und Fremdbewertungen verbinden. Das Handlungsergebnis ist insofern instrumentell, als es ein Mittel auf dem Weg zur Erreichung oder Erfüllung dieser übergeordneten normativen Vorstellungen darstellt. Gute Prüfungs- oder Abschlussnoten können z. B. instrumentell sein für den Erfolg späterer Bewerbungen. Die Überzeugung, dass man aufgrund der katastrophalen Arbeitsmarktsituation weder mit guten noch mit schlechten Noten Aussicht auf eine Stelle hat, würde dagegen die Instrumentalität guter Noten infrage stellen.

Ergebnis-Folge-Erwartungen bestimmen auch, welcher symbolische Wert einem Ergebnis zukommt. Weist ein gutes Prüfungsergebnis darauf hin, dass ich das Zeug zu einem guten Psychologen habe, oder – ganz im Gegenteil – dass ich nur gut auswendig lernen kann? Nur wenn die Ergebnisse meines Handelns durch starke Ergebnis-Folge-Erwartungen sichere Auswirkungen für persönlich wichtige Ziele besitzen, ist eine dauerhafte Verhaltensmotivation gesichert.

III.5.2 Das Konzept der Selbstwirksamkeit

In seiner sozialen Lerntheorie weist Bandura (1977) auf eine wichtige Differenzierung innerhalb der Ergebnis-Erwartungen hin (Abb. 18). Er unterscheidet die bereits bekannten Handlungs-Ergebnis-Erwartungen von Person-Handlungs-Erwartungen und bezeichnet letztere auch als (Selbst-)Wirksamkeitserwartungen („self-efficacy beliefs"). Handlungs-Ergebnis-Erwartungen verbinden zwar bestimmte Handlungen mit spezifischen Ergebnissen, allerdings sind diese Überzeugungen nicht auf die eigene Person bezogen, sondern allgemein und sagen daher noch nichts darüber aus, inwieweit sich die Person auch zutraut, die für die Erreichung eines gewünschten Ergebnisses nötigen Handlungen auch selbst erfolgreich ausführen zu können.

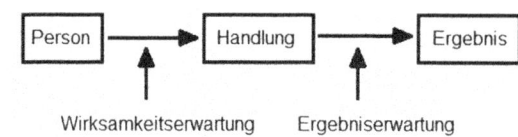

Abbildung 18: Unterscheidung von Wirksamkeits- und Ergebniserwartungen nach Bandura (1977).

Diese zweite Art von Überzeugung entscheidet aber nach Bandura darüber, ob ein als relevant erachtetes Verhalten begonnen und angesichts von Problemen und Widerständen aufrechterhalten wird. Genau auf dieser Komponente zeigen sich auch große Unterschiede zwischen Personen. Trotz starker Handlungs-Ergebnis-Erwartungen kann es daher zu einem Motivationsdefizit kommen, wenn es an Selbstwirksamkeit mangelt. Geringe Selbstwirksamkeit mag darauf zurückgehen, dass Wissen, Fertigkeiten und Expertise fehlen. Allerdings können auch Ängste und Selbstzweifel dazu führen, dass das Zutrauen in die eigene Handlungsfähigkeit schwindet.

III.5.3 Spezifische und generalisierte Erwartungen

Bei der Untersuchung von motivationsrelevanten Erwartungen müssen spezifische von generalisierten Erwartungen unterschieden werden. Spezifische Erwartungen beeinflussen Entscheidungen in vertrauten Situationen. Sie sind konkret und basieren auf früheren Erfahrungen mit derselben oder ähnlichen Situationen. Neben diesen spezifischen Erwartungen bilden sich jedoch im Laufe der Zeit auch generalisierte Erwartungen aus, die unser Handeln vor allem in neuen, noch unvertrauten Situationen steuern. Solche abstrakten Überzeugungen bilden einen wichtigen Teil der Persönlichkeit; sie entstehen als Ergebnis vielfältiger Erfahrungen, insbesondere aus frühen Entwicklungsphasen, und weisen eine hohe zeitliche Stabilität auf.

Zur Erfassung allgemeiner, motivationsrelevanter Erwartungen wurden verschiedene Fragebogeninstrumente entwickelt. Am bekanntesten sind die Skalen zur Erfassung der Stärke internaler bzw. externaler Kontrollüberzeugungen (sog. „locus of control"; Rotter, 1966). Eine generalisierte internale Kontrollüberzeugung repräsentiert starke allgemeine Handlungs-Ergebnis-Erwartungen und wird durch Aussagen wie „Mein Leben wird von meinem Verhalten bestimmt" oder „Ich kann viel von dem, was in meinem Leben passiert, selbst bestimmen" abgebildet. Generalisierte externale Kontrollüberzeugungen repräsentieren schwache Handlungs-Ergebnis-Erwartungen und äußern sich entweder darin, dass dem Zufall oder Schicksal eine wichtige Rolle im Leben eingeräumt wird („Wenn ich bekomme, was ich will, so geschieht das meistens durch Glück") oder darin, dass das eigene Leben von mächtigen anderen Personen bestimmt wird („ich habe das Gefühl, dass vieles, was in meinem Leben passiert, von anderen Menschen abhängt").

📖 *Weiterführende Literaturempfehlungen.*

Samuelson, P. A. (1947). *Foundations of economic analysis*. Cambridge, MA: Harvard University Press. (ein Klassiker)

Aumann, R., & Hart, S. (1992, 1994, 2002). *Handbook of game theory with economic applications* (Vol. 1–3). Oxford, UK: Elsevier. (Nachschlagewerk zu aktuellen Entwicklungen der Spieltheorie)

Dawkins, R. (1976). *The selfish gene*. Oxford, GB: Oxford University Press. (vielbeachtetes Buch zur Evolution der Kooperation)

Rothermund, K. (Hrsg.) (2005). *Gute Gründe. Zur Bedeutung der Vernunft für die Praxis.* Stuttgart: Kohlhammer. (kritische Auseinandersetzung mit subjektivistischen Rationalitätsmodellen; Entwicklung eines alternativen Modells menschlicher Rationalität und Handlungsbegründung)

IV Inhaltstheorien der Motivation

In den vorangehenden Kapiteln wurden Fragen nach dem „Wie?" menschlicher Motivation beantwortet. Die bisher skizzierten Theorien versuchen, die allgemeinen Mechanismen und Prozesse zu identifizieren, die dem Verhalten Antrieb und Richtung verleihen (Energetisierung durch Bedürfniszustände und Triebe, Anziehung/Abstoßung durch Anreizobjekte, rationale Kalkulation von Verhaltensfolgen). Die konkreten motivationalen Inhalte, auf die das Verhalten dabei jeweils gerichtet ist, erschienen bei diesen Analysen jedoch sehr breit gestreut: Unser Verhalten bezieht seine Energie aus einer großen Zahl unterschiedlicher Bedürfniszustände, alle möglichen Anreizobjekte können die Person anziehen oder abstoßen, und Verhaltensentscheidungen werden durch nahezu beliebige Präferenzen gesteuert. Die unterschiedlichen Bedürfnisse, Anreize und Präferenzen werden von den Theorien weder systematisch beschrieben noch erklärt, sondern als gegebene Einflussgrößen einfach vorausgesetzt.

Die im aktuellen Kapitel dargestellten Ansätze beschäftigen sich dagegen hauptsächlich mit der Frage nach dem „Was?" menschlicher Motivation. Lässt sich die scheinbar unbegrenzte Zahl menschlicher Bedürfnisse, Anreize, Wünsche und Vorlieben nicht doch systematisieren und auf eine überschaubare Menge grundlegender menschlicher Motive zurückführen? Was sind die fundamentalen Antriebskräfte unseres Handelns und wie lassen sich diese psychogenen Motive thematisch gruppieren? Auch die Frage nach systematischen Unterschieden in der Motivstruktur verschiedener Personen stellt ein zentrales Thema dieser Ansätze dar.

In der klassischen Motivationspsychologie wurden verschiedene Antworten auf die Frage nach den basalen menschlichen Motiven gegeben (IV.1, Motivtheorien). Während frühe Ansätze versuchten, umfassende Listen elementarer Bedürfnisse oder hierarchische Bedürfnispyramiden zu erstellen, konzentriert sich die heutige Motiv-Forschung vor allem auf die Motive Leistung, Macht und Anschluss/Bindung, die als grundlegende Themen menschlichen Strebens identifiziert werden. Kernfragen der Motivtheorien beziehen sich auf die Wirkweise und die Anregungsbedingungen von Motiven sowie auf die Messung individueller Unterschiede in der Ausprägung der basalen Motive.

Neben den Motivtheorien hat sich in den vergangenen Jahrzehnten eine weitere theoretische Perspektive etabliert, für die Identitätsziele und Selbstdefinitionen einen entscheidenden Schlüssel zum Verständnis menschlichen Handelns darstellen (IV.2, Ziele, Identitätsziele und Selbstdefinitionen). Nach dieser Auffassung wird menschliches Verhalten durch Ziele organisiert und gesteuert. Ziele liefern den Bewertungsmaßstab, an dem aktuelle und erwartete Situationen gemessen werden, und sie legen fest, welche Verhaltensweisen für die Zielerreichung nötig und sinnvoll sind. Die meisten Ziele sind aber kein Selbstzweck, sondern sie sind selbst wiederum Mittel zur Erreichung übergeordneter Ziele. An der Spitze der Zielhierarchie stehen Vorstellungen davon, wie eine Person ihr Leben gestalten will, was für ein Mensch sie sein oder werden möchte und welche Normen und Werte für sie als Person verbindlich sind. Diese Idealvorstellungen von einer erstrebenswerten Lebensform (z. B. von einem Leben in Wohlstand, als bewunderter Star, von einem erfüllenden Beruf oder einem glücklichen Familienleben) liefern den inhaltlichen Bezugsrahmen, durch den sich unser Handeln im Alltag erklären und verstehen lässt.

In einem abschließenden Abschnitt werden Theorien vorgestellt, die versuchen, die Einflüsse von Motiven und Zielen auf menschliches Verhalten in einem gemeinsamen motivationalen Modell zu integrieren (IV.3, Implizite und explizite Motive). Zentrale Fragen eines solchen integrativen Ansatzes beziehen sich auf die inhaltliche Passung der Motive und Ziele einer Person und auf die Auswirkungen von Motiv-Ziel-Kompatibilität bzw. -Inkompatibilität auf unser Verhalten und Erleben.

IV.1 Motivtheorien

Die Frage nach den grundlegenden Motiven menschlichen Handelns ist wohl so alt wie die Psychologie selbst. Jedenfalls stellt sie seit den Anfängen der Psychologie eine Kernfrage dar (Freud, 1915/1982, 1923/1982). Auch gehört die Identifikation „verborgener" Antriebskräfte menschlichen Verhaltens, die manchmal nicht einmal der handelnden Person selbst bewusst sein müssen, zu den Kompetenzen, die man von Psychologen erwartet.

Die in diesem Kapitel behandelten Ansätze versuchen, Antworten auf die Frage nach fundamentalen menschlichen Motiven zu geben. In einem einleitenden Abschnitt erläutern wir die Begriffe Motiv und Motivation und skizzieren anhand eines Modells, wie aus Motiven und situativen Anregungsbedingungen Motivation und Verhalten entsteht (IV.1.1). Danach werden verschiedene einschlägige motiv-theoretische Taxonomien vorgestellt (IV.1.2). Anschließend widmen wir uns der Frage, wie sich Motive messen lassen und unterscheiden direkte (explizite) von indirekten (impliziten) Messmethoden (IV.1.3). In drei weiteren Abschnitten werden Forschungsergebnisse zu den zentralen Motivbereichen Leistung, Macht und Anschluss/Bindung vorgestellt (IV.1.4–6).

IV.1.1 Motive und Motivation

Motive sind affektbezogen, sie stellen Vorlieben bzw. Empfänglichkeiten für bestimmte Klassen von thematisch ähnlichen Anreizen dar. Diesen affektiven Präferenzen entsprechen analoge Wahrnehmungs- und Bewertungsdisposition. Ein Motiv zeigt sich in der Tendenz, beliebige Situationen unter einem bestimmten Blickwinkel zu betrachten und zu deuten, und bestimmte Elemente der Situation als Chance, Gefahr oder Handlungsaufforderung zu erleben. Mit der motiv-bedingten Deutung einer Situation sind auch spezifische emotionale Reaktionen und Handlungstendenzen verbunden.

Nehmen wir als Beispiel die Teilnahme an einer Lerngruppe, um Vorlesungsstoff nachzubereiten und um sich gemeinsam auf Prüfungen vorzubereiten. Einer Person mit starkem Leistungsmotiv wird an dieser Aktivität als erstes auffallen, dass man sie besser oder schlechter ausüben kann. Sie wird sich fragen wie gut sie selbst in der Lage ist, die behandelten Inhalte zu verstehen und anderen zu vermitteln. Sie wird die Teilnahme an der Lerngruppe vor allem deshalb schätzen, weil sie die Gelegenheit bietet, die eigene Leistung unter Beweis zu stellen und sich mit anderen Personen zu vergleichen. Sie wird Stolz sein, wenn sie etwas gut gemacht hat, und sie wird sich für Misserfolge schämen.

Eine machtmotivierte Person wird dieselbe Situation ganz anders erleben. Für sie geht es vor allem darum, wer in der Lerngruppe eine einflussreiche Position einnimmt und Entscheidungen trifft. Für den Machtmotivierten bietet die Lerngruppe eine Möglichkeit, eine wichtige Rolle in einer Gruppe einzunehmen und Kontrolle auszuüben. Hochwertige inhaltliche Beiträge zu der Lerngruppe spielen für den Machtmotivierten nur insofern eine Rolle, als sie ein mögliches Mittel der Einflussnahme darstellen. Prinzipiell stehen hierfür jedoch auch andere Mittel zur Verfügung (selbstbewusstes Auftreten, Verfügen über exklusive Information, Kenntnisse über die Beteiligten etc.). Eine machtmotivierte Person wird besonderes Augenmerk auf soziale Hierarchien legen und wird das Verhalten der beteiligten Personen in die Kategorien Respekt/Herausforderung, Gehorsam/Ungehorsam, Dominanz/Submissivität einordnen. Sie wird es als Demütigung empfinden, wenn sie ihre Meinung nicht durchsetzen kann, und wird es genießen, wenn ihr andere mit Respekt begegnen und sich nach ihr richten.

Der Anschlussmotivierte wiederum deutet die Lerngruppe als eine Situation, in der man Geborgenheit und Unterstützung erhalten kann. Er wird vor allem auf Signale der Sympathie und Antipathie achten, die ihm zeigen, ob er als Teil der Gruppe akzeptiert oder ob er von den anderen zurückgewiesen wird. Ihm wird die Harmonie in der Gruppe wichtiger sein als die Inhalte, die zu lernen sind, und er wird inhaltliche Meinungsverschiedenheiten vor allem als Gefährdung des Gruppenfriedens deuten.

Motive sind zeitlich stabil und lenken die Wahrnehmung von unterschiedlichen Situationen in verschiedenen Lebensbereichen in dieselbe motiv-thematische Richtung. Ein zentrales Merkmal von Motiven ist ihr dispositionaler Charakter. Zwar können wir die Motive einer Person an ihren Situationsdeutungen, emotionalen Reaktionen und Handlungstendenzen erkennen (mehr hierzu im Abschnitt IV.3, der sich mit Motivmessung beschäftigt). Diese Motiväußerungen zeigen sich jedoch nicht immer, sondern erst dann, wenn das jeweilige Motiv durch eine motivthematisch passende Situation angeregt wird. Motive entsprechen also einer erhöhten Bereitschaft, motivthematisch passende Elemente von Situationen zu identifizieren und auf diese in charakteristischer Weise zu reagieren. Diese Tendenz äußert sich aber nur in Verbindung mit einer Situation, die die Gelegenheit für den Erwerb motivbezogener Anreize liefert. Murray (1938) bezeichnet die situative Motivanregung als notwendigen Druck („press"), durch den thematisch passende psychogene Motive stimuliert werden. In ihrem reaktiven, situationsbezogenen Charakter unterscheiden sich Motive somit von den in Kapitel II.1 behandelten akuten Bedürfnis- oder Triebzuständen, die durch körperliche Defizitzustände hervorgebracht werden und zur Beseitigung dieser Defizite auch ohne äußere situative Anregung aus sich heraus Verhalten energetisieren.

Abb. 19 illustriert das Grundmodell der klassischen Motiv-Theorien. Motive werden als in der Person liegende Strukturen aufgefasst, die durch thematisch passende Anreize, die eine Situation bietet, angeregt werden. Erst durch das Zusammenwirken der Person- und Situationsfaktoren entsteht ein Zustand der Motivation. Motivation besteht demnach in einer aktiven Ausrichtung auf motiv-spezifische situative Anreize (z. B. Erfolg, Einfluss, Intimität). Ein solcher aktiver Motivationszustand steuert nun seinerseits die gesamte

Funktionsweise des Organismus, indem Kognition, Emotion und Verhalten auf die jeweiligen Anreize ausgerichtet werden: Die Aufmerksamkeit wird auf die für die Verfolgung der Anreize relevanten Aspekte gelenkt, Pläne und Strategien werden aus dem Gedächtnis abgerufen oder neu entwickelt, die Antizipation des Erreichens/Verfehlens der Anreize löst entsprechende Emotionen der Hoffnung bzw. Angst aus, vor allem aber werden die zur Erreichung der Anreize nötigen Verhaltensweisen in Gang gesetzt und mit dem notwendigen Antrieb versehen.

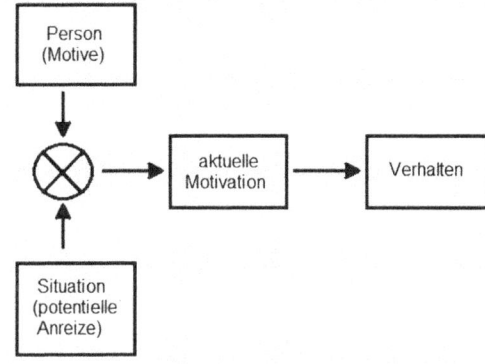

Abbildung 19: Zusammenwirken von Person- und Situationsfaktoren bei der Entstehung von Motivation.

Das Modell spezifiziert einerseits die Entstehungsbedingungen von Motivation. Motivation ist demnach ein gemeinsames Produkt von Person- und Situationsfaktoren. Nur durch eine Passung von Motiv und Anreiz entsteht eine aktive Motivation. Das Fehlen eines der beiden Faktoren genügt, um die Entstehung von Motivation zu verhindern, sei es ein Mangel an verfügbaren motivthematischen Anreizen oder ein schwach ausgeprägtes Motiv. Andererseits wird durch die Skizze verdeutlicht, wie Motive in zielführendes Verhalten übersetzt werden. Nach der Aktivierung eines spezifischen Motivs werden die zentralen Funktionsmechanismen des Organismus durch den aktivierten Motivationszustand in Dienst genommen und auf die jeweiligen Anreize ausgerichtet. Der Anspruch einer Motivation umfasst dabei stets den gesamten Organismus in all seinen Funktionen. Dies beinhaltet nicht nur willentlich steuerbare Komponenten (Anstrengung, Verhaltensentscheidungen) sondern kann auch die Funktionsweise von Prozessen verändern, die außerhalb der bewussten Kontrolle ablaufen (z. B. hormonelle Veränderungen, erhöhte Wahrnehmungssensitivität, veränderte Bewertungen und automatische Verhaltenstendenzen; Schultheiss, 2008; Shah, 2005).

IV.1.2 Taxonomien von Basismotiven

Ein wesentliches Anliegen der Motiv-Theorien besteht in der systematischen Erfassung grundlegender psychogener Antriebe und Bedürfnisse. Der Anspruch solcher Taxonomien besteht darin, möglichst nicht bei der unüberschaubaren Vielzahl der „oberflächlichen" Wünsche und Ziele stehen zu bleiben, die menschliches Verhalten in all seinen Erscheinungsformen leiten, sondern die dahinterstehenden „eigentlichen" Motive und Antriebe zu identifizieren.

Es gibt also keine eindeutige Entsprechung zwischen Motiv und Verhalten: Zum einen kann sich dasselbe Motiv in vielen verschiedenen Formen im Verhalten niederschlagen. So wird etwa das Leistungsmotiv nicht nur im Kontext schulischer, beruflicher oder sportlicher Betätigung ausgedrückt; es kann sich z. B. auch auf das äußere Erscheinen (gutes Aussehen, elegante Kleidung) oder auf die Zahl der Sexualpartner (Don Giovanni) beziehen. Umgekehrt kann das oberflächlich gleiche Verhalten der Befriedigung verschiedener grundlegender Motive dienen. Ein Kind kann gern zum Spielplatz gehen, um dort seine Freunde zu treffen (Anschlussmotiv) oder um eine immer höhere und schönere Sandburg zu bauen (Leistungsmotiv).

Für die Identifikation grundlegender Motive ist die Vorstellung forschungsleitend, dass es nur eine begrenzte Zahl solcher Basismotive gibt, auf die sich die Funktionsweise des psychischen Apparats reduzieren lässt. Genau diese Grundmotive stehen hinter allem motivierten Verhalten; sie sind es, was wir in unserem Tun „eigentlich" erstreben.

Motivlisten. Ein vielbeachtetes Klassifikationssystem solcher fundamentaler psychischer Bedürfnisse und Antriebskräfte wurde von Murray (1938) aufgestellt, der diese Motive als „needs" bezeichnet (Tab. 6). Bedürfniskataloge dieser Art sind jedoch generell zwei Arten von Problemen ausgesetzt: Zum einen stellt sich die Frage, ob nicht wichtige und eigenständige psychische Grundmotive übersehen wurden. Wie kann man sicher sein, dass die Liste wirklich vollständig ist? Zusätzlich zeigt sich das umgekehrte Problem, ob es sich bei den aufgeführten „needs" wirklich um elementare Grundmotive handelt. Möglicherweise lassen sich die genannten Bedürfnisse noch weiter gruppieren und zu allgemeineren Motiven zusammenfassen?

Tabelle 6: Liste fundamentaler Motive (needs) nach Murray (1938).

Bezeichnung	Bedeutung
1. nAbasement (nAba)	Erniedrigung
2. nAchievement (nAch)	Leistung
3. nAffiliation (nAff)	sozialer Anschluss
4. nAggression (nAgg)	Aggression
5. nAutonomy (nAuto)	Unabhängigkeit
6. nCounteraction (nCnt)	Widerständigkeit
7. nDefence (nDef)	Schutz
8. nDefendance (nDfd)	Selbstgerechtigkeit
9. nDominance (nDom)	Machtausübung
10. nExhibition (nExh)	Selbstdarstellung
11. nHarmavoidance (nHarm)	Leidvermeidung
12. nInfavoidance (nInf)	Misserfolgsvermeidung
13. nNurturance (nNur)	Fürsorglichkeit
14. nOrder (nOrd)	Ordnung
15. nPlay (nPlay)	Spiel
16. nRejection (nRej)	Zurückweisung
17. nSentience (nSen)	Anregung
18. nSex (nSex)	Sexualität
19. nSuccorance (nSuc)	Hilfesuchen (Abhängigkeit)
20. nUnderstanding (nUnd)	Verstehen (Einsicht)

Mit Blick auf die mittlerweile in der Motivationspsychologie gängige Unterscheidung in die Motivklassen Leistung, Macht und Anschluss/Bindung fällt an Murrays Bedürfniskatalog auf, dass sich nahezu alle genannten Motive auf diese drei Grunddimensionen abbilden lassen. So bilden die Bedürfnisse nach Unabhängigkeit, Widerständigkeit, Machtausübung und Erniedrigung ein thematisches Cluster, das dem Machtmotiv entspricht. Auch das Aggressions-, Selbstdarstellungs-, Selbstgerechtigkeits- und Ordnungsmotiv lassen sich diesem Thema zuordnen. In ähnlicher Weise können das Bedürfnis nach Leistung, Misserfolgsvermeidung, Spiel (= Exploration) und Verstehen als Leistungsmotiv, das Bedürfnis nach sozialem Anschluss, Schutz, Leidvermeidung, Fürsorglichkeit, Zurückweisung, Hilfesuchen und Sexualität als Anschluss-, Intimitäts- oder Bindungsmotiv zusammengefasst werden.

Leistung, Macht, Anschluss/Bindung. Wie verschiedentlich bereits angedeutet, unterscheidet die aktuelle Motiv-Forschung zwischen den drei Basismotiven Leistung, Macht und Anschluss/Bindung (Schultheiss, 2008). Die aktuelle Motiv-Forschung begründet diese Unterteilung vor allem mit inhaltlichen

Argumenten: Für nahezu alle menschlichen Aktivitäten und Ziele lassen sich Bezüge zu genau diesen drei Motiven herstellen. Es gibt keine weiteren psychischen Grundmotive, die in ähnlicher Weise für menschliches Streben bestimmend sind.

Ein zentrales Ziel der Motiv-Forschung besteht nun darin, für jedes Grundmotiv spezifische physiologische, kognitive, affektive und behaviorale Mechanismen zu identifizieren, die die Wirkweise dieses Motivs vermitteln (eine detailliertere Beschreibung dieser Forschungsergebnisse findet sich in den Abschnitten IV.1.4–6). Der Nachweis von motiv-spezifischen Regulationsmechanismen liefert weitere Evidenz dafür, dass dieses Motiv tatsächlich eine eigenständige Steuereinheit darstellt, die das Verhalten und Erleben in charakteristischer Weise reguliert.

Der motiv-theoretische Strang der Psychologie fasst die psychogenen Motive als eigenständige Module der Verhaltenssteuerung auf, die sich im Laufe der Evolution herausgebildet haben (Bischof, 2008). Nach der evolutionstheoretischen Sichtweise haben die psychischen Motive ihre Wurzeln in Verhaltensinstinkten, die sich bereits bei Organismen niedrigerer Entwicklungsstufen finden. Die Aktivierung der jeweiligen Motive ist an charakteristische Situationen gekoppelt, die für das Überleben und Zusammenleben der Organismen von zentraler Bedeutung sind. Das Machtmotiv wird aktiviert, wenn Hierarchien in einem sozialen Gefüge in Bewegung geraten oder wenn Positionskämpfe ausgefochten werden müssen. Das Anschluss- bzw. Bindungsmotiv wird durch die Trennung von wichtigen Bezugspersonen oder durch die Wahrnehmung von Bedürftigkeit anderer Menschen (insbesondere der eigenen Kinder) getriggert; es wird aber auch aktiviert, wenn ein Individuum in eine neue soziale Umgebung gerät und den Kontakt zu fremden Personen aufnimmt. Das Leistungsmotiv hat seine Wurzeln wahrscheinlich in der Neugiermotivation. Durch Gewöhnung an eine vertraute Umgebung entsteht der Drang, neue Umgebungen zu erkunden und deren Gesetzmäßigkeiten zu erfassen. Diese Tendenz, den bisherigen Erfahrungshorizont zu überschreiten, und sich hierdurch neue Erkenntnisse, Ressourcen und Verhaltensmöglichkeiten zu erschließen, ist ein Kerncharakteristikum des Strebens nach Verbesserung.

Die Aktivierung eines Motivs durch die entsprechenden situativen „Schlüsselreize" führt zu motivationalen Veränderungen im Organismus, die für die Bewältigung der kritischen Situation günstig sind. Die Aufmerksamkeit wird auf motiv-relevante Aspekte der Situation gerichtet und es werden spezifische Verhaltenstendenzen aktiviert, die auf die Anforderungen der jeweiligen

Situation zugeschnitten sind (Annäherung/Vermeidung, Angriff/Unterwerfung, Exploration/Rückzug in sichere Umgebungen). Die Motive Leistung, Macht und Anschluss/Bindung lassen sich als Anpassungsleistungen an wichtige und wiederkehrende Situationen auffassen. Sie stellen Reaktionsformen zur Verfügung, die dem Überleben und dem Fortpflanzungserfolg in der Bewältigung dieser kritischen Situationen dienlich sind.

Die Bedürfnispyramide nach Maslow. Eine weit über die Grenzen der Psychologie hinaus bekannte und auch in populärwissenschaftlichen Zusammenhängen gern bemühte Klassifikation von Bedürfnissen darf auch in einem Lehrbuch zur Motivationspsychologie nicht fehlen: Es handelt sich um die Bedürfnispyramide nach Maslow.

Maslow (1943) unterscheidet zwischen fünf Klassen von Bedürfnissen, die hierarchisch angeordnet sind (Abb. 20). Am Fuß der Pyramide stehen körperliche Existenzbedürfnisse (*physiological needs*; Nahrung, Atmung, Schlaf, Wärme, Unversehrtheit). Diese Bedürfnisse entsprechen physiologischen Defizitzuständen und stellen keine genuin psychogenen Bedürfnisse dar. Auf der zweiten Stufe werden Bedürfnisse nach Ordnung, Versorgtsein und Vorhersehbarkeit im sozialen Leben als Sicherheitsbedürfnisse zusammengefasst (*safety needs*). Diese Bedürfnisse sind unter normalen gesellschaftlichen Verhältnissen erfüllt, allerdings können Kriege und Wirtschaftskrisen zu einer Bedrohung dieser Sicherheitsbedürfnisse führen. Die dritte Stufe umfasst Bedürfnisse nach Geborgenheit und Zuneigung in Partnerschaft, Familie und Freundeskreis (*love needs*), diese Bedürfnisse entsprechen dem Anschluss- bzw. Bindungsmotiv. Auf der vierten Stufe steht das Streben nach Status, Wertschätzung, sozialer Anerkennung, Geld, Einfluss und Respekt (*esteem needs*). Diese Bedürfnisse sind weitestgehend deckungsgleich mit dem Machtmotiv. Die fünfte und oberste Stufe der Pyramide bildet das Streben nach Selbstaktualisierung (*need for self-actualization*). Hierunter versteht Maslow die Tendenz, die eigenen Anlagen und Fähigkeiten zur Entfaltung zu bringen und zu perfektionieren. Die Ausformung des Strebens nach Selbstaktualisierung erfolgt in individueller Form. Manche Personen sehnen sich nach künstlerischer Betätigung, andere nach Einsicht und Erkenntnis, wieder andere möchten neue Dinge erfinden oder sie streben danach, die Rolle als Mutter in optimaler Weise auszufüllen. Die Selbstaktualisierung besitzt Ähnlichkeit mit dem Leistungsmotiv, denn in beiden Fällen geht es darum, Dinge möglichst gut zu machen. Allerdings wird die Gleichsetzung von Selbstaktualisierung und Leistungsmotiv den dort genannten Zielorientierungen nicht wirklich gerecht. Die von Maslow für die Selbstaktualisierung angeführten Beispiele entsprechen fast durchgängig den Identitätszielen, die wir im Abschnitt IV.2 behandeln.

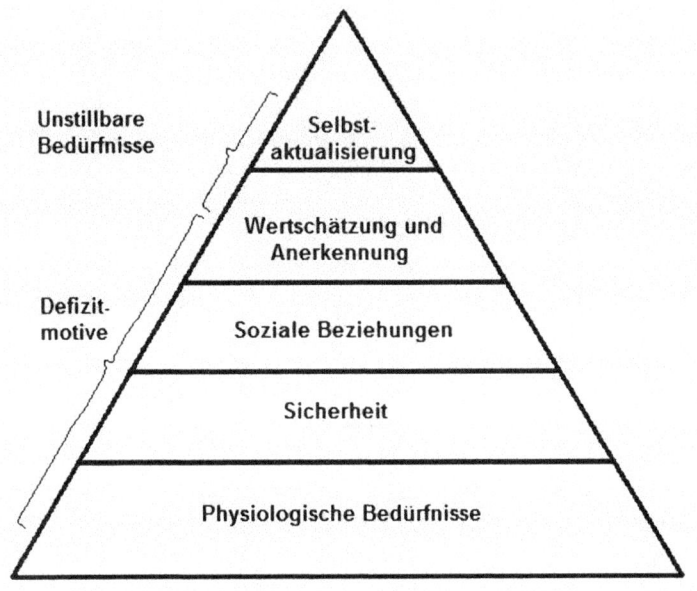

Abbildung 20: Die Bedürfnispyramide nach Maslow (1943).

Maslow bezeichnet die unteren drei Motivebenen und partiell auch die vierte Ebene als Defizitmotive. Bedürfnisse auf diesen Ebenen stellen Entzugs- oder Mangelzustände dar, die durch Befriedigung mit entsprechenden Gütern zumindest bis auf weiteres vollständig befriedigt werden können und die bei regelmäßiger Erfüllung auch ihre motivationale Wirkung verlieren. Die Motive der obersten Stufe(n) werden dagegen als *unstillbare Bedürfnisse* bezeichnet (Gollwitzer, 1987). Diese Motive sind nicht reaktiv auf die Beseitigung von Defiziten gerichtet, sondern sie verlangen nach ständiger Betätigung und Verbesserung. Bei diesen proaktiven Motiven nimmt die Stärke der Motivation mit jeder erfolgreichen Betätigung eher zu als ab. Eine Bedürfniserfüllung oder „Erledigung" wie bei den Defizitmotiven ist für die Selbstaktualisierung nicht möglich.

Ein zentrales Postulat des Maslow'schen Pyramidenmodells besteht darin, dass die unteren Motivationsebenen einen Vorrang vor den übergeordneten

Ebenen besitzen. Demnach wird die menschliche Motivation stets durch die niedrigste Bedürfnisebene bestimmt, bei deren Befriedigung Defizite auftreten. Eine Ausrichtung auf Motive einer höheren Ebene ist erst dann möglich, wenn die zuverlässige Befriedigung aller niedrigeren Motivebenen dauerhaft sichergestellt ist.

Natürlich darf dieses Hierarchiepostulat nicht in dem Sinne missverstanden werden, dass kurzfristige Defizite auf untergeordneten Ebenen jede höhere Motivation unterbinden würden. Erst die dauerhafte Gefährdung oder Frustration niederer Bedürfnisse führt zu einer Fokussierung auf diese Stufe. Maslow räumt darüber hinaus auch Ausnahmen von der strengen Hierarchie der Motivbefriedigung ein. So gelingt es manchen Personen trotz einer permanenten Beeinträchtigung basaler Bedürfnisse (Entbehrungen, Folter, Ablehnung, Widerstand, Zurückweisung, Ächtung), dennoch eine starke Motivation für Identitätsziele und persönliche Werte aufrechtzuerhalten (Märtyrer, Querdenker). Für Maslow stellen diese Ausnahmefälle beeindruckende Beispiele von hoher Frustrationstoleranz dar. Er vermutet, dass eine zuverlässige Erfüllung der Defizitmotive in der frühen Kindheit eine wichtige Voraussetzung darstellt, um später trotz Beeinträchtigung dieser Motive eine Selbstaktualisierungsmotivation beizubehalten.

Vergleicht man die Bedürfnispyramide von Maslow mit den vorher dargestellten Motiv-Klassifikationen, so zeigen sich deutliche thematische Überlappungen. Auch in Maslows Modell spielen Leistung, Macht und Anschluss eine zentrale Rolle. Das Maslow'sche Modell geht über die anderen Ansätze hinaus, als es auf der obersten Ebene Identitätsziele zulässt. Dies suggeriert, dass die Identitätsziele dazu dienen, ein übergeordnetes und abstraktes Grundmotiv der Selbstaktualisierung zu befriedigen. Diese Auffassung ist fraglich. Es ist nicht zu erwarten, dass die erfolgreiche Verfolgung eines Identitätsziels in der Lage ist, Defizite und Misserfolge bzgl. anderer Identitätsziele auszugleichen (Brunstein & Gollwitzer, 1996). Bislang konnte auch kein eigenständiges Motivationsmodul der Selbstaktualisierung mit charakteristischen Auslösesituationen und Umsetzungsmechanismen identifiziert werden, sodass eine Identifikation des Strebens nach Selbstaktualisierung als grundlegendes Motiv ungerechtfertigt erscheint. Ganz generell fehlt dem Maslow'schen Ansatz der Bezug zu Auslösesituationen und Umsetzungsmechanismen von Motiven. Der Ansatz verortet Motivation allein in der Person und bleibt so weitestgehend dem klassischen Defizit- und Energetisierungsmodell der Triebtheorien verhaftet.

IV.1.3 Messung von Motiven

Die Motive Leistung, Macht und Anschluss/Bindung stellen fundamentale Mechanismen der Verhaltenssteuerung für nahezu alle wichtigen sozialen Situationen zur Verfügung. Sie gehören damit zur Grundausstattung eines jeden Menschen. Allerdings ist es ein wichtiges Anliegen der persönlichkeits-psychologisch geprägten Motiv-Psychologie, stabile interindividuelle Unterschiede in der Stärke des Leistungs-, Macht- und Anschlussmotivs zu messen und für die Verhaltensvorhersage in entsprechenden Situationen zu nutzen.

Direkte Messung von Motiven. Die naheliegendste Weise, die Stärke der verschiedenen Motive zu erfassen, besteht darin, eine Selbsteinschätzung von der Person zu verlangen, deren Motivausprägung wir erfassen möchten. Ein bekanntes Instrument zur Messung von Motiven ist etwa die sog. *Personality Research Form* (PRF; Jackson, 1974). Dieser Fragebogen enthält zu jedem der drei Basismotive Aussagen, für die die Person jeweils angeben muss, ob sie auf sie zutreffen oder nicht (Tab. 7).

Tabelle 7: Beispielitems aus dem Fragebogen zur Erfassung des Anschluss-, Macht- und Leistungsmotivs (Personality Research Form, PRF; Jackson, 1974).

Aussage	Zugehöriger Motivfaktor
Ich versuche, so oft wie möglich in der Gesellschaft meiner Freunde zu sein.	Anschluss +
Ich arbeite lieber mit anderen zusammen als alleine.	Anschluss +
Oft wäre ich lieber allein als mit einer Gruppe von Freunden zusammen.	Anschluss -
Ich strebe nach Positionen, in denen ich Autorität habe.	Macht +
Ich versuche, andere unter meinen Einfluss zu bekommen, anstatt zuzulassen, dass sie mich kontrollieren	Macht +
Ich arbeite an Problemen weiter, bei denen andere schon aufgegeben haben.	Leistung +
Ich werde lieber nach Arbeitsleistung als nach Arbeitszeit bezahlt.	Leistung -

Man bezeichnet diese Vorgehensweise als direkte Messung, weil in dem Fragebogen genau nach dem Gegenstand gefragt wird, den man messen möchte – nämlich nach dem jeweiligen Motiv. Die Inhalte der Aussagen entsprechen genau den Verhaltenstendenzen, Vorlieben und Bewertungsdispositionen, die das zu messende Motiv ausmachen. Trotz der direkten und expliziten Spezifikation der Messintention in den Aussagen des Fragebogens bilden die Antworten der Person aber nicht das zu messende Motiv selbst ab, sondern nur das (vermeintliche) „Wissen" dieser Person über die Ausprägung dieses Motivs.

Anders als bei vielen anderen psychologischen Messungen (etwa der Befindlichkeit), bei denen die gefragte Person zwar lügen, sich aber nicht irren kann, können Einschätzungen der Ausprägung der eigenen Motive jedoch auch falsch sein. Um zu sehen, dass tatsächlich ein Irrtum bzgl. der persönlichen Motive möglich ist, müssen wir uns daran erinnern, dass Motive aus automatischen Bewertungs- und Reaktionstendenzen bestehen, deren Aktivierung von uns selbst gar nicht beabsichtigt wird. Die eigentlichen motivationalen Prozesse haben physiologische und affektive Wurzeln, sie sind typischerweise nicht sprachlich vermittelt und auch nicht als Wissensbestände im Gedächtnis abgelegt. Motive arbeiten unbewusst und im Verborgenen: Wir merken vielleicht, dass wir uns in unserer Lerngruppe wohlfühlen und kein Treffen verpassen wollen. Was aber der eigentliche, dahinterstehende motivationale Beweggrund hierfür ist – ob also die Lerngruppe in erster Linie als Gelegenheit zur Befriedigung unseres Leistungs-, Macht- oder Anschlussmotivs dient – das machen wir uns häufig gar nicht klar. Entscheidend ist: Selbst wenn wir darüber nachdenken, können wir uns in unserer Einschätzung der eigenen Motive irren.

Eine weitere Fehlerquelle der direkten Motivmessung besteht darin, dass bei der Bearbeitung gezielt falsche Antworten gegeben werden, um anderen ein möglichst positives Bild der eigenen Motive zu vermitteln. Vielleicht werden nur wenige Personen der Aussage „Ich strebe nach Positionen, in denen ich Autorität habe" zustimmen. Wer möchte schon gern als machtgierig gelten? Da es bei der direkten Messung sehr leicht ist, zu erkennen, was gemessen werden soll, ist es auch leicht, andere – und vielleicht sogar sich selbst? – bzgl. der eigenen Motivausprägung zu täuschen.

Indirekte Messung von Motiven. Um die genannten Probleme zu lösen, wurden indirekte Messverfahren entwickelt, bei denen nicht explizit nach Motiven gefragt wird. Diese Testverfahren enthalten Reizvorlagen, durch die die Motive der Testperson angeregt werden. An der Qualität der durch das Testmaterial ausgelösten Reaktionen lässt sich dann die Motivstruktur der Testperson ablesen.

Die meisten impliziten Verfahren der Motivmessung enthalten mehrdeutiges, interpretationsoffenes Material, auf das die Testperson reagieren soll (Bilder, Tintenkleckse). Zum Beispiel soll sie sagen, was sie auf den Vorlagen sieht oder welche Assoziationen die Vorlagen bei ihr auslösen. Durch das offene Antwortformat und die Mehrdeutigkeit des Materials entsteht ein Spielraum für spontane, selbstinitiierte Interpretationen und Reaktionen. So wird verhindert, dass die Antworten vor allem durch die Testsituation (Formulierung der Fragebogenitems, Instruktion) – statt durch die Motive der Testperson – bestimmt werden.

Die theoretische Idee der indirekten Verfahren besteht darin, dass die Motive als hochautomatisierte Wahrnehmungs- und Reaktionstendenzen starken Einfluss auf die Deutung der Vorlagen und die selbstgenerierten Antworten nehmen. Die Testperson nimmt vor allem die Inhalte aus dem Testmaterial auf, die zu ihren Motiven passen. Bei der Interpretation des Materials werden die Inhalte und Sinnstrukturen des dominanten Motivs benutzt, um den dargestellten Situationen oder Mustern eine bestimmte Bedeutung zu geben. Man geht davon aus, dass die Motive der Person in die Deutung der Reizvorlagen einfließen – in diese „hineinprojiziert" werden – und bezeichnet diese Verfahren daher auch als projektive Tests.

Der wohl bekannteste projektive Test zur Messung von Motiven ist der Thematische Apperzeptionstest (TAT; Murray, 1943). Das Testmaterial besteht aus verschiedenen Bildern mit unbestimmten sozialen Situationen, zu denen die Testperson jeweils eine möglichst spannende Geschichte erzählen soll. Die Abb. 21 enthält ein Beispiel für die Art der Testbilder des TAT (die Originalbilder sind urheberrechtlich geschützt und dürfen daher hier nicht reproduziert werden). Zu jedem Bild können sehr unterschiedliche Geschichten konstruiert werden, deren Inhalte dann den verschiedenen Motivthemen zugeordnet werden.

Für die systematische Kodierung der Antworten als Indikatoren der drei Hauptmotive wurde von Winter (1991) ein normierter Auswertungsschlüssel entwickelt. Als Hinweise auf ein starkes Leistungsmotiv galten Adjektive, mit denen eine Leistung als positiv bewertet wird (gut, besser, am besten), aber auch die Beschreibung von Wettbewerbssituationen, in denen der Erfolg oder Gewinn von der Qualität der erbrachten Leistung der Kontrahenten abhängt (nicht von Aggression oder Macht). Hinweise auf starke oder machtvolle Aktionen, die auf Personen oder Gruppen wirken (Angriffe, Drohungen), werden dagegen als Indikator des Machtmotivs kodiert. Auch Versuche, andere zu beeindrucken, zu beeinflussen, zu überreden, ihnen Ratschläge zu geben sowie die explizite Nennung positiver Emotionen, die durch Prestige oder einen hohen Status ausgelöst werden, werden dem Machtmotiv zugerechnet. Der Wert für die Stärke des Anschluss- bzw. Intimitätsmotivs speist sich dagegen aus Darstellungen, in denen eine Freundschaft geschlossen oder wiederhergestellt wird, sowie aus der Beschreibung positiver und negativer Gefühle, die durch gemeinsame Aktivitäten in Beziehungen und Partnerschaften bzw. durch Trennung, Streit oder das Zerbrechen dieser Beziehungen bedingt sind.

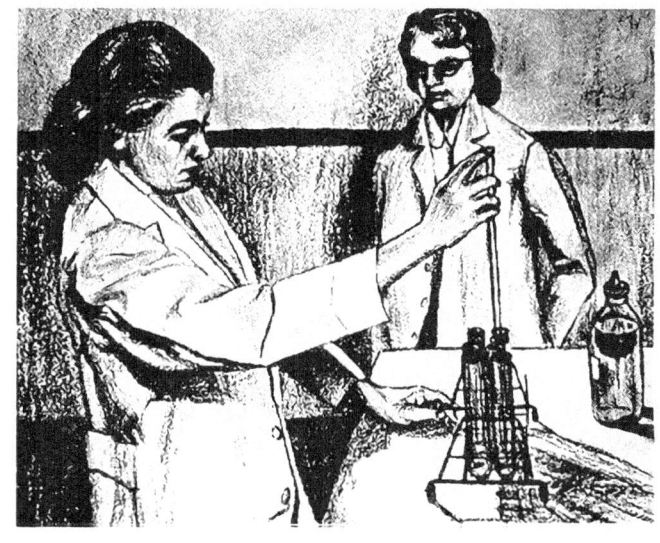

Abbildung 21: Beispielbild eines projektiven Tests zur impliziten Erfassung von Motiven.

Zu dem Bild aus Abb. 21 kann etwa erzählt werden, dass durch einen genialen Einfall eine bahnbrechende wissenschaftliche Entdeckung gemacht wurde. Die Forscherinnen sind stolz auf ihre Leistung und werden dafür mit einem wichtigen Wissenschaftspreis ausgezeichnet (Leistungsmotiv). Zu demselben Bild kann aber auch eine Geschichte erzählt werden, bei der es darum geht, welche der beiden Frauen die freigewordene Stelle des Abteilungsleiters übernehmen soll. Beide überlegen, wie sie sich in dieser Konkurrenzsituation durchsetzen können, indem sie negative Informationen über die Kollegin verbreiten, versuchen, eine Mehrheit der Abteilung auf ihre Seite zu bekommen, oder den Personalchef zu verführen (Machtmotiv). Die Geschichte kann aber auch als Eifersuchts- oder Beziehungsgeschichte erzählt werden. Die beiden Frauen verbindet eine langjährige Freundschaft, die nun daran zu zerbrechen droht, dass eine der beiden eine neue Bekannte kennengelernt hat (Bindungsmotiv).

Vergleich der direkten und indirekten Messung von Motiven. Direkte und indirekte Verfahren der Motivmessung unterscheiden sich fundamental voneinander. Während direkte Verfahren auf Selbstauskünften beruhen und vor allem das Wissen der Testpersonen über ihre Motivstruktur abbilden, versuchen indirekte Verfahren eine Situation herzustellen, die die zu messenden Motive selbst aktiviert, sodass ihre Wirkung auf Wahrnehmungs-, Bewertungs- und Verhaltenstendenzen beobachtet werden kann. Dieser Zugang ist gegen Störeinflüsse durch irrtümliche Überzeugungen bzgl. der eigenen Motive und auch gegen Verfälschungsabsichten geschützt, denn meistens wissen die Testpersonen gar nicht, dass ihre Motive gemessen werden bzw. in welcher Weise sie ihre Antworten verändern müssen, um das Ergebnis in eine bestimmte Richtung zu lenken.

Vor dem Hintergrund der diskutierten Unterschiede ist es vielleicht nicht verwunderlich, dass auch die Ergebnisse der direkten und indirekten Motivmessung häufig keine oder nur geringe Übereinstimmung zeigen. Tatsächlich finden sich zwischen den Motivkennwerten direkter und indirekter Tests kaum nennenswerte Zusammenhänge (Schultheiss & Brunstein, 2001; vgl. hierzu auch Abschnitt IV.3). In der Motiv-Psychologie erfreuen sich die indirekten Maße trotz des deutlich höheren Durchführungsaufwands sowie der komplizierten und weniger eindeutigen Auswertung dennoch hoher Beliebtheit. Der Grund für die Bevorzugung indirekter Verfahren liegt zum einen darin, dass diese unmittelbar motivbezogene Prozesse abbilden (analog versucht der Intelligenztest, Intelligenzleistungen selbst zu messen, statt Personen nach ihrer selbsteingeschätzten Intelligenz zu fragen). Zum anderen haben sich indirekte Testverfahren auch in der Verhaltensvorhersage über sehr lange Zeiträume bewährt (s. Abschnitte IV.1.4–6). Offenbar gelingt es mit diesen Verfahren tatsächlich, spontane motivationale Reaktionen auszulösen, die für das Verhalten der Person in einer Vielzahl von Situationen charakteristisch sind.

IV.1.4 Leistungsmotivation

Das Leistungsmotiv *(achievement motive)* hat über Jahrzehnte hinweg die Motivationsforschung dominiert. Wir beginnen die Darstellung von Forschungsergebnissen zu den einzelnen Motiven daher mit diesem Bereich.

Definition der Leistungsmotivation. In den vorangehenden Abschnitten haben wir das Leistungsmotiv bereits grob charakterisiert und Möglichkeiten seiner Messung aufgezeigt. Die folgende Definition von Heinz Heckhausen bringt die zentralen Elemente des Begriffs auf den Punkt:

„Leistungsmotivation ist das Bestreben, die eigene Tüchtigkeit in all jenen Tätigkeiten zu steigern oder möglichst hoch zu halten, in denen man einen Gütemaßstab für verbindlich hält, und deren Ausführung deshalb gelingen oder misslingen kann." (1965, S. 604)

Entscheidend für die Leistungsmotivation ist die Tüchtigkeit selbst (die Qualität einer Tätigkeit oder eines Produkts), nicht die damit verbundenen Folgen. Lob und Anerkennung sind zwar wichtig für die Ausbildung des Leistungsmotivs (vor allem bei Kindern, s. u.), für das voll entwickelte Leistungsmotiv ist die Qualität des eigenen Tuns jedoch wichtiger als die dafür erhaltene Belohnung und Anerkennung. So mag der Firmenchef, der im Monat 50.000 Euro verdient, eine Stunde damit zubringen, den defekten Tacker auf seinem Schreibtisch zu reparieren. Hat er es geschafft, freut er sich darüber wie ein kleines Kind, obwohl das Gerät keine fünf Euro wert ist.

Damit in einer Situation Leistungsmotivation entstehen kann, müssen die guten und schlechten Ergebnisse, die dort erzielt werden können, in erkennbarer Weise das Ergebnis eigener Anstrengung und Fähigkeit sein. Hängt die Qualität der Ergebnisse von anderen Faktoren ab (Zufall, Hilfe und Unterstützung von anderen), kann sich keine Leistungsmotivation entwickeln, und es entstehen auch nicht die für die Leistungsmotivation charakteristischen emotionalen Reaktionen des Stolzes über gute und der Scham über schlechte Ergebnisse.

Funktionen des Leistungsmotivs. Ein hohes Leistungsmotiv ist zwar nicht durch die Auswirkungen und Belohnungen motiviert, die das leistungsmotivierte Handeln nach sich zieht, denn unmittelbar („proximales" Ziel) richtet sich die Leistungsmotivation nur auf die Qualität des eigenen Handelns und die damit verbundenen Affekte (Stolz, Spaß an der gelingenden Ausführung einer Tätigkeit). Dennoch wirkt sich eine hohe Leistungsmotivation typischerweise günstig auf die Lebensumstände der Person aus, die sie besitzt. Der Erwerb von Kompetenzen und Fertigkeiten sowie der Ehrgeiz, das eigene Leistungsvermögen immer weiter zu steigern, werden unter normalen Umständen dazu führen, dass eine Person Wohlstand erlangt und bewundert wird. Ihre Fähigkeiten versetzen sie in die Lage, auch Belastungen und Probleme selbständig und effizient zu bewältigen. Aus evolutionärer Perspektive tragen diese Folgen dazu bei, dass sich die Überlebens- und Fortpflanzungschancen leistungsmotivierter Personen verbessern („ultimates" Ziel), sodass sich das Leistungsmotiv als wichtiges Modul menschlicher Verhaltenssteuerung herausgebildet und verbreitet hat.

Leistungsmotivation als gesellschaftliches Phänomen. Der Grund für die intensiven Forschungsbemühungen im Bereich der Leistungsmotivation liegt sicher nicht zuletzt darin, dass moderne Gesellschaften auf ein hohes Maß an Leistungsbereitschaft bei ihren Mitgliedern angewiesen sind. In längsschnittlichen und kulturvergleichenden Untersuchungen konnte etwa nachgewiesen werden, dass der ökonomische Erfolg in einem Land durch die mittlere Ausprägungsstärke des Leistungsmotivs vorhergesagt wird. DeCharms und Moeller (1962) konnten zeigen, dass die Verbreitung leistungsthematischer Motive in den Medien (Reden von Politikern, Zeitungsartikel, Bücher, Filme) die Häufigkeit der Anmeldung neuer Patente und Erfindungen in den Folgejahren vorhersagt, nicht aber die Patentanmeldungen der jeweils vorangehenden Jahre (Abb. 22). Ähnliche Effekte nationaler Leistungsmotivwerte wurden auch für andere ökonomische Erfolgsindikatoren wie Bruttoinlandsprodukt und Energiekonsum nachgewiesen (McClelland, 1961).

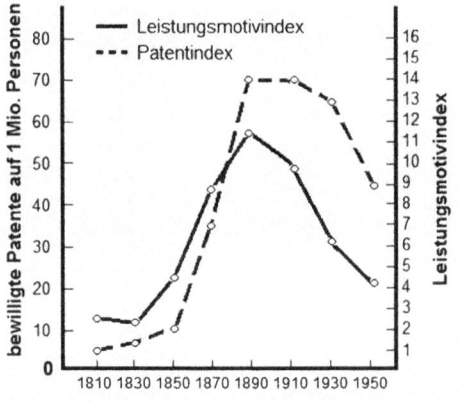

Abbildung 22: Entwicklung von Leistungsmotivation und gesellschaftlicher Innovation (Patentanmeldungen). Steigerungen der Leistungsmotivation sagen nachfolgende Steigerungen in Patentanmeldungen vorher (nach DeCharms & Moeller, 1962).

Wie aber schafft es eine Gesellschaft, die Leistungsbereitschaft ihrer Mitglieder sicherzustellen? Leistungsgesellschaften sind dadurch charakterisiert, dass der Zugang zu Ressourcen und wichtigen gesellschaftlichen Positionen an hohe Leistungen gekoppelt wird. Entscheidend für die Entwicklung eines stabilen Leistungsmotivs ist aber, dass sich bereits in frühen Entwicklungsphasen Leistungsorientierung und Ehrgeiz ausbilden, zu einer Zeit also, wo die Kinder noch gar keine nennenswerten Leistungen erbringen und also auch nicht für diese belohnt werden können. Hierfür spielen Erziehungsfaktoren eine wesentliche Rolle. In einer Untersuchung von Winterbottom (1958) zeigte sich, dass die Entwicklung des Leistungsmotivs vor allem durch die Erziehung zur Selbständigkeit gefördert wird. Kinder, deren Mütter bereits in frühen Jahren eine hohe Zahl an Selbständigkeitsanforderungen stellten, wiesen als Erwachsene ein deutlich höheres Leistungsmotiv auf (Abb. 23). Folgeuntersuchungen wiesen allerdings darauf hin, dass auch zu frühe Selbständigkeitsanforderungen der Entwicklung des Leistungsmotivs schaden können (Heckhausen, 1972). Optimal ist, wenn das Kind im Zuge der Erziehung mit sogenannten „dosierten Diskrepanzen" konfrontiert wird, die es weder über- noch unterfordern.

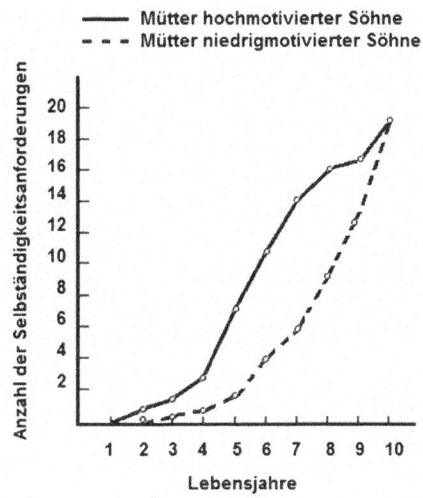

Abbildung 23: Auswirkungen früher Selbstständigkeitsanforderungen während der Erziehung auf die nachfolgende Entwicklung des Leistungsmotivs (nach Winterbottom, 1958).

Die entscheidende Rolle der Erziehung zu Selbständigkeit und Autonomie für die gesellschaftliche Entwicklung wurde bereits von Max Weber (1904/1905) in seiner Analyse der protestantischen Ethik und ihrer Implikationen für die Entstehung des Kapitalismus herausgearbeitet. Während im Katholizismus die Hauptverantwortung für das Seelenheil des Einzelnen bei der Kirche liegt, erfolgt im Protestantismus die Erlösung allein durch Gottes Gnade. Die hiermit verbundene Ablösung von der Institution der Kirche führt zu einer

Betonung der Autonomie des einzelnen Gläubigen, die sich auch in den Erziehungspraktiken protestantischer Familien niederschlug. Bereits im Kindesalter wird auf die Entwicklung der Selbständigkeit geachtet, wodurch günstige Bedingungen für die Entwicklung eines starken Leistungsmotivs geschaffen werden. So lässt sich verstehen, warum sich protestantisch geprägte Gesellschaften im Vergleich mit katholischen Ländern in ökonomischer Hinsicht besser entwickeln (McClelland, 1961).

Das Risikowahlmodell der Leistungsmotivation. Eine Detailanalyse der psychologischen Faktoren und Prozesse, die an der Entstehung von Leistungsmotivation in konkreten Leistungssituationen beteiligt sind, wurde von Atkinson (1957) in seinem Risikowahlmodell der Leistungsmotivation vorgenommen. Das Modell hat durch seine mathematische Formalisierung und wegen der klaren empirischen Vorhersagen, die es ermöglicht, in der Forschung viel Beachtung gefunden.

Nach Atkinson werden durch eine Leistungssituation zwei entgegengesetzte motivationale Tendenzen ausgelöst: Hoffnung auf Erfolg und Furcht vor Misserfolg. Gemäß der Lewin'schen Konflikttypologie (s. Abschnitt II.2.3) stellt eine Leistungssituation also immer einen Annäherungs-Vermeidungs-Konflikt dar. Die Stärke und Richtung der resultierenden Motivation (RT = resultierende Tendenz) ergibt sich durch Addition der erfolgsaufsuchenden Tendenz (Te) und der misserfolgsvermeidenden Tendenz (Tm):

$$RT = Te + Tm$$

Die erfolgsaufsuchende Tendenz nimmt stets positive Werte an, da diese Kraft die Person zu der Leistungssituation hinzieht, während die misserfolgsvermeidende Tendenz immer ein negatives Vorzeichen besitzt, da die Person durch diese Kraft von der Leistungssituation abgestoßen wird. Überwiegt die anziehende Kraft (Te > |Tm|), so wird die Person die Leistungssituation aufsuchen, und sich umso intensiver und hartnäckiger bei der Bearbeitung der Aufgabe engagieren, desto positiver der Wert für die resultierende Tendenz ausfällt. Überwiegt dagegen die abstoßende Kraft (|Tm| > Te), so wird die Person versuchen, die Leistungssituation zu vermeiden. Muss sie sich dennoch der Situation aussetzen, so wird sie nur geringen Einsatz zeigen, sich schnell entmutigen lassen und die Tätigkeit bei der ersten sich bietenden Gelegenheit wieder einstellen.

Von welchen Faktoren hängt nun aber die Stärke der anziehenden und abstoßenden Kräfte ab? Beide Komponenten werden als Produkt der Anreizstärke und der Erfolgs- bzw. Misserfolgswahrscheinlichkeit aufgefasst, das Risikowahlmodell ist also im Kern ein Erwartung × Wert-Ansatz (s. Abschnitt III). Die Stärke der positiven Anziehungskraft, die von einer Leistungssituation ausgeht, entspricht dem Produkt der Erfolgswahrscheinlichkeit (We) und des Erfolgsanreizes (Ae). Allerdings hängt der Wert des Erfolgs nicht nur von dem Erfolgsanreiz der Aufgabe, sondern auch von der Stärke des erfolgsbezogenen Leistungsmotivs der Person ab (Me). Zur Berechnung des persönlichen Werts eines Erfolgs wird der Erfolgsanreiz mit dem Erfolgsmotiv gewichtet, sodass sich die erfolgsaufsuchende Tendenz nach der folgenden Formel berechnen lässt:

$$Te = Me \times Ae \times We$$

In analoger Weise ergibt sich die Stärke der misserfolgsvermeidenden Tendenz als Produkt der Misserfolgswahrscheinlichkeit und des – stets negativen – Anreizes, der mit einem Misserfolg verbunden ist. Auch hier wird der (negative) Wert als Produkt des Misserfolgsanreizes und der Stärke des misserfolgsbezogenen Leistungsmotivs der Person (Mm) berechnet, sodass sich insgesamt die folgende Formel ergibt:

$$Tm = Mm \times Am \times Wm$$

Um mit dem Modell arbeiten zu können, muss man die abstrakten Komponenten der Formel operationalisieren, d. h., es müssen Methoden spezifiziert werden, mit denen man die Stärke der einzelnen Komponenten messen oder experimentell manipulieren kann.

Die Erfassung der Motivkomponenten erfolgt durch Rückgriff auf etablierte Verfahren der Motivmessung (s. Abschnitt IV.1.3). Atkinson schlägt vor, das Erfolgsmotiv (Me) direkt über den Leistungsmotivkennwert im TAT zu erfassen; die Stärke des Misserfolgsmotivs (Mm) wird dagegen mit einer Ängstlichkeitsskala gemessen.

Die Erfolgs- bzw. Misserfolgswahrscheinlichkeit lässt sich einfach über die Aufgabenschwierigkeit beeinflussen. Mit zunehmender Aufgabenschwierigkeit sinkt die Erfolgswahrscheinlichkeit und die Misserfolgswahrscheinlichkeit steigt. Da man in einer Aufgabe entweder Erfolg hat oder scheitert, lässt sich die Misserfolgswahrscheinlichkeit direkt aus der Erfolgswahrscheinlichkeit ableiten: Wm = 1 − We.

Wie aber lässt sich der Erfolgs- oder Misserfolgsanreiz einer Aufgabe bestimmen oder manipulieren? An dieser Stelle sei nochmals daran erinnert, dass sich die Leistungsmotivation nur über die eigene Tüchtigkeit definiert, die in einer Leistungssituation gezeigt wird. Es geht also nicht um extrinsische Anreize, die an den Erfolg oder Misserfolg in einer Aufgabe gekoppelt sein können (Belohnung, Lob, Tadel), sondern es geht um die leistungsbezogenen Affekte (Stolz und Scham), die mit der erfolgreichen oder gescheiterten Bearbeitung einer Aufgabe verbunden sind.

Auf der Grundlage dieser Überlegung argumentiert Atkinson, dass sich auch der Erfolgs- bzw. Misserfolgsanreiz direkt aus der Erfolgswahrscheinlichkeit berechnen lässt. Der Erfolgsanreiz, der von einer Aufgabe ausgeht, fällt umso höher aus, desto unwahrscheinlicher der Erfolg in dieser Aufgabe ist: $Ae = 1 - We$. Je schwieriger eine Aufgabe zu lösen ist, desto höher ist auch der Wert des Erfolgs in dieser Aufgabe; leichte Aufgaben besitzen dagegen nur einen geringen Erfolgsanreiz. Für den Misserfolgsanreiz gilt dementsprechend, dass dieser umso negativer wird, je leichter die Aufgabe ist: $Am = -We$. Bei einer leichten Aufgabe zu scheitern ist noch schlimmer als eine schwierige Aufgabe nicht zu lösen.

Durch Einsetzen und Ersetzen erhält man folgende Darstellung für die Stärke der resultierenden Tendenz:

$$RT = (Me \times (1 - We) \times We) + (Mm \times (- We) \times (1 - We))$$

Durch Umformen ergibt sich:

$$RT = (Me - Mm) \times (We - We^2)$$

In dieser Darstellung wird sofort erkennbar, dass die resultierende Tendenz eine quadratische Funktion der Aufgabenschwierigkeit ist. Wie stark und in welche Richtung die Parabel gewölbt ist, hängt davon ab, ob bei der Person das Erfolgsmotiv (Hoffnung auf Erfolg) oder das Misserfolgsmotiv (Furcht vor Misserfolg) stärker ausgeprägt ist. Die Abb. 24 zeigt den Verlauf der Stärke der Leistungsmotivation in Abhängigkeit von der Aufgabenschwierigkeit einmal für überwiegend erfolgs- und einmal für überwiegend misserfolgsmotivierte Personen.

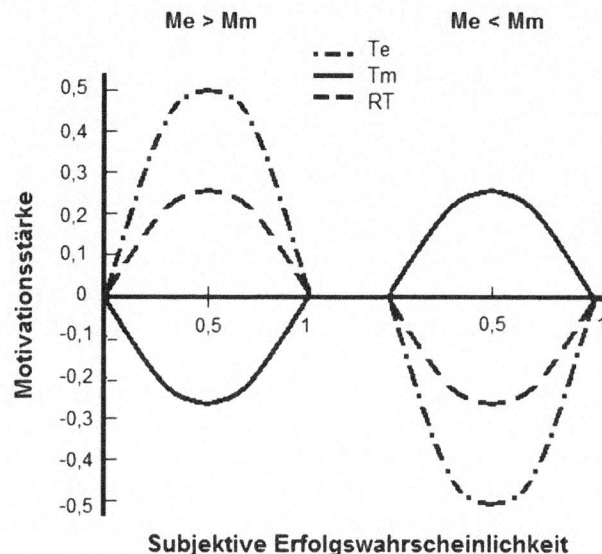

Abbildung 24: Stärke der erfolgsaufsuchenden (Te), misserfolgsvermeidenden (Tm) und der resultierenden Tendenz (RT = Te + Tm) für erfolgs- (Me > Mm) und misserfolgsmotivierte (Me < Mm) Personen (nach Atkinson, 1957).

Zwei Dinge fallen auf, wenn man die beiden Kurven anschaut: Zum einen ist bei erfolgsmotivierten Personen (Me > Mm) die resultierende Tendenz über den gesamten Bereich der Aufgabenschwierigkeit positiv, während sie bei misserfolgsmotivierten Personen (Mm > Me) durchgängig negative Werte annimmt. Hieraus ergibt sich die erste Prognose des Risikowahlmodells: Erfolgsmotivierte suchen aktiv Leistungssituationen auf während misserfolgsmotivierte Personen versuchen, Leistungsanforderungen generell aus dem Wege zu gehen. Nun bedarf es sicherlich nicht der komplexen Annahmen und Ableitungen des Risikowahlmodells, um eine solche Hypothese aufzustellen. In gewissem Sinne drückt diese Aussage nur das aus, was wir mit Erfolgs- und Misserfolgsmotivation meinen. Jedenfalls sind die mathematischen Berechnungen auf der Basis des Risikowahlmodells in der Lage, diesen Sachverhalt nachzuzeichnen.

Die entscheidende und alles andere als triviale Vorhersage des Risikowahlmodells ergibt sich jedoch daraus, dass bei Erfolgsmotivierten die Kurve für die resultierende Tendenz im Bereich mittlerer Aufgabenschwierigkeit ihr

Maximum besitzt. Erfolgsmotivierte sollten also, wenn sie die Wahl haben, mittelschwere gegenüber einfachen und sehr schwierigen Aufgaben bevorzugen und sie sollten bei mittelschweren Aufgaben das höchste Engagement und die höchste Ausdauer an den Tag legen.

Bei misserfolgsmotivierten Personen werden die höchsten Werte dagegen in den Randbereichen der Aufgabenschwierigkeit erreicht; hier sind die Werte für die resultierende Tendenz am wenigsten negativ. Wird eine misserfolgsmotivierte Person also, wenn auch widerwillig, mit einer Leistungssituation konfrontiert, so wird sie sich für sehr leichte oder sehr schwierige Aufgaben entscheiden und mittelschwere Aufgaben meiden; außerdem wird sie bei der Bearbeitung von Aufgaben aus den extremen Schwierigkeitsbereichen die meiste Anstrengung und Hartnäckigkeit zeigen.

Diese aufgabenschwierigkeitsbezogenen Vorhersagen des Risikowahlmodells wurden in verschiedenen Untersuchungen einer empirischen Prüfung unterzogen. Atkinson und Litwin (1960) ließen Kinder an einer Ringwurfaufgabe teilnehmen; die Entfernung, aus der die Kinder versuchten, den Ring über einen Stab zu werfen, wurde dabei von den Kindern frei gewählt. Im Einklang mit den Vorhersagen des Risikowahlmodells zeigte sich für die erfolgsmotivierten Kinder eine klare Bevorzugung von mittleren Entfernungen (Abb. 25). Bei den Kindern mit einem starken Misserfolgsvermeidungs-Motiv war diese Präferenz für mittlere Entfernungen deutlich geringer ausgeprägt. Die gewählten Entfernungen verteilten sich über den gesamten Schwierigkeitsbereich, allerdings zeichnete sich auch für die Misserfolgsmotivierten noch eine leichte Häufung im mittleren Schwierigkeitsbereich ab.

In einer weiteren Untersuchung wurde die Ausdauer analysiert, mit der unlösbare Zeichenaufgaben bearbeitet wurden (Feather, 1961). In einer Gruppe wurden die Aufgaben vom Versuchsleiter als relativ einfach dargestellt (Lösungswahrscheinlichkeit 70 %). Natürlich wird eine *de facto* unlösbare Aufgabe als schwieriger wahrgenommen, die mitgeteilte Lösungswahrscheinlichkeit muss also nach unten korrigiert werden. Hierdurch ergeben sich erwartete Lösungswahrscheinlichkeiten im mittleren Bereich (ca. 50 %). Entsprechend den Vorhersagen des Risikowahlmodells zeigten die Erfolgsmotivierten bei diesen Aufgaben eine hohe Ausdauer (lange Bearbeitungszeiten), während sich die Misserfolgsmotivierten kaum bemühten, die Aufgaben zu lösen (kurze Bearbeitungszeiten). Interessanterweise kippte dieser Effekt um, wenn dieselben unlösbaren Aufgaben den Testpersonen als sehr schwierig dargestellt wurden (Lösungswahrscheinlichkeit 5 %). In diesem Fall zeigten die Misserfolgsmotivierten höhere Ausdauer, während die Erfolgsmotivierten vergleichsweise geringe Ausdauer zeigten. Dieses Ergebnis entspricht den Erwartungen des Risikowahlmodells für Aufgaben extremer Schwierigkeit.

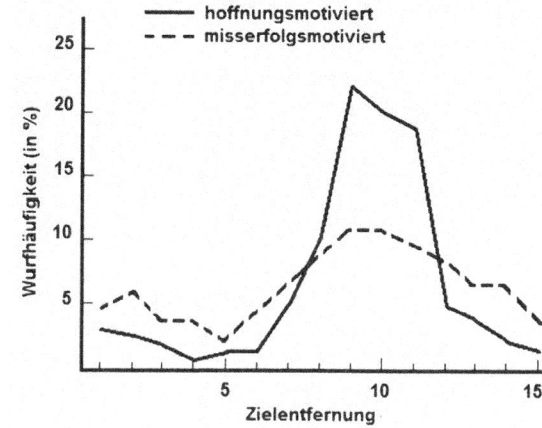

Abbildung 25: Wurfhäufigkeiten für verschiedene Entfernungen in einer Ringwurfaufgabe für erfolgs- und misserfolgsmotivierte Kinder (nach Atkinson & Litwin, 1960).

Die kognitive Wende in der Leistungsmotivationsforschung. Mit der Zeit mehrte sich jedoch die Kritik am Risikowahlmodell. Vor allem gab es keine direkten Belege für die angenommenen affektiven Prozesse, durch die das Leistungsverhalten bei Aufgaben unterschiedlicher Schwierigkeit gesteuert wird. Nach dem Risikowahlmodell sollte das Produkt aus affektivem Anreiz (1 − We) und Lösungswahrscheinlichkeit (We) im mittleren Schwierigkeitsbereich maximal sein. Trope (1975) wies jedoch darauf hin, dass sich die Präferenz für mittelschwere Aufgaben auch damit erklären lässt, dass diese Aufgaben die höchste Diagnostizität für die Erkennung von Fähigkeitsunterschieden besitzen.

Aufgaben mit sehr niedriger Schwierigkeit werden von nahezu allen Personen gelöst, Aufgaben mit sehr hoher Schwierigkeit von nahezu niemandem. Man kann an den Leistungsergebnissen bei diesen Aufgaben daher nur in sehr wenigen Ausnahmefällen ablesen, wie es um die Fähigkeit der Person bestellt ist – eine sehr leichte Aufgabe kann man auch lösen, wenn man keine besonderen Fähigkeiten besitzt, und bei einer extrem schwierigen Aufgabe scheitern viele Personen, obwohl sie über gute Fähigkeiten verfügen. Um eine solche fähigkeitsbezogene Einteilung anhand von Aufgabenleistungen überhaupt treffen zu können, muss die Aufgabe einerseits von einer nennenswerten Zahl von Personen gelöst werden, es muss aber ebenso eine nennenswerte Zahl von Personen geben, die an der Aufgabe scheitern. Kurzum, um für das Fähigkeitsniveau von vielen Personen diagnostisch zu sein, muss eine Aufgabe notwendigerweise im mittleren Schwierigkeitsbereich liegen (Lösungswahrscheinlichkeit zwischen 20 % und 80 %).

Um zu entscheiden, ob die Erfolgsmotivierten Aufgaben mittlerer Schwierigkeit wegen der damit verbundenen affektiven Anreize wählen, oder ob sie diese Aufgaben bevorzugen, um etwas über ihr Fähigkeitsniveau zu erfahren, wurden von Trope Aufgaben beschrieben, bei denen Schwierigkeit und Diagnostizität unabhängig voneinander variiert wurden[9] (Tab. 8). Bei den hochdiagnostischen Aufgaben ist die Lösungswahrscheinlichkeit für Personen mit hoher Fähigkeit deutlich höher als für Personen mit niedriger Fähigkeit (90 % vs. 50 %, 75 % vs. 28 %, 50 % vs. 10 %). Die niedrig-diagnostischen Aufgaben haben zwar dieselben mittleren Lösungswahrscheinlichkeiten (70 %, 50 %, 30 %), allerdings zeigen sich für diese Aufgaben kaum Unterschiede in der Lösungswahrscheinlichkeit zwischen Personen mit hoher und niedriger Fähigkeit (73 % vs. 67 %, 55 % vs. 45 %, 33 % vs. 28 %).

Tabelle 8: Erfolgswahrscheinlichkeiten für Testaufgaben unterschiedlicher Schwierigkeit und Diagnostizität (nach Trope, 1975). Diagnostische Aufgaben zeigen auf jedem Schwierigkeitsniveau deutliche Unterschiede in der Lösungswahrscheinlichkeit für begabte und wenig begabte Personen; bei nicht-diagnostischen Aufgaben ist dieser fähigkeitsabhängige Unterschied deutlich kleiner.

Diagnostizität	Fähigkeit	Schwierigkeit		
		Einfach	Moderat	Schwer
niedrig	hoch	73.44	54.98	33.44
	niedrig	66.56	48.02	27.56
hoch	hoch	90.17	75.16	50.85
	niedrig	49.83	27.84	10.15

---

[9] Dass eine solche unabhängige Variation von Diagnostizität und Aufgabenschwierigkeit überhaupt möglich ist, liegt daran, dass eine mittlere Schwierigkeit zwar eine notwendige aber keine hinreichende Bedingung für Diagnostizität darstellt. Die Aufgabe, einen Münzwurf vorherzusagen, hat beispielsweise eine mittlere Schwierigkeit (Lösungswahrscheinlichkeit 50 %), allerdings hängt das Ergebnis nicht von der Fähigkeit der Personen ab – die Lösungswahrscheinlichkeit ist für kluge und weniger kluge Personen gleich (jeweils 50 %), sodass man mit einer Münzwurfvorhersage trotz mittlerer Schwierigkeit der Aufgabe nicht in der Lage ist, zwischen fähigen und unfähigen Personen zu trennen, und diese somit keinerlei Diagnostizität besitzt.

Tatsächlich konnte Trope zeigen, dass Personen lieber diagnostische Aufgaben bearbeiten als wenig diagnostische Aufgaben (Abb. 26). Das entscheidende Ergebnis war aber, dass die Aufgabenschwierigkeit keinen darüber hinausgehenden Einfluss auf das Wahlverhalten hatte. Am ehesten zeigte sich noch eine generelle Vorliebe für leichte Aufgaben. In derselben Untersuchung zeigte sich auch, dass der Einfluss des Leistungsmotivs auf die Aufgabenwahl ausschließlich die Diagnostizität der Aufgaben betraf. Erfolgsmotivierte zeigten eine deutlich stärkere Vorliebe für diagnostische Aufgaben als Misserfolgsmotivierte; allerdings fand sich kein Unterschied zwischen Erfolgs- und Misserfolgsmotivierten in der Wahl leichter, mittelschwerer oder schwieriger Aufgaben.

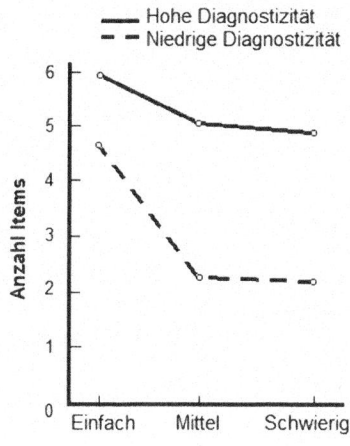

Abbildung 26: Anzahl gewählter Aufgaben in Abhängigkeit von ihrer Schwierigkeit und Diagnostizität (nach Trope, 1975).

Der Einfluss von Kausalattributionen auf die Leistungsmotivation. Die Ergebnisse von Trope (1975) widersprechen der Annahme des Risikowahlmodells, dass das Verhalten in Leistungssituationen vor allem affektiv motiviert ist, also durch Hoffnung auf Erfolg bzw. Furcht vor Misserfolg. Vielmehr geht es den leistungsmotivierten Personen darum, etwas über ihre Fähigkeiten herauszufinden. Eine solche erkenntnisbezogene („kognitive") Sichtweise der Leistungsmotivation liegt auch den attributionstheoretischen Modellen der Leistungsmotivation zugrunde. Nach diesen Ansätzen hängt die Wirkung von Erfolg und Misserfolg auf die Leistungsmotivation entscheidend davon ab,

welche Ursachen man für den Erfolg oder Misserfolg verantwortlich macht – in
psychologischen Termini: welche Kausalattribution man für den Erfolg bzw.
Misserfolg vornimmt.
    Die Attributionstheorien unterscheiden zwischen zwei fundamentalen
Ursachendimensionen. Die Lokation der Ursache gibt an, ob ein bestimmtes
Ergebnis der Person (internale Attribution) oder Faktoren zugeschrieben wird,
die außerhalb der Person liegen (externale Attribution). Die Stabilitätsdimen-
sion entscheidet darüber, ob der Erfolg oder Misserfolg mit schwer oder leicht
veränderlichen Faktoren erklärt wird (stabile vs. variable Attribution). Durch
Kombination der beiden Ursachendimensionen ergeben sich in Leistungskontexten vier Typen von Ursachen (Tab. 9): Wird Erfolg/Misserfolg auf hohe/
mangelnde Fähigkeit oder Begabung zurückgeführt, so liegt eine internal-
stabile Attribution vor. Eine Erklärung mit hoher/mangelnder Anstrengung
entspricht einer internal-variablen Attribution; aber auch Ursachen wie Kopf-
schmerzen, gute/schlechte Vorbereitung auf die Prüfung etc. fallen in diese
Rubrik. Werden dagegen charakteristische Eigenschaften der Aufgabe für das
Ergebnis verantwortlich gemacht, liegt eine external-stabile Attribution vor.
Zum Beispiel kann eine schlechte Note damit erklärt werden, dass Latein ein
schwieriges Fach ist. Bei einer external-variablen Attribution wird das Ergebnis dagegen mit Faktoren erklärt, die weder in der Person noch in dauerhaften
Eigenschaften der Testsituation liegen. Man hat schlecht abgeschnitten, weil
der vorangehende Prüfling so gut war, weil es die letzte Prüfung war und der
Prüfer keine Lust mehr hatte, oder weil man ganz einfach Pech hatte.

Tabelle 9: Die vier Grundtypen der Ursachenzuschreibung in Leistungskontexten.

	Lokation	
Stabilität	Internal	External
Stabil	Fähigkeit	Aufgabenschwierigkeit
Variabel	Anstrengung	Zufall

Kausalattributionen sind deshalb von großer Bedeutung für die Leistungsmotivation, weil sie das Verhalten in Leistungssituationen entscheidend beeinflussen. Ursachenerklärungen beziehen sich nämlich nicht nur auf bereits
eingetretene Ergebnisse, sie prägen auch unsere Erwartungen bezüglich der
Faktoren, von denen zukünftige Erfolge und Misserfolge abhängen werden.
Ganz generell haben stabile Kausalattributionen einen demotivierenden Ef-

fekt auf unser Leistungsverhalten. Wenn Begabung allein der entscheidende Faktor ist, der über Erfolg oder Misserfolg entscheidet, dann ist jede weitere Anstrengung oder aktive Vorbereitung entweder überflüssig oder sinnlos. Gleiches gilt, wenn die Aufgabe selbst entweder als zu schwierig oder als sehr leicht eingeschätzt wird. Innerhalb der variablen Attributionen sind externale Attributionen kritisch für die Motivation, da sie sich dem persönlichen Einfluss entziehen. Die stärkste Leistungsmotivation ergibt sich, wenn die Ergebnisse von internal-variablen Faktoren abhängig gemacht werden. In diesem Fall ist es durch Anstrengung, Übung und Vorbereitung möglich, die eigenen Fähigkeiten zu verbessern und so den Erfolg herbeizuführen.

Leistungsmotivation als dynamischer Prozess. Im sogenannten „Selbstbewertungsmodell der Leistungsmotivation" integriert Heckhausen (1975) motiv- und attributionstheoretische Ansätze der Leistungsmotivation. Mit diesem Modell kann vor allem erklärt werden, wie sich interindividuelle Unterschiede in der Leistungsorientierung herausbilden und weiter stabilisieren (Abb. 27).

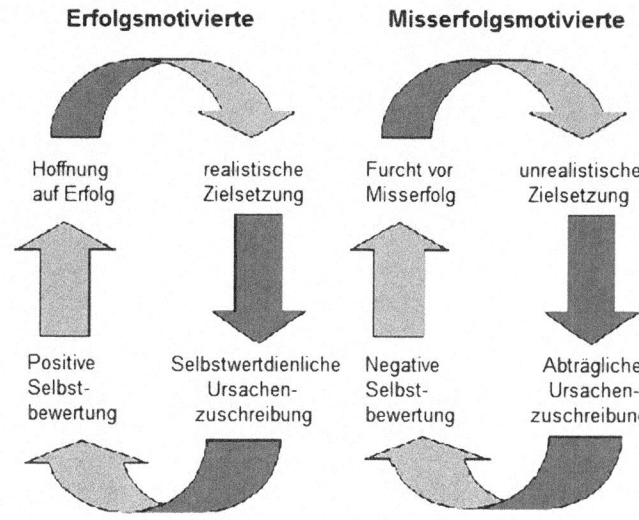

Abbildung 27: Selbststabilisierung von Leistungsmotivation, Aufgabenwahl, Attribution und Selbstbewertung nach dem Selbstbewertungsmodell der Leistungsmotivation von Heckhausen (1975).

So sind Erfolgsmotivierte durch das Bestreben charakterisiert, ihre Fähigkeit zu steigern, und haben daher die Tendenz, Leistungssituationen aufzusuchen. Sie bevorzugen dabei Aufgaben mittlerer Schwierigkeit, denn diese besitzen den höchsten diagnostischen Wert für die Person. Bei solchen mittelschweren Aufgaben hängt das Ergebnis meist von Übung, Anstrengung und Konzentration ab. Zudem liefern diagnostische, mittelschwere Aufgaben aufschlussreiches Feedback bezüglich einer Verbesserung der eigenen Fähigkeit. Durch die Wahl mittelschwerer Aufgaben erlebt die Person sowohl Erfolgs- wie auch Misserfolgserlebnisse. Allerdings liegt der Fokus der Ursachenzuschreibung bei den Erfolgen auf der internalen Dimension (Erfolge werden auf Anstrengung und Fähigkeitszuwachs attribuiert), während bei den Misserfolgen die Variabilität der Ursachen in den Vordergrund rückt (die Aufgabe ist vielleicht noch zu schwierig, man muss noch weiter trainieren, um sie zu bewältigen). Durch diese selbstwertdienliche Form der Ursachenzuschreibung von Erfolgen und Misserfolgen ergibt sich bei der Auseinandersetzung mit Leistungssituationen insgesamt eine positive affektive Bilanz, die das erfolgsbezogene Leistungsmotiv weiter stärkt und so die Tendenz stabilisiert, diagnostische Leistungssituationen aufzusuchen.

Im Gegensatz hierzu dominiert bei den Misserfolgsmotivierten die Angst vor möglichen Misserfolgen. Sie meiden daher Leistungssituationen oder sie weichen auf extrem leichte oder schwierige Aufgaben aus, die keine diagnostischen Aussagen über das eigene Fähigkeitsniveau zulassen. So werden zwar negativ diagnostische Situationen vermieden, allerdings bieten Aufgaben mit unrealistisch niedrigen und hohen Anforderungen keine Möglichkeit, einen Zusammenhang zwischen dem Ergebnis (Erfolg/Misserfolg) und der eigenen Anstrengung und Übung zu erfahren. Das Ergebnis hängt weder bei sehr leichten noch bei sehr schwierigen Aufgaben von der eigenen Vorbereitung ab, sondern es ist typischerweise durch externale Faktoren bedingt. Da selbst intensives Training bei extrem schwierigen Aufgaben nicht zu einer zuverlässigen Ergebnisverbesserung führt, bringt sich der Misserfolgsmotivierte selbst um die Früchte seiner Anstrengung. Erfolge müssen external attribuiert werden (entweder war die Aufgabe zu leicht oder das Ergebnis ist nicht replizierbar und somit glücklich), Misserfolge verweisen dagegen auf stabile Ursachen (die Aufgabe ist zu schwierig). Durch diese Form der Attribution verlieren Erfolge ihre motivierende Funktion, Misserfolge werden dagegen als frustrierend erlebt. So ergibt sich insgesamt eine negative Affektbilanz bei der Auseinandersetzung mit Leistungssituationen, die die leistungsvermeidende Orientierung weiter verstärkt.

Insbesondere für Anwendungskontexte (psychologische Beratung in Schul- und Erziehungskontexten, Motivationstraining für Mitarbeiter) stellt sich die Frage, wie man diesen Teufelskreis von Furcht vor Misserfolg, Vermeidung von Leistungssituationen, falscher Aufgabenwahl, frustrierenden Erfahrungen und selbstwertgefährdenden Kausalattributionen unterbrechen kann. Den entscheidenden Ansatzpunkt hierzu liefert die Aufgabenwahl. Ausgehend von einfachen Aufgaben, die sichere Erfolgserlebnisse versprechen, versucht der Trainer, den Misserfolgsmotivierten in kleinen Schritten dahin zu bringen, sich immer anspruchsvollere Aufgaben zu setzen. Dies versetzt ihn in die Lage, endlich wieder zu erfahren, dass sich eigene Fähigkeiten durch Übung und Anstrengung entwickeln lassen. Erfolge und Misserfolge werden als Ergebnis eigenen Handelns erlebt, sodass man auf Erfolge wieder wirklich stolz sein kann und Misserfolge ihre frustrierende Wirkung verlieren.

IV.1.5   Machtmotivation

Definitionen von Macht. Eine einschlägige Definition des Machtbegriffs stammt von Max Weber:

> „Macht bedeutet jede Chance, innerhalb einer sozialen Beziehung den eigenen Willen auch gegen Widerstreben durchzusetzen, gleichviel worauf diese Chance besteht." (1922, S. 28)

Diese Formulierung verdeutlicht den ambivalenten Charakter des Machtbegriffs. Macht bedeutet Einfluss und Wirksamkeit, sie beinhaltet zugleich die Möglichkeit, Zwang auszuüben oder die Macht zu unlauteren Zwecken zu missbrauchen. Die Definition lässt offen, worauf ein Machtverhältnis gründet (persönliche oder institutionelle Faktoren), über welche Mittel der Einfluss ausgeübt wird (Überredung, Belohnung, Versprechungen, Drohungen, Strafe, Gewalt, ...) und ob es sich um eine legitime Form des Einflusses handelt oder nicht.

Messung des Machtmotivs. In dem Abschnitt zur indirekten Erfassung von Motiven (IV.1.3) wurden bereits die thematischen Kriterien erwähnt, die in projektiven Tests benutzt werden, um ein starkes Machtmotiv zu identifizieren (Demonstration von Stärke und Prestige, Einflussnahme auf andere Personen oder Gruppen, mit solchen Aktionen verbundene Gefühle der Überlegenheit). In der Literatur werden allerdings zwei Erscheinungsformen eines hohen

Machtmotivs unterschieden: Ein personalisiertes Machtmotiv ist vor allem durch den Wunsch gekennzeichnet, sich selbst stark und mächtig zu fühlen. Diese Form des Machtmotivs ist durch eine niedrige Aktivitätshemmung charakterisiert, d. h., die Person besitzt nur eine geringe Hemmschwelle, die ihr zur Verfügung stehenden Machtmittel einzusetzen, um ihre Ziele zu erreichen und die eigene Stärke zu demonstrieren. Ein sozialisiertes Machtmotiv ist dagegen durch eine hohe Verantwortung für das Kollektiv bestimmt und wird häufig im Dienste der Gemeinschaft eingesetzt. Diese Variante des Machtmotivs geht mit einer starken Aktivitätshemmung einher. Die Stärke der Aktivitätshemmung wird im TAT über den Anteil von Verneinungen bestimmt, die in einer selbstgenerierten Geschichte enthalten sind.

Funktionen des Machtmotivs. Das Machtmotiv besteht in dem Streben nach Einfluss und Kontrolle in sozialen Beziehungen. Die Entwicklung des Machtmotivs vollzieht sich Hand in Hand mit der Etablierung sozialer Machtstrukturen und Statuspositionen. Bereits im Tierreich finden sich stabile soziale Hierarchien („Hackordnungen"), durch die der Zugang zu Ressourcen innerhalb einer sozialen Gruppe reguliert wird. In Humangesellschaften sind die Statussysteme wesentlich stärker und subtiler ausdifferenziert. Die Zugehörigkeit zu hohen bzw. niedrigen Hierarchiestufen wird typischerweise durch Dominanzverhalten und Statussymbole angezeigt.

Die Funktion etablierter Hierarchien und stabiler sozialer Rangordnungen besteht darin, dass Verteilungskämpfe um knappe und kostbare Güter innerhalb einer Gemeinschaft auf ein Minimum beschränkt bleiben. Die Zahl der in Verteilungskämpfen erlittenen Verletzungen wird reduziert und die Energie für solche Kämpfe kann eingespart und für das Gemeinwohl eingesetzt werden. Auseinandersetzungen zwischen Gruppenmitgliedern werden auf wenige Situationen beschränkt, in denen die Statuspositionen neu ausgehandelt werden.

Das Machtmotiv besteht in dem Streben nach hohen Statuspositionen („proximales" Ziel) bzw. in der Bereitschaft, solche Positionen gegebenenfalls gegen Konkurrenten zu verteidigen. Statuspositionen wirken sich günstig auf das Leben und Überleben aus, da sie den Zugang zu überlebenswichtigen Ressourcen erleichtern. Vor allem steht – insbesondere bei den männlichen Exemplaren einer Gattung – das Innehaben einer Statusposition in direktem Zusammenhang mit dem Fortpflanzungserfolg („ultimates" Ziel): Zum einen wird in vielen Gesellschaften der Zugang zu fortpflanzungsfähigen Frauen über die soziale Position reguliert (z. B. über das Anrecht des Fürsten auf die „erste Nacht", *ius primae noctis*). Vor allem aber werden Männer, die hohe Statuspositionen innehaben bzw. über entsprechende Statussymbole und Selbstsicherheit verfügen, generell als attraktiver eingeschätzt und insbesondere für dauerhafte, auf Nachwuchs angelegte Partnerschaften von Frauen bevorzugt (Shackelford, Schmitt & Buss, 2005).

Ein Prozessmodell der Machtmotivation. Von Schultheiss (2007) wurde ein detailliertes Modell der Machtmotivation entwickelt, in dem neben den Verhaltensfolgen eines aktivierten Machtmotivs auch die vermittelnden physiologischen Prozesse identifiziert werden, die die biologischen Wurzeln des Machtmotivs bilden (Abb. 28).

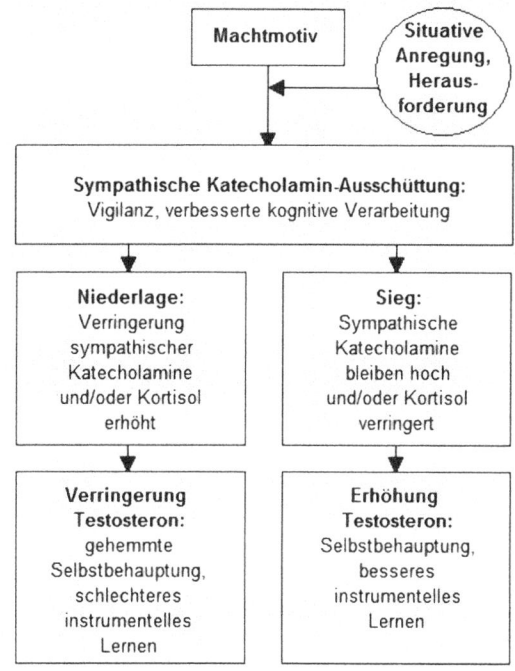

Abbildung 28: Ein bio-behaviorales Prozessmodell der Machtmotivation bei Männern (nach Schultheiss, 2007).

Das Machtmotiv wird durch Situationen angeregt, in denen etablierte soziale Hierarchien durch Positionskämpfe infrage gestellt werden oder in denen solche Hierarchien entstehen und ausgehandelt werden müssen (z. B. in einer neu gebildeten Gruppe). Bei Personen mit einem starken Machtmotiv kommt es in solchen Situationen zu einer energetisierenden Aktivierung des autonomen Nervensystems (Sympathikus). Es werden Katecholamine (Adrenalin, Noradrenalin) ausgeschüttet, durch die der Organismus in einen Zustand erhöhter Aufmerksamkeit und kognitiver Wachsamkeit versetzt und auf aktives Problemlöseverhalten vorbereitet wird. Die weiteren physiologischen und behavioralen Folgen hängen entscheidend davon ab, ob die Auseinandersetzung mit dem Kontrahenten erfolgreich verläuft oder ob die Person in diesem Konflikt unterliegt.

Im Falle eines Erfolgs wird die Sympathikusaktivierung aufrechterhalten und es kommt zu einer erhöhten Ausschüttung des Hormons Testosteron. Diese physiologische Reaktion hat den Charakter einer Belohnungsreaktion, die die unmittelbar vorangehenden Aktivitäten verstärkt und das Lernen dieser Reaktionen verbessert. Eine erhöhte Testosteronkonzentration senkt die Aggressionsschwelle und begünstigt Gefühle von Überlegenheit und Selbstwirksamkeit, die durch charakteristisches Dominanzverhalten ausgedrückt werden (Lächeln/Grinsen, ausladende Bewegungen, geringe interpersonale Distanz, laute Stimme, Fixierung/direkter Blickkontakt; Hall, Coats & Smith LeBeau, 2005).

Nach einer Niederlage erfolgt eine hierzu entgegengesetzte physiologische Reaktion. Die Sympathikusaktivierung wird zurückgefahren, stattdessen wird das Stresshormon Cortisol von der Nebennierenrinde ausgeschüttet. Dieses Hormon wirkt entzündungshemmend und fördert die Heilung von Verletzungen, die der Organismus im Zuge des Konflikts möglicherweise davongetragen hat (oder noch davontragen wird). Durch eine hohe Cortisolkonzentration wird allerdings auch die Effizienz des Immunsystems beeinträchtigt, sodass ein erhöhtes Infektionsrisiko besteht. Vor allem aber geht mit der erhöhten Cortisolproduktion eine Senkung des Testosteronspiegels einher. Niedrige Testosteronwerte verstärken Gefühle der Unterlegenheit und begünstigen submissives Verhalten. Gerade für den Machtmotivierten ist es wichtig, eine Niederlage als solche zu erkennen und zu akzeptieren; auf diese Weise wird ein weiterer Ressourcenverlust in einem aussichtslosen Konflikt vermieden. Die Verhaltenssignale der Unterwerfung dienen dazu, den überlegenen Gegner zu besänftigen und von weiteren Aggressionen abzuhalten.

Korrelate des Machtmotivs. Eine Reihe von Studien belegen, dass ein stark ausgeprägtes Machtmotiv langfristig ein Gesundheitsrisiko darstellt. In einer Studie von McClelland (1979) wurde das Machtmotiv bei 30-jährigen Untersuchungsteilnehmern erfasst. Personen mit einem starken Machtmotiv zeigten 20 Jahre später deutlich erhöhte Blutdruckwerte; dieser Zusammenhang war bei machtmotivierten Personen mit einer hohen Aktivitätshemmung besonders deutlich ausgeprägt. Dieser Befund wird mit einer chronischen Aktivierung des Sympathikus erklärt.

In einer weiteren Untersuchung (McClelland, Alexander & Marks, 1982) zeigte sich eine generell erhöhte Krankheitsanfälligkeit machtmotivierter männlicher Personen, wenn diese einem hohen Maß an „power stress" ausgesetzt waren (Situationen, in denen die eigene Statusposition infrage gestellt und nach unten korrigiert werden muss). Diese Gesundheitsprobleme wurden durch eine niedrige Funktionsfähigkeit des Immunsystems vermittelt (niedrigere Konzentration von Immunglobulin A im Blut).

Neben den gesundheitlichen Risiken ist ein starkes Machtmotiv jedoch auch ein Prädiktor für beruflichen Erfolg, insbesondere bei Führungskräften. Vor allem die als „leadership motive syndrome" bezeichnete Kombination eines hohen Machtmotivs mit gleichzeitig hohem Leistungs- und niedrigem Anschlussmotiv sagt bei Managern langfristig die eigene Karriereentwicklung und den Unternehmenserfolg vorher (McClelland & Boyatzis, 1982).

In einer experimentellen Untersuchung von Schultheiss und Brunstein (2002) wurde der Prozess der Entstehung und Umsetzung von Machtmotivation genauer analysiert. Die Testpersonen sollten an einem Rededuell zu einem kontroversen Thema teilnehmen („Sind Tierversuche zu wissenschaftlichen und kommerziellen Zwecken ethisch gerechtfertigt?"). Um das Machtmotiv anzuregen, wurden die Personen vor ihrem Redebeitrag aufgefordert, sich einen kontroversen Diskussionsverlauf vorzustellen, bei dem durch gelungene eigene Argumentation der Gegner schließlich in die Knie gezwungen wird. Personen mit einem sozialisierten Machtmotiv (hohe Aktivitätshemmung) entwickelten dann die höchste Überzeugungskraft (Abb. 29).

Der Überredungserfolg ging darauf zurück, dass die machtmotivierten Personen ihre Argumente flüssig präsentierten und durch Gestik und Mimik (Heben der Augenbrauen) unterstützten. Da sich in einer Kontrollbedingung ohne vorangehende mentale Aktivierung des Machtmotivs keine motivbedingten Unterschiede in der Persuasionsleistung zeigten, kann das Ergebnis nicht damit erklärt werden, dass machtmotivierte Personen generell über eine höhere Überzeugungskraft verfügen, sondern muss als Ausdruck eines aktivierten Machtmotivs verstanden werden.

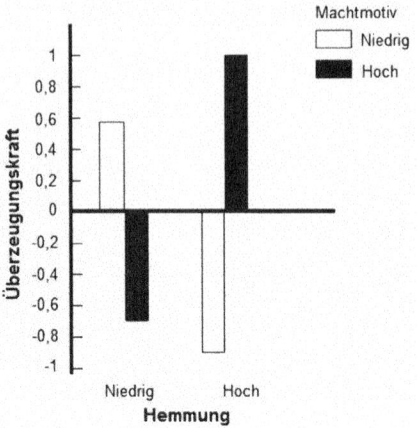

Abbildung 29: Persuasionsqualität in einem Rededuell in Abhängigkeit von der Ausprägung des Machtmotivs und der Aktivitätshemmung (nach Schultheiss & Brunstein, 2002).

IV.1.6   Bindungsmotive: Anschluss- und Intimitätsmotivation

Definition und Messung von Bindungsmotiven. Bei den Bindungsmotiven[10] *(attachment motives)* unterscheidet man zwischen dem Anschluss- *(affiliation motive)* und dem Intimitätsmotiv *(intimacy motive)*. Das Anschlussmotiv bezieht sich in erster Linie auf Kontakte zu noch fremden Personen, während das Intimitätsmotiv auf die Vertiefung und Sicherung bereits bestehender Beziehungen gerichtet ist (McAdams, 1982). Das dennoch beide Motive häufig zusammengefasst werden, liegt daran, dass die situativen Auslösebedingungen strukturelle Gemeinsamkeiten aufweisen.

Trennungserfahrungen, soziale Isolation, Einsamkeit und Alleinsein sind typische Auslösebedingungen von Bindungsmotiven. Aber auch Hinweise auf

---

[10] Der Begriff der Bindungsmotive ist nicht zu verwechseln mit dem Begriff des Bindungsverhaltens, das in der Bindungstheorie von Bowlby (1969) behandelt wird. Durch Bindungsverhalten wird die Nähe bzw. Distanz in engen persönlichen Beziehungen reguliert (zu den Eltern oder zu dem Partner). Während die Motivationspsychologie der Bindungsmotive die Wirkung bindungsbezogener Anreize und Situationen analysiert, geht es in der Theorie von Bowlby vor allem um die Entwicklung des Bindungsverhaltens in der frühen Kindheit (z. B. um Auswirkungen einer längeren Trennung von wichtigen Bezugspersonen) sowie um die Diagnostik stabiler interindividueller Unterschiede im Bindungsverhalten, den sog. „Bindungstypen" (sicher vs. unsicher gebundene Personen).

Spannungen in Beziehungen, Zurückweisung durch andere Personen sowie die Notwendigkeit, sich in einer neuen Umgebung zu orientieren und neue Kontakte aufzubauen, aktivieren das Anschluss- bzw. das Intimitätsmotiv.

Funktionen der Bindungsmotive. Ein aktiviertes Anschlussmotiv zielt darauf, aus Fremden Vertraute und freundschaftlich Gesinnte zu machen (Erzeugung von Sympathie); die Intimitätsmotivation besteht darin, die Harmonie in bereits bestehenden Beziehungen aufrechtzuerhalten oder diese wiederherzustellen, indem Streit, Konflikte und Meinungsverschiedenheiten beseitigt werden. Generell sind Bindungsmotive auf das Wohlergehen anderer Personen gerichtet (Fürsorge und Unterstützung der Mitglieder der eigenen Familie oder Gruppe); sie bilden somit eine wichtige Wurzel altruistischer Motivation.

Neben diesen unmittelbaren Zielorientierungen („proximale" Ziele), die den Gegenstand der aktivierten Bindungsmotivation ausmachen, besteht die langfristige Funktion der Bindungsmotive – wie auch bei den anderen Motiven – in der Selbst- und Arterhaltung („ultimates" Ziel). Starke Eltern-Kind-Bindungen und dadurch motiviertes Fürsorgeverhalten dienen dem Schutz der Nachkommen und erhöhen so den Überlebens- und Fortpflanzungserfolg der eigenen Gene. Der Vergleich mit anderen Spezies (Fische, Insekten) macht deutlich, dass eine starke Bindung zwischen Eltern und ihren Kindern nicht als Selbstverständlichkeit betrachtet werden darf, sondern als eine evolutionäre Errungenschaft aufgefasst werden muss. Die Praxis der Versorgung und Verteidigung des eigenen Nachwuchses wird durch das Bindungsmotiv motivational unterstützt. Der Verhaltensforscher Eibl-Eibesfeldt (1976) spricht davon, dass erst mit der Brutpflege die Freundlichkeit in die Welt kam. Weniger direkt dient auch die Bindung zwischen den Eltern dazu, die Entwicklungsbedingungen für den eigenen Nachwuchs zu verbessern, denn durch die Aufrechterhaltung des Familienverbandes erhöht sich die Effizienz der Fürsorge für die Träger der eigenen Gene.

Bei sozialen Organismen sichert der Anschluss an die Gruppe die Unterstützung bei der Erreichung gemeinsamer Ziele. Insbesondere ist die Verteidigung gegen Gefahren und das Verfolgen von Beutetieren in der Gruppe wesentlich effizienter als die entsprechenden Aktivitäten isolierter Einzelwesen. Bei intelligenten Organismen liefert die Kooperation nahezu unbegrenzte Möglichkeiten für die Verbesserung der gemeinsamen Lebensumstände (Arbeitsteilung, Austausch von Gütern etc.). Insofern durch Kooperation dem Wohl der Einzelwesen gedient wird, stellt das Streben nach Gruppenzusammenhalt einen Überlebensvorteil dar. Das Anschlussmotiv liefert die motivationale Grundlage, durch die sich die einzelnen Mitglieder einer sozialen Gemeinschaft mit dieser identifizieren, für diese engagieren und bei entsprechenden Trennungs- und Zurückweisungserfahrungen Bestrebungen zeigen, wieder in die Gruppe aufgenommen zu werden.

Verhaltenskorrelate der Bindungsmotivation. In einer Reihe von Studien wurden Unterschiede im Verhalten von Personen mit hohem und niedrigem Anschluss- bzw. Intimitätsmotiv nachgewiesen (Schultheiss, 2008). Personen mit starkem Anschlussmotiv zeichnen sich durch erhöhte Zustimmungstendenzen aus (in Diskussions- und Überzeugungskontexten). Außerdem zeigen sie erhöhte Sympathie, höhere Interaktionsbereitschaft und mehr Blickkontakt zu anderen Personen. Allerdings ist diese Tendenz vor allem auf solche Personen beschränkt, die ähnliche Auffassung haben wie man selbst; bei Personen, die stark von der eigenen Person oder von der Gruppe abweichen, ist die Bereitschaft zu Kontaktaufnahme und Sympathiebezeugungen dagegen reduziert.

Weitere Untersuchungen belegen, dass Anschlussmotivierte Gruppenarbeit und kooperative Aufgaben bevorzugen und dort auch bessere Leistungen zeigen als bei kompetitiven Aufgaben, die die Leistung des Einzelnen in den Vordergrund stellen. Auch in Karrierezusammenhängen schneiden anschlussmotivierte Personen meist unterdurchschnittlich ab: Sie sind in Führungspositionen unterrepräsentiert – wahrscheinlich wegen der Unverträglichkeit mancher Führungsaufgaben (Durchsetzungsfähigkeit, Respekt, Entlassungsentscheidungen) mit dem generellen Harmoniestreben anschlussmotivierter Personen.

Biologische Grundlagen der Bindungsmotivation. Die Aktivierung des Bindungsmotivs durch entsprechende situative Auslöser wird in der Literatur mit einer Aktivierung des Parasympathikus in Verbindung gebracht (McClelland, 1989), die durch eine erhöhte Konzentration der Transmittersubstanz Dopamin vermittelt ist (McClelland, Patel, Stier & Brown, 1987). Aufgrund dieser Dominanz der Parasympathikus-Aktivierung verfügen Personen mit einem starken Anschlussmotiv über ein besseres Immunsystem und sie unterliegen einem geringeren Erkrankungsrisiko (McClelland, 1989).

Insbesondere bei Frauen geht Bindungsmotivation mit einer Erhöhung des Hormons Progesteron einher. Dieses Hormon wird auch in der Schwangerschaft ausgeschüttet und ist ein Bestandteil der Anti-Baby-Pille. Kausale Zusammenhänge zwischen Bindungsmotivation und Progesteron konnten in beiden Richtungen nachgewiesen werden: Zum einen zeigen Frauen mit hohem Bindungsmotiv erhöhte Progesteronwerte, zum anderen führt die Einnahme der Anti-Baby-Pille ebenfalls zu einer Verstärkung des Bindungsmotivs (Schultheiss, Dargel & Rohde, 2003). Progesteron ist vermutlich auch verantwortlich für eine erhöhte Konzentration des Peptidhormons Oxytocin, das mit der Aktivierung affilitativer Verhaltensmuster in Zusammenhang steht, die als „tend and befriend" bezeichnet werden (Taylor et al., 2000).

Kognitive Korrelate der Bindungsmotivation. Als chronische Wahrnehmungs-dispositionen sollten Motive bereits die automatische Verarbeitung motiv-relevanter Reize beeinflussen. Insbesondere für das Anschlussmotiv liegen hierzu einige aufschlussreiche Untersuchungen vor. In einer frühen Arbeit von Atkinson und Walker (1958) konnte bereits gezeigt werden, dass Anschluss-motivierte besonders sensitiv für die Wahrnehmung von Gesichtern sind. Bei einer sehr kurzen, tachistoskopischen Darbietung verschiedener Reize fand sich eine höhere Erkennungsleistung für Gesichter bei anschlussmotivierten Personen, nicht aber für andere Gegenstände (Küchengeräte).

In einer aktuellen Untersuchung von Schultheiss und Hale (2007) wurden die Bilder von freundlichen und ärgerlichen Gesichtern in einer sogenannten „dot probe" Aufgabe dargeboten, mit der die automatische Aufmerksamkeits-ausrichtung auf bestimmte Reize gemessen werden kann. In jedem Durchgang der Aufgabe werden zwei Gesichter gleichzeitig dargeboten, eins erscheint auf der linken, das andere auf der rechten Seite des Bildschirms. Nach sehr kurzer Zeit (12 *ms*) verschwinden die beiden Gesichter wieder vom Bildschirm. An der Position eines der beiden Gesichter erscheint nun ein kleiner Punkt. Die Aufgabe besteht darin, die Position des Punktes (rechts oder links) möglichst schnell durch einen entsprechenden Tastendruck anzuzeigen. Eine schnelle Entdeckung des Punktes zeigt an, dass die Aufmerksamkeit automatisch auf das Gesicht gelenkt wurde, an dessen Position der Punkt nun erscheint. Schultheiss und Hale (2007) fanden, dass hoch anschlussmotivierte im Ver-gleich zu niedrig anschlussmotivierten Personen die Punkte schneller erkann-ten, wenn sie hinter einem freundlichen Gesicht erschienen. Ein umgekehrter Effekt zeigte sich für die Punkte, die hinter einem ärgerlichen Gesicht erschie-nen. Offenbar besteht bei anschlussmotivierten Personen eine automatische Tendenz, die Aufmerksamkeit hin zu freundlichen und weg von ärgerlichen Gesichtern zu lenken.

Dieses Ergebnismuster steht im Einklang mit den oben erwähnten Befun-den zu Verhaltenskorrelaten des Anschlussmotivs. Offenbar werden bereits auf einer sehr frühen Stufe der Informationsverarbeitung die Weichen für die Suche nach freundlichen und mit der eigenen Person ähnlichen oder überein-stimmenden Personen gestellt, während Zurückweisung und Konflikt eine Vermeidungstendenz auslösen.

IV.2   Ziele, Identitätsziele und Selbstdefinitionen

Mit den im vorangehenden Abschnitt behandelten Basismotiven haben wir
eine hochinteressante Quelle der Verhaltenssteuerung ausgemacht, die sogar
dem Stereotyp tiefenpsychologischer Handlungserklärungen nahekommt:
Motive sind grundlegende, zumeist unbewusste und der direkten Beobachtung verborgene Einflussfaktoren, die unser Denken, Fühlen und Handeln
automatisch in eine bestimmte Richtung lenken. Es bedarf der psychologischen
Expertise, um diese Antriebskräfte zu erkennen, und spezieller projektiver
Techniken, um die individuelle Ausprägung bzgl. dieser Motive offenzulegen.
     Aufgrund dieser Charakteristiken sind die Motive allerdings sehr abstrakt
und weit vom eigentlichen Verhalten entfernt – es handelt sich um *distale* Faktoren der Verhaltenssteuerung. Menschen handeln nicht, um damit ihre Motive zu befriedigen. Wohl niemand steht morgens auf und fragt sich „Was
könnte ich denn heute mal für mein Leistungs-, Macht- oder Anschlussmotiv
tun?" Auch auf die Warum-Frage nach den Gründen für ein bestimmtes Verhalten antwortet man nicht mit der Angabe solcher Motive.
     Der vorliegende Abschnitt beschäftigt sich daher mit den Faktoren, die
unser Handeln in direkter und bewusster Weise bestimmen. Nach Auffassung aktueller Motivationstheorien stellen Ziele eine solche *proximale* Form der
Verhaltenssteuerung dar (Austin & Vancouver, 1996). Nach einer allgemeinen
Charakterisierung des Zielbegriffs (IV.2.1) erläutern wir die Wirkweise von
Zielen anhand kybernetischer Regulationsmodelle (IV.2.2), diskutieren die
Rolle konkreter Handlungsvorsätze für die Umsetzung von Zielen in Verhalten (IV.2.3) und beschreiben Unterscheidungsmerkmale von Zielen sowie
ihre Auswirkungen auf die Effizienz der Zielverfolgung (IV.2.4). Anschließend
behandeln wir die Frage, ob sich auch bei der zielbezogenen Verhaltenssteuerung grundlegende Motive des Handelns identifizieren lassen. Identitätsziele
und Selbstdefinitionen stehen an der Spitze von Zielhierarchien und liefern
somit solche übergeordneten oder „letzten" Gründe für unser Handeln (IV.2.5).
Unter dieser Perspektive ist menschliches Handeln in letzter Instanz darauf
ausgerichtet, eine persönliche Identität herzustellen. In einem weiteren Abschnitt gehen wir auf psychologische Prozesse und Mechanismen ein, die
der Aufrechterhaltung und Sicherung der personalen Identität dienen, wenn
diese gefährdet ist und unser Handeln an seine Grenzen stößt (IV.2.6). Als
theoretischen Rahmen zur Analyse von Selbstregulationsprozessen stellen
wir abschließend das Zwei-Prozess-Modell von Brandtstädter und Rothermund (2002) dar (IV.2.7). Dieses Modell unterscheidet zwischen aktiver Zielverfolgung (Assimilation) und passiver Zielanpassung (Akkommodation) als

grundlegende Formen der Reduktion von Selbstdiskrepanzen und identifiziert Bedingungen, unter denen die jeweilige Bewältigungsform dominiert.

IV.2.1 Ziele als Basiseinheit der Handlungssteuerung

Nach den Gründen für ein bestimmtes Verhalten befragt, antworten wir normalerweise mit der Angabe eines Ziels oder einer Handlungsabsicht: „Warum trainierst Du so oft?" – „Ich will das Sportabzeichen machen." „Warum hast Du so viel Mehl und Eier gekauft?" – „Ich möchte eine Torte backen." „Warum isst Du so wenig?" – „Ich habe mir vorgenommen, zehn Kilo abzunehmen." Offensichtlich steht fast all unser Handeln in direkter Verbindung mit Zielen. Es gibt kaum Aktivitäten und Handlungen, für die wir keine Ziele angeben können[11]. Ein großer Teil des Verhaltens einer Person wird also direkt durch ihre aktuellen Ziele und Absichten bestimmt. Will man das Verhalten einer Person verstehen oder vorhersagen, so stellt die Frage nach ihren Zielen und Absichten den Königsweg dar (Fishbein & Ajzen, 1975).

Wie aber soll man sich eine solche Bestimmung des Handelns durch Ziele genau vorstellen? Ziele nehmen Einfluss auf die Wahrnehmung und das Denken, aber auch auf affektiv-motivationale Reaktionen und Bewertungen: Ziele definieren Ergebnisse, die wir durch unser Handeln verwirklichen oder vermeiden möchten. Sie legen die Kriterien fest, nach denen wir Situationen und Handlungen als erwünscht oder unerwünscht, erfolgreich oder gescheitert, zielführend oder hinderlich beurteilen. Eine negative Situationsbewertung erzeugt Unzufriedenheit, die uns dazu motiviert, zu handeln oder unsere Anstrengungen zu verstärken.

Ziele dienen auch als Grundlage für die Entwicklung von Strategien, mit denen wir versuchen, diese Ziele zu erreichen. Gerade bei einfachen Zielen („einen Freund besuchen") lassen sich meist direkt fertige Handlungsskripte aus dem Gedächtnis abrufen, die mit dem Ziel verbunden sind („mit dem Bus in die Stadt fahren"). Aber auch bei langfristigen und komplexen Zielen bildet das gewünschte Ergebnis einen sinnvollen Ausgangspunkt für die Handlungsplanung. So kann der angestrebte Zielzustand in Teilkomponenten

---

[11] Manche Tätigkeiten werden um ihrer selbst willen ausgeführt (Musik hören oder machen, Spielen, Fernsehen, Tanzen, sportliche Aktivitäten, Wandern, Geschlechtsverkehr), sodass uns die Angabe eines mit der Tätigkeit verfolgten Ziels komisch oder künstlich erscheint. Es spricht jedoch nichts dagegen, in diesen Fällen die Ausführung der Tätigkeit als Ziel anzugeben: „Warum tust Du das?" – „Weil mir Tanzen Spaß macht."

und Zwischenziele zerlegt werden, für deren Erreichung dann wieder nach spezifischen Handlungen gesucht werden kann („mit der Freundin ins Kino gehen" – Freundin anrufen, ins Kino einladen, Freundin abholen, ins Kino fahren, Karten kaufen, Film schauen, Freundin nach Hause bringen, …).

Auch auf der Ebene automatischer Prozesse nehmen Ziele Einfluss auf die Funktionsweise des Organismus. Die Festlegung auf ein bestimmtes Ziel verleiht zielbezogenen Inhalten eine positive oder negative Valenz. In verschiedenen Untersuchungen konnte nachgewiesen werden, dass zielrelevante Inhalte unwillkürlich die Aufmerksamkeit binden (Klinger, 1996). Suchen wir beispielsweise nach einer Stelle als Automechaniker, so werden uns nicht nur im Stellenanzeigenteil der Zeitung entsprechende Anzeigen besonders auffallen; auch die Überschrift „Automechaniker läuft Amok" wird mehr als sonst unsere Beachtung finden. Einen besonders eindrücklichen Nachweis für den automatischen Charakter einer solchen Zielfokussierung der Informationsverarbeitung erbrachten Hoelscher, Klinger und Barta (1981). Während des Schlafens wurden den Testpersonen Worte vorgesprochen, die sich entweder auf die eigenen Ziele und Pläne (sog. „current concerns") oder auf die Ziele einer anderen Person bezogen. Hierbei zeigte sich, dass die persönlich relevanten Inhalte deutlich häufiger in die Träume eingebunden wurden.

IV.2.2 Kybernetische Modelle der Handlungsregulation

Die allgemeine Struktur einer Handlungsregulation durch Ziele lässt sich mithilfe kybernetischer Modelle darstellen. Die Kybernetik analysiert das Verhalten dynamischer Systeme, also aller Systeme, die flexibel auf sich verändernde Umweltgegebenheiten reagieren, seien es nun Menschen, Tiere, Pflanzen oder technische Geräte. Zielgerichtetes Verhalten wird dabei als Regelkreis aufgefasst (Miller, Galanter & Pribram, 1960; Abb. 30). Die Grundstruktur eines solchen Regelkreises besteht in einer *Test-Operate-Test-Exit*-Schleife (TOTE-Schleife). Das Ziel wird als Sollwert repräsentiert, der mit der aktuellen Situation verglichen wird („Test"). Eine Abweichung von Ist- und Sollwert löst ein Verhalten aus, das auf die Beseitigung der Ist-Soll-Diskrepanz gerichtet ist („Operate"). Hierdurch verändert sich günstigenfalls auch die tatsächliche Situation (die „Regelstrecke"), sodass bei einem erneuten Ist-Soll-Vergleich (der zweite „Test") keine Diskrepanz mehr entdeckt wird. In diesem Fall ist das Ziel erreicht und die Kontrollschleife kann verlassen werden („Exit").

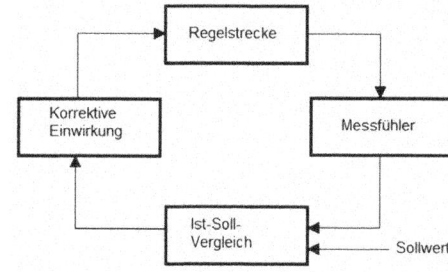

Abbildung 30: Handlungsregulation als Regelkreis. Die Grundstruktur einer TOTE-Schleife.

Mit diesem Modell kann man beispielsweise das Verhalten eines Thermostaten beschreiben, der dafür sorgt, dass die Temperatur in einem Raum nicht unter einen bestimmten Wert (20 °C) sinkt. Liegt die von einem Messfühler gemessene Temperatur (Ist-Wert) unter dem Sollwert von 20 °C, öffnet das Thermostat das Heizventil (korrektive Einwirkung). Hierdurch erwärmt sich der Raum (Veränderung der Regelstrecke). Diese korrektive Maßnahme wird solange beibehalten, bis sich der Raum auf 20 °C erwärmt hat.

Von Carver und Scheier (1981) wurde ein erweitertes Modell der Handlungsregulation entwickelt, das auch psychologische Einflussgrößen auf den Prozess der Zielverfolgung beinhaltet (Abb. 31). Auch dieses Modell basiert im Kern auf einer korrektiven Kontrollschleife, die durch die Wahrnehmung einer Ist-Soll-Diskrepanz in Gang gesetzt wird. Bereits der Vergleich persönlicher Zielvorstellungen mit der Realität wird durch die Selbstaufmerksamkeit (SAM) beeinflusst. Eine hohe Selbstaufmerksamkeit geht mit einer ständigen, regelmäßigen Überwachung persönlicher Ziele und Standards einher, während bei niedriger Selbstaufmerksamkeit Diskrepanzen nicht oder nur sehr spät entdeckt werden. In Experimenten lässt sich die Selbstaufmerksamkeit etwa durch einen Spiegel oder eine Kamera erhöhen. Stabile personenbezogene Unterschiede in der Selbstaufmerksamkeit lassen sich mit einem Fragebogen erfassen (ein typisches Item dieses Instruments lautet: „Bevor ich aus dem Haus gehe, überprüfe ich mein Äußeres im Spiegel.").

Werden Diskrepanzen entdeckt, so werden anschließend Verhaltensweisen aktiviert, mit denen diese Probleme beseitigt werden können. Verläuft der korrektive Eingriff ohne Schwierigkeiten, kann das Verhalten beendet und die Kontrollschleife verlassen werden. Interessant sind jedoch die Fälle, in denen der Versuch einer Diskrepanzreduktion erfolglos verläuft. Nach einem Kurzschluss versucht man zunächst, die herausgesprungene Sicherung einfach wieder hinein zu drücken. Allerdings kann es passieren, dass dies auch bei mehrmaligem Versuchen nicht gelingt – die Sicherung springt immer wieder aufs Neue heraus. Solche Probleme bei der Korrektur von Diskrepanzen führen zu einer Verhaltensunterbrechung und zu einer Neueinschätzung alternativer Korrekturmöglichkeiten (Ursachendiagnose, Identifikation und Reparatur defekter Geräte, Verständigung des Elektrikers). Die Einschätzung alternativer Handlungsmöglichkeiten und ihrer Erfolgsaussichten hängt vor allem von allgemeinen und situationsspezifischen Kontrollüberzeugungen und Selbstwirksamkeitserwartungen ab (s. III.5). Werden vielversprechende Möglichkeiten der Problemlösung entdeckt und traut sich die Person eine kompetente Ausführung dieser Handlungen auch zu, so kommt es zu erneuten Versuchen der Diskrepanzreduktion, die entweder zum Erfolg führen oder ebenfalls scheitern.

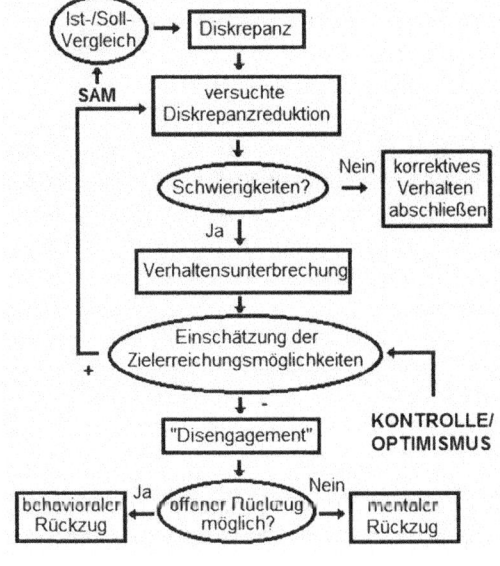

Abbildung 31: Das erweiterte Handlungsregulationsmodell nach Carver und Scheier (1981).

Werden die Lösungsmöglichkeiten als gering eingeschätzt (aufgrund niedriger internaler Kontrolle oder Selbstwirksamkeit, oder nach wiederholten Misserfolgen), so postulieren Carver und Scheier eine Beendigung der aktiven Zielverfolgung, obwohl das Ziel nicht erreicht wurde. Diese Ablösung von dem ursprünglich gesetzten Ziel wird als „disengagement" bezeichnet. Carver und Scheier unterscheiden zwischen einem offenen, behavioralen und einem bloß mentalen Rückzug. Bei manchen Zielen, zu deren Erreichung man sich öffentlich verpflichtet hat, ist ein offener Rückzug häufig nicht möglich (vielleicht bringt man es nicht übers Herz, sich oder den Eltern einzugestehen, dass man mit dem Studium eigentlich überfordert ist). Es kommt dann zu halbherzigen Versuchen, nach außen den Schein weiterer Zielverfolgungsbemühungen aufrechtzuerhalten. Ohne die Überzeugung, damit wirklich etwas erreichen zu können, fehlt diesen Versuchen jedoch die nötige Motivation und das Engagement.

Zielablösungsprozesse sind ein zentraler Aspekt menschlicher Motivation (s. Abschnitt IV.2.7). Carver und Scheier betonen in ihren frühen Arbeiten vor allem die motivationsmindernde Wirkung von geringem Optimismus, der zu einer (zu) frühen Zielablösung führt. Neuere Ansätze heben dagegen die funktionale Seite der Zielablösung hervor (Brandtstädter & Rothermund, 2002). Gerade bei langfristigen und ehrgeizigen Zielen kommt es immer wieder zu Situationen, in denen das ursprünglich anvisierte Ziel trotz maximaler Anstrengung nicht erreicht werden kann (endgültiger Verlust des Partners, Absage bei einer Stellenbewerbung). Durch das Festhalten an dem blockierten Ziel (sog. Perseveration) werden Handlungsressourcen verschwendet und Misserfolgserfahrungen ausgedehnt. In solchen Fällen schützt nur die Zielablösung vor dauerhafter Frustration; vor allem aber ist sie eine notwendige Voraussetzung für eine Zielanpassung oder für eine Neuorientierung auf andere, vielversprechendere Ziele.

Der Einfluss von Selbstaufmerksamkeit und Kontrollüberzeugungen auf die hartnäckige Zielverfolgung bzw. Zielablösung wurde in einem Experiment von Carver, Blaney und Scheier (1979) untersucht. Die Testpersonen mussten verschiedene Anagramme (z. B. KEIWLN → Winkel) bearbeiten, von denen einige jedoch keine Lösung besaßen, ohne direkt als unlösbar erkennbar zu sein (z. B. TOWMRE). Als Maß für die Hartnäckigkeit der Problemlösung wurde die Zeit gemessen, die die Probanden für die Bearbeitung der unlösbaren Anagramme aufwendeten. Die Hälfte der Probanden musste die Anagramme an einem Tisch bearbeiten, auf dem ein Spiegel aufgestellt war, um die Selbstaufmerksamkeit zu erhöhen. Zusätzlich wurden die Kontrollerwartungen manipuliert, indem die Anagramme entweder als leicht oder schwierig dargestellt wurden.

Entsprechend dem Modell wirken sich Kontrollerwartungen nur dann auf die Persistenz aus, wenn zuvor eine hohe Selbstaufmerksamkeit induziert wurde (Abb. 32). Optimistische Lösungserwartungen (die Anagramme wurden als leicht dargestellt) erhöhten in diesem Fall die Hartnäckigkeit, während geringe Kontrollüberzeugungen (die Anagramme wurden als schwierig dargestellt) zu einem frühzeitigen disengagement führten. In der Bedingung mit geringer Selbstaufmerksamkeit (kein Spiegel) lag die Bearbeitungszeit dagegen generell auf einem niedrigen bis mittleren Niveau. In diesem Fall werden die Schwierigkeiten bei der Aufgabenbearbeitung gar nicht als (selbst-)relevantes Problem wahrgenommen, sodass auch die korrektiven Versuche in der Problemlöseschleife nicht bewusst überwacht werden. Dementsprechend wirkten sich die durch die angekündigten Lösungswahrscheinlichkeiten induzierten Kontrollerwartungen auch nicht auf die Dauer der Problemlösungsversuche aus.

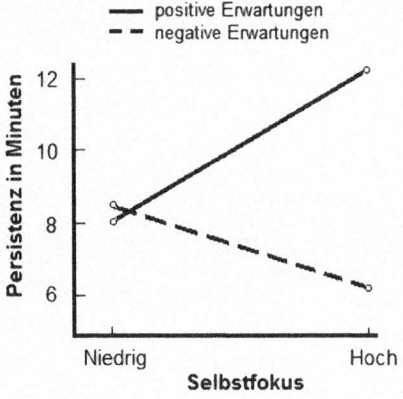

Abbildung 32: Hartnäckigkeit bei der Bearbeitung unlösbarer Anagramme in Abhängigkeit von Erfolgserwartungen und Selbstaufmerksamkeit (nach Carver et al., 1979).

IV.2.3 Zielintentionen vs. Handlungsvorsätze: Die Übersetzung von Zielen in Handlungspläne

Im vorangehenden Abschnitt haben wir ein allgemeines Modell skizziert, das angibt, wie man sich die Erreichung von Zielvorgaben durch korrektives Verhalten vorstellen kann. Viele Ziele werden dennoch nicht erreicht. Offenbar ist das bloße Haben von Zielen kein Garant für deren Erreichung. Dabei stellen äußere Hindernisse und Schwierigkeiten durchaus nicht den einzigen Grund dafür dar, dass Ziele verfehlt werden. In vielen Fällen liegt dies daran, dass das zur Zielerreichung erforderliche Verhalten schlichtweg nicht ausgeführt wird.

Manchmal können wir uns einfach nicht aufraffen zu lernen, obwohl die Prüfung bereits nächste Woche stattfindet. In anderen Fällen werden günstige Gelegenheiten zur Zielerreichung nicht genutzt, weil wir auf deren Eintreten nicht vorbereitet sind. Das hübsche Mädchen aus dem Haus nebenan lächelt uns freundlich zu, geht dann aber enttäuscht weiter, weil wir nur stumm zurückgegrinst haben, statt sie zu fragen, ob sie Lust hätte, zusammen ins Kino zu gehen.

Was in diesen Fällen fehlt, ist eine effiziente Übersetzung der abstrakten Ziele in konkrete Handlungen. Werfen wir noch einmal einen Blick auf die Regulationsmodelle des vorigen Abschnitts (Abb.en 30 und 31). In diesen Modellen wird die Entdeckung einer Zieldiskrepanz mit korrektiven Verhaltensweisen beantwortet. Es bleibt aber unklar, welches Verhalten in welcher Situation gezeigt werden soll, um das Ziel zu erreichen.

Genau diese Lücke zwischen abstrakten Zielen und konkreten Handlungsvorhaben ist ein entscheidendes Manko der bisherigen Regulationsmodelle – und offenbar zeigt sich ein ähnliches Defizit häufig auch in der ganz alltäglichen Zielverfolgung. Wir verfügen zwar über abstrakte Zielintentionen, d. h., wir wissen, welchen Zielzustand wir erreichen wollen, uns fehlt jedoch ein konkreter Plan, wie wir dieses Ziel auch tatsächlich erreichen.

In einer vielbeachteten Arbeit argumentiert Gollwitzer (1999), dass wir die Erreichung schwieriger und anspruchsvoller Ziele dadurch verbessern können, dass wir zu unseren Zielen genau solche konkreten Handlungsvorsätze – sogenannte „implementation intentions" – entwickeln. Ein Handlungsvorsatz enthält genaue Anweisungen, welches Verhalten in welcher Situation auszuführen ist. Die Zielintention „ich will 10 Kilo abnehmen" muss also durch konkrete Handlungsabsichten ergänzt werden, mit denen wir das Ziel erreichen wollen (z. B., „zum Abendessen esse ich bis auf Weiteres nur noch ein Käsebrot", „in der Kneipe bestelle ich mir nur noch Mineralwasser"). Durch das Fassen solcher Vorsätze werden bestimmte Situationen (Abendessen, Kneipe) mit entsprechenden Handlungstendenzen fest assoziiert. Analog zu behavioristischen S-R-Modellen reizgesteuerten Verhaltens wird angenommen, dass die Verhaltenskomponente der Verbindung durch den jeweiligen Reiz ausgelöst werden kann. Tritt die im Vorsatz spezifizierte Gelegenheit also tatsächlich ein, so wird die dazugehörige Handlung wie durch einen Mechanismus aktiviert und automatisch in die Tat umgesetzt.

In einem Feldexperiment von Gollwitzer und Brandstätter (1997) wurde die verhaltenswirksame Kraft von Vorsätzen an Studierenden untersucht, die in den Weihnachtsferien eine Hausarbeit schreiben mussten. Die Hälfte der Seminarteilnehmer wurde bei der Themenvergabe darauf hingewiesen, dass die Abgabefrist für die Arbeit am Ende der Weihnachtsferien liegt. Sie mussten sich dazu verpflichten, die schriftliche Fassung ihrer Arbeit spätestens in der ersten Sitzung nach den Ferien abzugeben. Die restlichen Studierenden mussten dagegen zusätzlich konkrete Handlungsvorsätze bilden, wann und wie sie die Arbeit in den Ferien schreiben würden (z. B., „Morgen besorge ich mir die Literatur aus der Bibliothek"). Unter anderem wurden sie explizit aufgefordert, einen konkreten Tag anzugeben, an dem sie mit dem Schreiben der Arbeit beginnen würden („Am Vormittag des zweiten Weihnachtsfeiertags setze ich mich zu Hause bei meinen Eltern an den PC und fange an, die Arbeit zu schreiben"). Nach den Weihnachtsferien zeigte sich, dass von den Studierenden, die lediglich eine abstrakte Zielintention ausgebildet hatten, die Arbeit in den Weihnachtsferien zu schreiben, nur knapp ein Drittel die Arbeit fertiggestellt hatte. In der Gruppe, die konkrete Handlungsvorsätze bilden musste, gaben dagegen mehr als 70 % der Studierenden ihre Arbeit rechtzeitig ab; von diesen hatten mehr als 80 % an dem Tag mit dem Schreiben begonnen, den sie sich vorgenommen hatten.

In einer Vielzahl weiterer Untersuchungen konnten positive Effekte von konkreten *implementation intentions* auf die Realisierung schwieriger Ziele nachgewiesen werden, unter anderem bei der Umsetzung gesundheitsbezogener Ziele (Krebspräventionsmaßnahmen, aktive Mitarbeit bei Rehabilitationsmaßnahmen), bei der Unterdrückung von Vorurteilen und Stereotypen sowie bei der Kontrolle emotionaler Reaktionen (Achtziger & Gollwitzer, 2010). Sogar bei unterschwelliger Präsentation der im Vorsatz genannten Situation wurden die damit assoziierten Handlungstendenzen aktiviert, was die automatisierte Verhaltensaktivierung belegt.

Die Ausbildung von Handlungsvorsätzen nimmt also eine Schlüsselstellung für die effiziente Zielverfolgung ein. Durch die Übersetzung abstrakter Zielintentionen in situationsbezogene Handlungsanweisungen werden Ziele mit konkreten Verhaltensweisen verbunden, die in kritischen Situationen auszuführen sind. Hierbei kann es sich sowohl um günstige Gelegenheiten für die Zielerreichung wie auch um Problemsituationen handeln, in denen spezifische Defizite bei der Zielverfolgung auftreten. Die Bildung von Situations-Verhaltens-Assoziationen sorgt für eine schnelle und automatische Verhaltensaktivierung und verhindert, dass Chancen verpasst werden. Gleichzeitig wird durch den Handlungsvorsatz die Anstrengungsschwelle für die erforderliche Handlung reduziert. Durch die Assoziation mit einer Auslösesituation wird diese analog zu einer Gewohnheitshandlung gleichsam mechanisch aktiviert, sodass Probleme der Antriebslosigkeit und Willensschwäche bei der Ausführung zielbezogenen Verhaltens verhindert werden.

IV.2.4 Unterscheidungsmerkmale von Zielen und ihre Auswirkungen auf die Handlungsregulation

In diesem Abschnitt gehen wir der Frage nach, wie ein Ziel beschaffen sein sollte, damit am Ende die besten Handlungsergebnisse erzielt werden. Mit dieser Frage setzen sich die sogenannten Zielsetzungstheorien auseinander. Die Beantwortung dieser Frage ist nicht nur für die Setzung eigener Ziele interessant. Es geht auch um die Frage, wie – etwa in beruflichen Kontexten – Zielvorgaben formuliert werden sollten, damit das Ergebnis optimal ausfällt (Lee, Locke & Latham, 1989).

Eine erste wichtige Unterscheidung betrifft die Zielschwierigkeit. Generell gilt, dass bei anspruchsvollen Zielen („ich will den gesamten Stoff beherrschen") im Durchschnitt bessere Ergebnisse erzielt werden, als wenn einfache, wenig anspruchsvolle Ziele gesetzt werden („ich will die Klausur irgendwie bestehen"). Durch ein hohes Ziel entstehen hohe Zieldiskrepanzen, die mehr Anstrengung und Engagement verlangen, sodass es nicht verwunderlich ist, wenn hierbei bessere Leistungen erzielt werden. Obwohl anspruchsvolle Ziele häufig nicht erreicht werden, übertrifft das Ergebnis doch meistens die Leistung, die bei einem niedrigen Ziel, das erreicht wurde, erbracht wird. Dieser – fast schon triviale – Zusammenhang muss jedoch eingeschränkt werden. Wenn Ziele so hoch gesetzt werden, dass gleich zu Beginn der Eindruck der Unerreichbarkeit entsteht, kann es auch zu einer frühzeitigen Zielablösung *(disengagement)* kommen. In diesem Fall wären sehr geringe Leistungen zu erwarten.

Ein weiteres zentrales Merkmal, auf dem sich Ziele unterscheiden, ist der Grad der Spezifität der Zielformulierung. Ziele können sehr konkret formuliert werden („heute müssen 800 Pakete verladen werden"; „ich will in den kommenden Monaten 10 kg abnehmen"); sie können aber auch vage formuliert werden („heute sollen so viele Pakete wie möglich verladen werden"; „ich möchte bis zum Sommer so schlank wie möglich werden"). Obwohl die unspezifischen „do-your-best" Formulierungen sicherlich sehr anspruchsvolle Ziele benennen, finden sich bei anspruchsvollen, spezifisch formulierten Zielen deutlich bessere Ergebnisse. Nur wenn Ziele spezifisch formuliert sind, ist ein Ist-Soll-Vergleich möglich, der in den Regelkreismodellen von zentraler Bedeutung für die Überwachung der Zielerreichung und für die Identifikation von Problemen ist. Spezifische Ziele erlauben die Ableitung von konkreten Zwischenzielen („pro Stunde 100 Pakete", „pro Woche 1 kg"), sodass eine permanente Kontrolle der Zielerreichung möglich ist. Zieldiskrepanzen, die auf eine Verfehlung des Ziels verweisen, können frühzeitig entdeckt und durch entsprechende Maßnahmen korrigiert werden. Bei unspezifischen Zielen gibt es dagegen keine klare Rückmeldung, ob das Ziel erreicht wurde oder ob man sich auf einem erfolgreichen Weg befindet.

Eine letzte Unterscheidung, die für die Effizienz der Zielverfolgung entscheidend ist, ist die Verbindlichkeit, mit der ein Ziel gesetzt wird. Dieses Merkmal betrifft also nicht den Inhalt, sondern die motivationale Verpflichtung gegenüber einem Ziel. Die Stärke der Zielbindung wird auch als „commitment" bezeichnet, und hängt von Erwartungen bzgl. der Erreichbarkeit und Folgen des Ziels (s. III.5) sowie von dessen Kompatibilität mit den Motiven der Person ab (s. IV.1). In Arbeitskontexten spielt auch der Grad an Mitgestaltungsmöglichkeiten bei der Zielvereinbarung eine Rolle für die Höhe des commitments.

Eine hohe Verbindlichkeit führt aber nicht automatisch zu besseren Ergebnissen bei der Zielverfolgung. Wenig anspruchsvolle oder unspezifizierte Ziele liefern unabhängig von der Stärke der Zielbindung schlechte Ergebnisse. Allerdings erhöht das commitment die Leistung bei anspruchsvollen, spezifischen Zielen. Bei solchen ehrgeizigen Zielen fördert das hohe commitment die hartnäckige Zielverfolgung und verhindert eine frühzeitige Zielablösung. Technisch gesprochen ist die Stärke der Zielbindung also ein Moderator des Zusammenhangs zwischen dem Anspruchsniveau von Zielen und der erbrachten Leistung (Abb. 33).

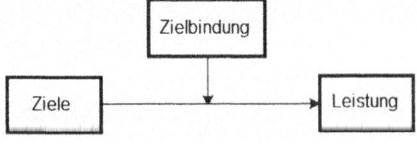

Abbildung 33: Zielbindung (commitment) als Moderator des Zusammenhangs zwischen Zielen und Leistung.

IV.2.5 Zielhierarchien: Identitätsziele und Selbstdefinitionen als „letzte Gründe"
des Handelns

Im Gegensatz zu den drei Basismotiven Leistung, Macht und Anschluss sind Ziele hinsichtlich ihrer inhaltlichen Ausformung extrem vielfältig. Fast alles kann irgendwann einmal Ziel einer Person sein oder werden, es gibt also eine nahezu unbegrenzte Zahl möglicher Ziele. Wenn wir Ziele als grundlegenden Einflussfaktor menschlichen Handelns identifizieren, entfernen wir uns also zunächst wieder von dem eigentlichen Anliegen dieses Kapitels, nämlich die grundlegenden Antriebskräfte menschlichen Handelns zu identifizieren.

Hierarchische Organisation von Zielen. Allerdings ist diese Entfernung nur scheinbar. Eine zentrale Eigenschaft von Zielen besteht nämlich in ihrer hierarchischen Organisation (Austin & Vancouver, 1996). Die Zusammenhänge von Zielen auf verschiedenen Abstraktionsebenen werden in Abb. 34 illustriert.

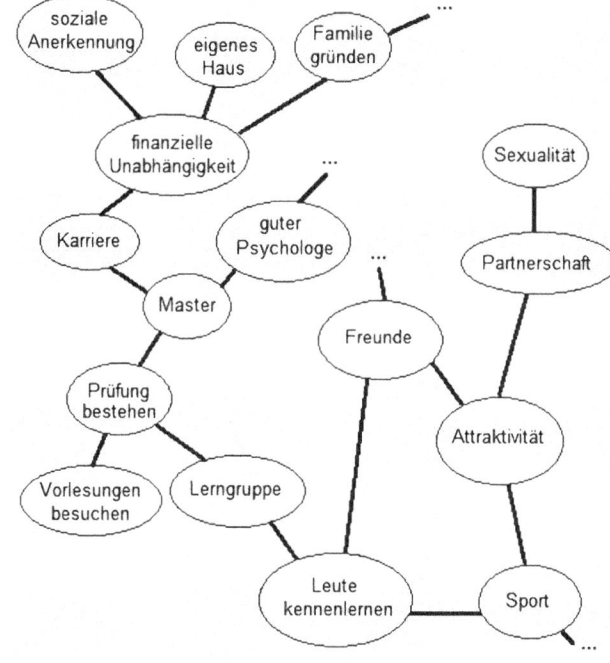

Abbildung 34: Ausschnitt einer persönlichen Zielhierarchie. Unten in der Hierarchie stehende Ziele stellen Mittel für die Erreichung der übergeordneten Ziele dar.

Zum einen lassen sich Ziele in Unterziele, Teilziele oder Zwischenziele zer-
legen, die Mittel auf dem Weg zur Zielerreichung darstellen. Das Ziel, ein
gutes Prüfungsergebnis in der nächsten Klausur zu erzielen, beinhaltet als
Teilkomponenten den regelmäßigen Besuch der Veranstaltung und die Prüfungsvorbereitung. Auch diese Unterziele sind jeweils mit noch spezifischeren
Tätigkeiten verbunden, z. B. umfasst die Prüfungsvorbereitung die Beschaf-
fung von Information über die Prüfungsinhalte, die Besorgung relevanter
Prüfungsliteratur und das konkrete Durcharbeiten der Literatur.

Vor allem aber beziehen sich fast alle Ziele selbst wieder auf ein oder mehrere übergeordnete Ziele, für deren Erreichung sie selbst nur ein Mittel sind.
Die gute Prüfungsnote ist Teil des Ziels, einen erfolgreichen Studienabschluss
zu erwerben, und dieses Ziel wiederum bezieht sich auf unsere beruflichen
Karriere- und Verdienstziele, auf Kompetenzen, die wir im Studium erwerben
möchten, auf die Möglichkeit, mit einer erfolgreichen Berufstätigkeit für eine
Familie sorgen zu können, sowie auf die gesellschaftliche Anerkennung, die
mit einem guten Abschluss oder einer verantwortungsvollen und gutbezahl-
ten Position verbunden ist. Die übergeordneten Ziele in der Zielstruktur einer
Person lassen sich durch die fortgesetzte Frage nach dem „Warum?" der Ziele
eruieren. Erst wenn diese Frage keine weitergehende Antwort mehr erbringt,
haben wir die Zielebene erreicht, die unserem Handeln eigentlich Sinn und
Bedeutung verleiht.

Identitätsziele und Selbstdefinitionen. An der Spitze solcher Zielhierarchien
stehen typischerweise Vorstellungen davon, wie wir unser Leben gestalten
möchten und welche Person wir sein oder zu werden beabsichtigen. Diese
„letzten Ziele" werden als Identitätsziele und Selbstdefinitionen bezeichnet.
Sie umfassen Vorstellungen von erwünschten Lebensformen bzgl. Partnerschaft, Familie, Freundschaft, Gemeinschaft, Wohnen, Freizeitgestaltung und
Arbeit; von fachlichen und charakterlichen Kompetenzen; von finanzieller
Sicherheit, Reichtum, sozialer Anerkennung und Status, Ruhm und Ehre; von
ethischen Normen und Werten. Diese Ideale können sich in Form bestimmter
Rollenvorstellungen manifestieren (Wissenschaftler, Schauspieler, Geschäfts-
mann, Künstler, Sportler, Familienvater, Model, Soldat), sie können aber auch
wünschenswerte Attribute spezifizieren (Intelligenz, Attraktivität, Mut, Zu-
verlässigkeit, Fairness, Selbstsicherheit).

Identitätsziele stellen eine spezifisch menschliche Quelle der Motivation
dar. Während andere Lebewesen durch ihre biologische Ausstattung auf bestimmte Umgebungen und Lebensformen festgelegt sind, stehen dem Menschen nahezu unbegrenzte Entwicklungsmöglichkeiten offen – menschliche
Entwicklung ist in hohem Grade gestaltbar oder „plastisch"; Gehlen (1940)

bezeichnet den Menschen daher als das „nicht-festgelegte Wesen". Im Kindes-
und Jugendalter bilden sich die spezifischen Selbstkonzepte und Identitätsziele heraus, die dann im Erwachsenenalter das Handeln und Leben der Person
bestimmen. Menschen machen also sich und ihr Leben zum Gegenstand ihres
eigenen Handelns und nehmen auf diese Weise gezielt Einfluss auf ihre Entwicklung (Brandtstädter, 2006). Identitätsziele sind der entscheidende motivationale Motor für diesen Prozess der „intentionalen Selbstgestaltung".

Aus diesen zumeist abstrakten Zielvorstellungen, die einen wichtigen Teil
des Selbstkonzepts einer Person ausmachen, lassen sich konkrete Handlungs-
ziele und Strategien ableiten, die das Verhalten in spezifischen Situationen
steuern. Wer ein Profi-Fußballer werden möchte, muss regelmäßig trainieren,
sich gesund ernähren und versuchen, in eine Entwicklungsumgebung hinein
zu kommen, die für eine solche Karriere günstig ist (Besuch des Sportgymna-
siums, Wechsel zu einem renommierten Sportverein, Aufnahme in Auswahl-
mannschaften). Die Übersetzung abstrakter Ideale in konkrete Handlungs-
pläne stellt eine wesentliche Voraussetzung für die erfolgreiche Zielverfolgung
dar (s. hierzu Kapitel IV.2.3).

Komponenten des Selbst. Um den Prozess der Umsetzung von Identitätszielen in das tägliche Handeln einer Person besser zu verstehen, wurde das
Selbstkonzept in verschiedene Komponenten unterteilt. Das Idealselbst bezeichnet die Zielvorstellungen, die eine Person in ihrem Leben realisieren
möchte, das Realselbst bezeichnet dagegen die subjektive Wahrnehmung der
aktuellen eigenen Verfassung. Unschwer lassen sich hier Ist- (Realselbst) und
Sollwert (Idealselbst) aus den kybernetischen Modellen zielgerichteten Verhaltens wiedererkennen.

Häufig bleibt die Wirklichkeit hinter den selbstbezogenen Zielen und Ansprüchen der Person zurück – man ist unzufrieden mit dem eigenen Aussehen,
man fühlt sich inkompetent, man befürchtet, die Arbeitsstelle oder den Partner
zu verlieren, oder man macht sich Sorgen um die eigene Gesundheit. Diese
Diskrepanzen zwischen der tatsächlichen Lebenssituation und den eigentlich
angestrebten Zielvorstellungen liefern den Kern der Motivation zum Handeln.

Higgins (1987) unterscheidet zwei Arten solcher Selbstdiskrepanzen. Die
persönlichen Ziele beinhalten zum einen selbstgesetzte Ideale, also positiv
definierte Vorstellungen davon, was man in seinem Leben erreichen möchte
(ideal self). Normative Vorstellungen können aber auch durch Pflichten und Verantwortung, sowie durch Erwartungen, die von wichtigen Instanzen (Eltern,
Partner, Pfarrer, Vorgesetzte, Gewissen, Gott) an die Person gestellt werden,
geprägt sein *(ought self)*. Je nachdem, für welche Art von selbstbezogenen Zielen
Diskrepanzen festgestellt werden (actual – ideal vs. actual – ought), entstehen

qualitativ andere Muster der Handlungsregulation, die von Higgins (1987) als regulatorischer Fokus beschrieben werden.

Bei der Verfolgung selbstgesetzter, positiver Ziele entsteht ein sog. *promotion focus:* Im Zuge der Zielverfolgung werden Chancen zur Zielannäherung gesucht und das Bestreben der Person ist darauf gerichtet, sich und ihre Situation immer weiter zu verbessern. Im Gegensatz hierzu wird durch das *ought self* ein sog. *prevention focus* aktiviert: Das Handeln ist darauf ausgerichtet, die an die Person gestellten Forderungen in ausreichendem Maße zu erfüllen („satisficing"); eine Verletzung der Pflichten ist auf jeden Fall zu vermeiden. Auch das emotionale Erleben unterscheidet sich in Abhängigkeit davon, ob gerade Teile des *ideal self* oder des *ought self* aktiviert sind. Man ist stolz auf Erfolge bei der Verfolgung von Ideal-Zielen, entsprechende Misserfolge führen zu Niedergeschlagenheit und Depression. Besteht dagegen die Gefahr, die im *ought self* enthaltenen Erwartungen nicht erfüllen zu können, so gerät die Person in Unruhe und Angst; ein Einhalten dieser Vorgaben verschafft der Person Gefühle der Erleichterung.

Eine weitere Selbstkomponente wurde eingeführt, um der Tatsache Rechnung zu tragen, dass sich die tägliche Motivation meistens nicht aus dem direkten Vergleich des realen Selbstbilds mit den abstrakten Vorstellungen des Idealselbst speist. Von Markus und Nurius (1986) wurde daher als entscheidende Motivationskomponente das sog. „mögliche Selbst" vorgeschlagen. Diese *possible selves* beinhalten konkrete Vorstellungen davon, wie sich das eigene Leben und die eigene Person in absehbarer Zeit entwickeln könnten. Diese Vorstellungen umfassen sowohl erstrebenswerte Entwicklungschancen (*desired possible selves:* „Diplompsychologe") als auch bedrohliche Szenarien (*undesired possible selves:* „Studienabbrecher", „Taxifahrer").

Nach Markus sind beide Komponenten erforderlich, um eine hinreichend starke und stabile Motivation für aktives Handeln sicherzustellen. Fehlen die bedrohlichen Vorstellungen von möglichen persönlichen Fehlentwicklungen und Misserfolgen, so tendiert man dazu, nur noch in angenehmen Tagträumen zu schwelgen, ohne wirklich aktiv zu werden. Eine starke Dominanz negativer Entwicklungsmöglichkeiten ohne realisitische positive Optionen lähmt das Verhalten allerdings ebenso. Die beste Motivation ergibt sich durch eine ausgewogene Kombination positiver und negativer *possible selves*.

IV.2.6 Psychologische Mechanismen im Dienste der Sicherung der personalen Identität

Ein Großteil der aktuellen psychologischen Forschung beschäftigt sich mit Prozessen der Selbstregulation. In den vorangehenden Abschnitten haben wir bereits gezeigt, dass Selbstdefinitionen als Zielvorgaben aufgefasst werden können, die unser aktives Handeln auf die Erreichung erwünschter und die Vermeidung unerwünschter Lebenssituationen ausrichten. Was aber geschieht, wenn unser Handeln nicht ausreicht, um unsere Ziele zu erreichen?

Wir gestehen es uns vielleicht nicht gern ein, aber selbst – und gerade – bei der Verfolgung wichtiger und anspruchsvoller persönlicher Ziele sind Misserfolge und Rückschläge ein ganz selbstverständlicher Bestandteil jedes menschlichen Lebens. Natürlich bekommen wir nicht immer den Partner, den wir uns wünschen, die attraktive Stelle in der Firma wurde mit einer anderen Kollegin besetzt und unsere Traumwohnung können wir uns auch nicht immer leisten. Nicht nur solche äußeren Probleme bereiten uns Kummer, auch als Person werden wir den eigenen Ansprüche nicht immer gerecht: Wir schämen uns vielleicht über unsere Faulheit, Feigheit, Unaufrichtigkeit oder mangelnde Hilfsbereitschaft.

Manchmal sind wichtige Ziele – zumindest bis auf Weiteres – blockiert, sie können selbst durch maximale eigene Anstrengungen und Bemühungen nicht erreicht werden. In diesen Fällen werden psychologische Mechanismen zum Schutz des Selbstkonzepts und des Selbstwerts eingesetzt. Diese Prozesse schirmen zentrale Bestandteile der persönlichen Identität gegen negative Erfahrungen und kritische Evidenz ab. Im Folgenden werden wir auf einige solcher defensiven psychologischen „Abwehrmechanismen" näher eingehen.

Selbstaufwertung („self-enhancement"). Eine Kernthese der Forschung zu selbstwertschützenden Prozessen besteht darin, dass Menschen dazu neigen, sich und ihr Handeln in einem besonders positiven Licht zu sehen. Diese Tendenz wird als Selbstaufwertung („self-enhancement") bezeichnet. In der Literatur gibt es eine Vielzahl von Belegen dafür, dass Personen dazu neigen, sich im Vergleich zu anderen deutlich positiver wahrzunehmen (zum Überblick s. Alicke & Sedikides, 2009); z. B. gaben bei einer Umfrage an amerikanischen Universitäten 94 % aller befragten Hochschullehrer an, mehr zu arbeiten als der Durchschnitt ihrer Kolleginnen und Kollegen (Cross, 1977).

Die Tendenz zur Selbstaufwertung ist besonders stark, wenn zuvor wichtige Elemente des Selbstkonzepts – etwa durch Kritik oder negative Rückmeldungen – infrage gestellt wurden (Steele, 1988). Offensichtlich dient also die

Selbstaufwertung der Wiederherstellung der Integrität des Selbst und kann als Selbstregulationsprozess bezeichnet werden.

Aus der Perspektive von Handlungsregulationsmodellen macht es allerdings wenig Sinn, anzunehmen, dass Menschen sich aller Probleme und Selbstdiskrepanzen einfach dadurch entledigen, dass sie sich einfach nur für die Größten halten und Misserfolge kategorisch leugnen. Eine solche generelle Selbstaufwertung wäre pathologisch, da sie alles aktive Handeln im Dienste der Erreichung eigener Ziele als überflüssig erscheinen lässt und so verhindert, dass die eigene Entwicklung positiv gestaltet und Gelegenheiten zur Verbesserung genutzt werden.

Dementsprechend zeigen neuere Untersuchungen, dass Selbstaufwertung vor allem in solchen Situationen auftritt, in denen die Person tatsächlich keine Möglichkeiten des aktiven Handelns besitzt (s. hierzu auch die Ausführungen zum Zwei-Prozess-Modell der Selbstregulation im Abschnitt IV.2.7). Rothermund, Bak und Brandtstädter (2005) fanden etwa, dass eine Tendenz zur Zuschreibung erwünschter Eigenschaften nur dann auftrat, wenn diese Merkmale unkontrollierbar waren. Bei kontrollierbaren Merkmalen zeigte sich dagegen eine umgekehrte Tendenz, also eine erhöhte Zuschreibung unerwünschter Merkmale („Problemfokus"). Selbstaufwertungsprozesse werden also erst eingesetzt, nachdem eigene Handlungsmöglichkeiten zur aktiven Beeinflussung einer Situation erschöpft oder gescheitert sind. Solange eine Situation als kontrollierbar eingeschätzt wird, besteht dagegen sogar eine erhöhte Sensitivität für mögliche Gefahren und negative Informationen in der Wahrnehmung selbstrelevanter Situationen (Rothermund, 2011). Auf diese Weise werden Probleme und Gefahren frühzeitig entdeckt, und können durch entsprechendes korrektives Handeln beseitigt oder vermieden werden.

Mechanismen der Selbstaufwertung. Bislang haben wir die Tatsache der Selbstaufwertung einfach hingenommen, ohne uns zu fragen, wie denn eine solche Aufwertung überhaupt zustande kommt. Schließlich können wir eine positiv geschönte Einschätzung der eigenen Person nicht allein deshalb glauben, weil wir sie gern glauben möchten – jedenfalls nicht, wenn es Hinweise gibt, dass diese erwünschte Sicht falsch ist. Damit wir von einer positiven Selbsteinschätzung wirklich überzeugt sein können, muss uns diese auch plausibel vorkommen.

Tatsächlich gibt es verschiedene Prozesse, die der Selbstaufwertung zugrunde liegen können: Die aktive Suche nach bestätigender Evidenz, die Vermeidung von selbstwertbedrohlichen Situationen, die strengere Prüfung negativer Information im Vergleich zu positiven Ergebnissen, die automatische

Ausrichtung der Aufmerksamkeit und ein selektiver Abruf selbstkonsistenter Informationen aus dem Gedächtnis tragen entscheidend dazu bei, dass uns erwünschte und entlastende Situationsdeutungen überzeugender vorkommen als selbstwertbedrohliche Interpretationen (Kunda, 1990; Wentura, 1995).

Auch Attributionsprozesse spielen eine wichtige Rolle für die Selbstaufwertung. Bei der Verarbeitung von Erfolgs- und Misserfolgsrückmeldungen konnte ein selbstwertdienlicher Attributionsbias nachgewiesen werden: Wir neigen dazu, Erfolge den eigenen Fähigkeiten (internale Attribution), Misserfolge dagegen eher situativen Faktoren (externale Attribution) zuzuschreiben (Mezulis, Abramson, Hyde & Hankin, 2004).

Dass auch dieser Bias im Dienste der Selbstregulation eingesetzt wird, konnten Rosenfield und Stephan (1978) in einer eleganten Untersuchung zeigen. Die Testpersonen mussten zunächst eine Aufgabe bearbeiten, die ihnen vom Versuchsleiter entweder als typische Frauenaufgabe („das sollte man als Frau gut können") oder als typische Männeraufgabe dargestellt wurde. Anschließend erhielten sie unabhängig von ihrer tatsächlichen Leistung entweder eine positive oder eine negative Rückmeldung zu ihrem Abschneiden in dieser Aufgabe. Die Gründe für dieses Ergebnis sollten die Testpersonen dann auf einer Skala einschätzen, bei der hohe Werte internale Faktoren (eigene Anstrengung und Fähigkeiten), niedrige Werte dagegen externale Faktoren (Zufall, Glück) anzeigten. Bei Männern fand sich ein selbstwertdienlicher Attributionsbias (internale Attribution von Erfolg, externale Attribution von Misserfolg) vor allem dann, wenn ihnen die Aufgabe zuvor als „Männeraufgabe" präsentiert wurde; bei Frauen war der Bias dagegen bei der vermeintlichen Frauenaufgabe stärker ausgeprägt (Abb. 35). Dieses Ergebnis belegt, dass selbstwertschützende Attributionen vor allem dann vorgenommen werden, wenn die Ergebnisse für das Selbstkonzept der Person relevant sind. Für Männer ist dies der Fall, wenn die Aufgabe typisch männliche Fähigkeiten misst („ich bin doch ein Mann, das sollte ich eigentlich gut können"), für Frauen sind dagegen Aufgaben relevant, die ihre Selbstdefinition als Frau betreffen.

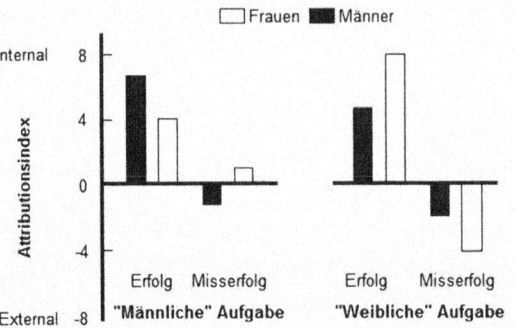

Abbildung 35: Selbstwertdienliche Attribution von Erfolg und Misserfolg bei typisch „männlichen" und „weiblichen" Aufgaben durch Männer und Frauen (nach Rosenfield & Stephan, 1978).

Selbstkonzeptgefährdende negative Attributionen können auch durch strategische Verhaltensentscheidungen verhindert werden. Ein solches, gerade für die Motivationspsychologie interessantes Phänomen stellt das sog. „self-handicapping" dar (Jones & Berglas, 1978). Vor wichtigen Testsituationen werden manchmal Verhaltensweisen gewählt, die die Leistungsfähigkeit in offensichtlicher Weise beeinträchtigen (starker Alkoholkonsum oder langer Partybesuch am Abend vor der Prüfung). Dieses kontraproduktive Verhalten dient dazu, den selbstwertbedrohlichen Implikationen eines möglichen Misserfolgs vorzubeugen. Ein negatives Testergebnis kann man nun auf den Einfluss des Alkohols oder den Partybesuch schieben, sodass die Person vor sich und vor anderen ein positives Selbstkonzept eigener Fähigkeiten auch trotz des Misserfolgs aufrechterhalten kann.

Selbstbehinderndes Verhalten ist besonders dann zu erwarten, wenn die Person unsicher bzgl. ihrer eigenen Fähigkeiten ist oder wenn ihre Leistungsmotivation durch eine starke Furcht vor Misserfolg geprägt ist. Nach dem Risikowahlmodell entspricht das *self-handicapping* dem Versuch, die Aufgabenschwierigkeit extrem zu erhöhen, um so den negativen Misserfolgsanreiz zu verringern (vgl. Abschnitt IV.1.4).

Selbstverifikation („self-verification"). In den bisherigen Überlegungen sind wir ganz selbstverständlich davon ausgegangen, dass Personen über ein positives Selbstbild verfügen, und dass sie vor allem die positiven Bestandteile ihres Selbstbilds gegen mögliche Kritik und widerstreitende Evidenz schützen wollen. Allerdings kann das Selbstkonzept auch negative Elemente beinhalten, und zwar auch ohne dass unbedingt die Absicht bestehen muss, diese Merkmale zu verändern. Jemand hält sich vielleicht für unmusikalisch, unsportlich oder bequem, und hat diese Eigenschaften als Teil der eigenen Persönlichkeit akzeptiert. Natürlich gibt es keinen Grund, stolz auf solche negativen Attribute zu sein, manche dieser Eigenschaften mag man auch bedauern zu haben, sie gehören aber nichtsdestotrotz zur persönlichen Identität. Und das aus gutem Grund. Denn auch das Wissen um die eigenen Defizite, Schwächen und Grenzen ist wichtig für eine gelingende Lebensgestaltung. Wenn ich unmusikalisch bin, dann macht es wenig Sinn, meine Zeit in Klavierunterricht zu investieren, und ich kann mir eine bessere Freizeitbeschäftigung vorstellen, als fünf Stunden am Stück einer Opernaufführung beizuwohnen. Die Überzeugung, nur mäßig attraktiv zu sein, hilft vielleicht, sich bei der Partnerwahl auf realistische Optionen zu konzentrieren. Und das Wissen um die eigene Bequemlichkeit schützt vor allzu ehrgeizigen – und daher zum Scheitern verurteilten – beruflichen Ambitionen.

Die Theorie der Selbstverifikation (Swann, 1983) behauptet nun, dass Personen das Bestreben haben, alle zu ihrem Selbstkonzept gehörigen Überzeugungen zu bestätigen (diese zu „verifizieren"), und zwar unabhängig davon, ob diese Überzeugungen positiv oder negativ sind. Selbstverifikation äußert sich in der Suche nach Informationen, die mit den bisherigen Überzeugungen in Einklang stehen, und in der Vermeidung widersprechender Evidenz. Diese Hypothese führt im Falle positiver Selbstkonzeptelemente zu denselben Vorhersagen wie die Selbstaufwertung – in beiden Fällen kommt es zu einer Bevorzugung von Informationen und Situationen, die eine positive Selbstsicht nahelegen.

Für negative Selbstkonzeptelemente machen Selbstverifikation und Selbstaufwertung allerdings entgegengesetzte Vorhersagen. Im Sinne der Selbstaufwertung sollten positive Rückmeldungen zur eigenen Person generell gesucht und bevorzugt werden, auch wenn sie sich auf Eigenschaften beziehen, bei denen die bisherige Selbsteinschätzung negativ ausfiel. Die Selbstverifikationstheorie postuliert dagegen, dass Menschen auch ihre negativen Selbstkonzeptelemente bestätigen möchten. Sie bevorzugen im Falle eines negativen Selbstbilds daher negative Rückmeldungen, weil diese mit ihren bisherigen Überzeugungen konsistent sind, und sie weisen positive Informationen zurück bzw. halten diese für unglaubwürdig, weil sie ihr bisheriges Wissen um die eigene Person infrage stellen. Die Theorie behauptet sogar, dass Personen bewusst Verhalten zeigen, mit dem sie ihre negativen Eigenschaften unter Beweis stellen, und Umgebungen aufsuchen, in denen sie erwarten, in ihren negativen selbstbezogenen Überzeugungen bestärkt zu werden.

In der Forschung zu Selbstverifikation und Selbstaufwertung finden sich zwar deutliche Hinweise für Selbstaufwertungstendenzen, in einer Vielzahl kritischer Fälle konnte jedoch nachgewiesen werden, dass Personen auch die Bestätigung negativer Selbstbilder suchen (zum Überblick s. Kwang & Swann, 2010). Swann und Pelham (2002) fanden beispielsweise, dass Studenten mit einem negativen Selbstbild sich lieber weiterhin mit ihrem Mitbewohner ein Apartment teilen wollten, wenn dieser auch ein negatives Bild von dem Studenten besaß, als wenn er eine positive Einschätzung über den Studenten abgab; bei Studenten mit einem positiven Selbstbild fand sich dagegen eine umgekehrte Präferenz (Abb. 36).

Diese Ergebnisse belegen das Streben nach einer Bestätigung selbstbezogener Überzeugungen, selbst wenn hierdurch negative Eigenschaften der eigenen Person bestätigt werden. Offenbar geht es bei selbstregulatorischen Prozessen nicht nur darum, sich möglichst gut zu fühlen, sondern vor allem darum, ein bestimmtes inhaltliches Bild der eigenen Person aufrechtzuerhalten, das dem eigenen Leben Orientierung und Sinn verleiht.

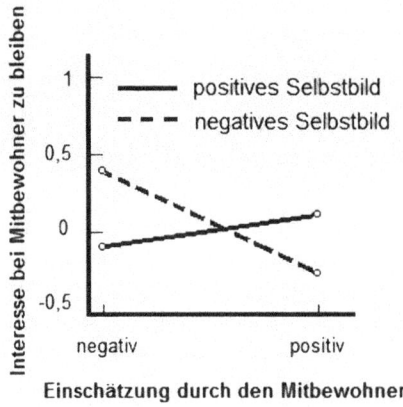

Abbildung 36: Tendenz, den Mitbewohner zu behalten bzw. zu wechseln in Abhängigkeit von dessen Einschätzung der eigenen Person und dem eigenen Selbstbild (nach Swann & Pelham, 2002).

Symbolische Selbstkomplettierung. Obwohl sich das Selbstbild ausschließlich auf die eigene Person bezieht, weist doch die Zuschreibung und Aufrechterhaltung von Selbstdefinitionen und persönlichen Identitäten eine starke soziale Komponente auf. Selbstbilder existieren nicht in einem sozialen Vakuum, sie bedürfen der Bestätigung durch andere Personen. Anders gesagt: Man muss nicht nur sich selbst, sondern auch andere davon überzeugen, wer man ist, um der angestrebten personalen Identität soziale Realität zu verleihen.

Dies kann in Form von Aktivitäten oder Handlungen geschehen, mit denen die angestrebte Identität unter Beweis gestellt wird. Eine flüssige und formvollendete Begrüßung eines internationalen Gastes in einer fremden Sprache zeigt, dass man gebildet und weltgewandt ist, und belegt wichtige Attribute eines Diplomaten. Häufig werden anstelle von Kompetenzbeweisen aber auch Symbole benutzt, um auf die eigene Identität hinzuweisen und diese sozial zu verankern: Die Uniform zeigt, dass man Soldat ist, die Sterne auf der Achsel dokumentieren den Rang als hoher Offizier und die Orden legen Zeugnis ab von der Erfahrung und Tapferkeit des Soldaten. Analoges gilt für die Lederjacke und die Harley Davidson, durch die der Fahrer zeigt, dass er ein echter Rocker ist. Auch durch Äußerungen wie „Ich als Psychologe würde dazu Folgendes sagen, …" kann man seine Identität betonen.

Die Theorie der symbolischen Selbstkomplettierung (Wicklund & Gollwitzer, 1982) nimmt an, dass solche selbstsymbolisierenden Handlungen vor allem dann ausgeführt werden, wenn die persönliche Identität zuvor infrage gestellt wurde (durch Misserfolge, öffentliche Kritik oder Hinweise auf mangelnde Erfolge oder Erfahrungen). Die Selbstsymbolisierung im sozialen Kontext dient dann dazu, die durch diese *incompleteness*-Erfahrungen beschädigte Identität wiederherzustellen.

Nach einer Niederlage wird der Sportler beim nächsten Spiel besonders motiviert sein, sein Können unter Beweis zu stellen; häufen sich die Niederlagen, so wird er vielleicht sein professionelles Equipment zur Schau stellen oder die Anwesenden durch Erzählungen seiner früheren Erfolge „unterhalten". Allzu offensichtliche Status- und Identitätsdemonstrationen verweisen demnach oft auf ein angekratztes Ego, das mit der öffentlichen Zurschaustellung entsprechender Symbole repariert werden soll.

Der Zusammenhang zwischen identitätsrelevanten Misserfolgen und nachfolgenden symbolischen Kompensationsbemühungen wurde in verschiedenen Untersuchungen gezeigt. Erhielten männliche Studenten etwa zuerst eine negative Rückmeldung bzgl. ihrer persönlichen Eignung für einen angestrebten Beruf, so stellten sie sich in einem anschließenden Gespräch mit einer attraktiven Studentin positiver dar als andere Personen, selbst wenn sie zuvor darauf hingewiesen wurden, dass ihre Gesprächspartnerin Bescheidenheit bevorzugt (Gollwitzer & Wicklund, 1985; Abb. 37).

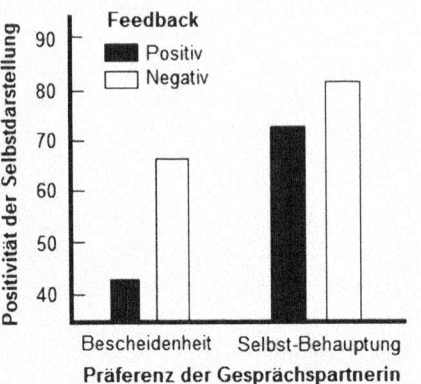

Abbildung 37: Positivität der Selbstdarstellung ("Angeberei") nach selbstaufwertender bzw. selbstkonzeptschädigender Rückmeldung, in Abhängigkeit von der Präferenz der Gesprächspartnerin für bescheidene oder selbstbewusste Männer (nach Gollwitzer & Wicklund, 1985).

Interessanterweise funktioniert der Mechanismus der symbolischen Selbstkomplettierung sehr spezifisch. Die Tendenz zu selbstsymbolisierenden Handlungen tritt nur dann auf, wenn die vorangehende *incompleteness*-Erfahrung tatsächlich selbstrelevant war, und die Kompensationsbemühungen richten sich auch nur auf den Teil der Identität, der vorher beschädigt wurde (Brunstein & Gollwitzer, 1996). Auch dieses Ergebnis belegt, dass die Abwehrmechanismen des Selbst nicht die Funktion haben, ein einfach nur positives Bild der Person zu erzeugen, sondern dass sie zur Stabilisierung genau der Identitätselemente eingesetzt werden, die aktuell gefährdet sind.

Selbstkonzeptimmunisierung. Ein weiterer interessanter Mechanismus, mit dem das Selbstkonzept gegen widerstreitende Evidenz geschützt wird, ergibt sich aus der Tatsache, dass abstrakte Ziele häufig über eine Vielzahl verschiedener spezifischer Indikatoren abgebildet werden (s. IV.2.5). Ein gutes Gedächtnis kann sich darin äußern, dass man sich Telefonnummern, Einkaufslisten, Geburtstage oder Namen merken kann, oder auch darin, dass man sich gut an den Inhalt von Büchern, Filmen oder Gesprächen erinnert. Analoges gilt auch für andere erstrebenswerte Trait-Eigenschaften wie Intelligenz, Fitness oder Bildung.

Aus der Vielzahl möglicher Indikatoren für ein wichtiges erstrebenswertes Merkmal ergeben sich Spielräume, welche dieser verschiedenen Äußerungsformen als besonders diagnostisch für das gewünschte Attribut angesehen wird. Werden Einbußen auf einem dieser Indikatoren festgestellt (im Alter kann sich eine Person vielleicht nicht mehr so gut merken, welche Dinge sie einkaufen wollte), so kann man dennoch die Zuschreibung des übergeordneten Merkmals („gutes Gedächtnis") zur eigenen Person schützen, indem die Verbindung zwischen dem betroffenen Indikator und dem wichtigen übergeordneten Merkmal geschwächt wird, und man dafür andere Indikatoren in den Vordergrund stellt, die ebenfalls für ein gutes Gedächtnis sprechen („ich kann mich noch an alle Details aus meiner Kindheit erinnern").

Entsprechende Verschiebungen in der Diagnostizität spezifischer Eigenschaften für übergeordnete Traits konnten in verschiedenen Untersuchungen nachgewiesen werden. Generell halten Personen besonders solche Fertigkeiten für hoch diagnostisch für das allgemeine Merkmal, auf denen sie selbst überdurchschnittlich gut sind, während die Bedeutung der anderen Indikatoren abgewertet wird (Greve & Wentura, 2003).

IV.2.7 Das Zwei-Prozess-Modell der Selbstregulation

In den vorangehenden Abschnitten haben wir verschiedene Prozesse kennengelernt, die dazu dienen, Ziel- und Selbstdiskrepanzen zu neutralisieren. In diesem abschließenden Abschnitt wollen wir das Zwei-Prozess-Modell der Selbstregulation (Brandtstädter & Rothermund, 2002) als einen übergeordneten theoretischen Rahmen vorstellen, mit dessen Hilfe die verschiedenen Prozesse systematisch eingeordnet werden können (Abb. 38). Außerdem erlaubt das Modell Vorhersagen darüber, welche Art von Bewältigung in welcher Situation eingesetzt wird.

Bewältigung von Selbstdiskrepanzen: Assimilation und Akkommodation. Nach dem Zwei-Prozess-Modell nehmen Selbstregulationsprozesse ihren Ausgangspunkt in der Entdeckung einer Diskrepanz zwischen der tatsächlichen Lebenssituation und den Zielen oder Idealen einer Person (s. IV.2.2). Die naheliegendste Reaktion auf eine solche Ist-Soll-Diskrepanz besteht darin, durch aktives Handeln zu versuchen, die Situation solange zu verbessern, bis sie (wieder) den eigenen Wünschen entspricht. Diese Bemühungen können darin bestehen, zusätzliche Ressourcen zu mobilisieren (Anstrengung, Zeit), dem Ziel mehr Aufmerksamkeit zu schenken, und neue Strategien zu entwickeln, mit denen Probleme gelöst und neue Wege der Zielerreichung identifiziert werden. All diesen Versuchen der Zielverfolgung ist gemeinsam, dass sie an der Ist-Komponente der Diskrepanz ansetzen, und versuchen diese durch eigenes Handeln in Richtung des gegebenen Sollwerts zu verändern. Das

Zwei-Prozess-Modell fasst diese aktiven Versuche einer hartnäckigen Zielverfolgung unter dem Begriff der *Assimilation* zusammen.

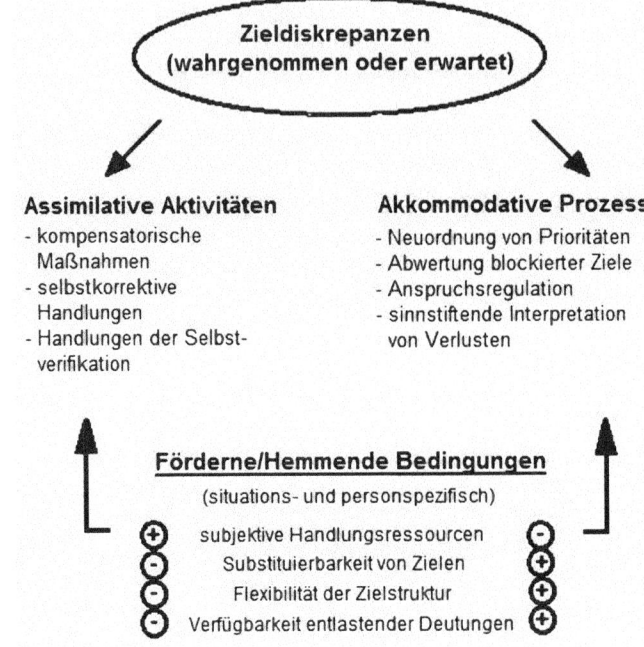

Abbildung 38: Das Zwei-Prozess-Modell assimilativer und akkommodativer Selbstregulationsprozesse (nach Brandtstädter & Rothermund, 2002).

Eine zweite, häufig übersehene Möglichkeit, Selbstdiskrepanzen zu neutralisieren, besteht darin, die persönlichen Bewertungskriterien zu verändern. Bei dieser Form der Bewältigung bleibt die eigene Situation objektiv unverändert, die Diskrepanz wird durch eine entlastende Neubewertung *(reappraisal)* der Situation, durch eine Ablösung von unerreichbaren Zielen und Ansprüchen oder durch eine Neuorientierung auf andere, vielversprechendere Ziele neutralisiert. Das Zwei-Prozess-Modell bezeichnet diese Form der passiven Bewältigung durch eine flexible Anpassung der persönlichen Ziele, Ansprüche und Bewertungskriterien an eine gegebene Situation als *Akkommodation*.

Da akkommodative Bewältigungsformen nicht direkt zur Zielerreichung beitragen, sondern im Gegenteil dazu führen, dass die aktive Zielverfolgung eingestellt wird, wurden diese Prozesse häufig als minderwertige oder resignative Form der Bewältigung aufgefasst. Allerdings verkennt diese Sichtweise die Funktion der Akkommodation im Bewältigungsgeschehen. Gerade wenn Ziele unerreichbar sind oder wegen knapper Ressourcen nur noch auf Kosten anderer, wichtiger Ziele verfolgt werden können, ist die flexible Zielanpassung häufig die einzig adaptive Form der Bewältigung. Das Zwei-Prozess-Modell betont die Funktionalität der Akkommodation wie auch die Notwendigkeit, die der Akkommodation zugrunde liegenden Prozesse und Mechanismen genau zu analysieren.

Wenden wir die Unterscheidung assimilativer und akkommodativer Prozesse auf die in den vorangehenden Abschnitten beschriebenen Formen der Selbstregulation an, so lassen sich die meisten Bewältigungsformen relativ einfach zuordnen. Die in den kybernetischen Modellen im Mittelpunkt stehenden korrektiven Prozesse sind ein typisches Beispiel von Assimilation, denn sie sind auf eine aktive Modifikation des Ist-Wertes der Diskrepanz gerichtet. In ähnlicher Weise lassen sich auch Prozesse der Selbstverifikation (Aufsuchen selbstbestätigender Umgebungen) und selbstsymbolisierende Handlungen (Ausgleich von Defiziten durch kompensatorische Anstrengung und Zurschaustellen von Identitätssymbolen) der Assimilation zuordnen.

Prozesse der Selbstaufwertung oder Selbstkonzeptimmunisierung haben dagegen häufig einen passiven Charakter. Sie dienen dazu, eine gegebene Situation durch eine Verschiebung von Bewertungskriterien in einem günstigeren Licht erscheinen zu lassen, und werden daher als Akkommodation klassifiziert. Auch die Zielablösung *(disengagement)* stellt einen typischen Fall von Akkommodation dar. Wie bereits im vorangehenden Abschnitt angedeutet wurde, lassen sich solche akkommodativen Prozesse nicht als Ergebnis bewusster Entscheidungen und Willensakte rekonstruieren. Man kann sich die Bewertung einer Situation nicht einfach aussuchen: Damit sich eine belastende Diskrepanz auflöst, muss man die Situation tatsächlich anders wahrnehmen.

Gleiches gilt auch für Prozesse der Zielablösung, denn hierbei geht es nicht nur darum, die aktiven Zielerreichungsbemühungen einzustellen, sondern vor allem darum, die emotionalen Bindungen an ein Ziel abzubauen. Dies ist deshalb so schwierig, weil Zielen eine identitätsstiftende Bedeutung zukommt. Mit einem selbstdefinierenden Ziel verliert die Person ein wichtiges Stück ihrer selbst; es ist daher nicht verwunderlich, dass Identitätsziele oder Ziele, die für die Erreichung solcher sinngebenden Ziele eine zentrale Position in der individuellen Zielhierarchie spielen, nicht ohne weiteres preisgegeben werden können (s. u.).

So kann man sich nach einer endgültig gescheiterten Prüfung nicht einfach entscheiden, nicht mehr Arzt sondern stattdessen Taxifahrer werden zu wollen, weil eben der Arztberuf zentral für das eigene Selbstverständnis war (anderen Menschen helfen, hohes Prestige, gute Verdienstmöglichkeiten). Diese übergeordneten Werte können durch die Alternative „Taxifahrer" nicht oder nur unzureichend bedient werden. Akkommodation ist bei solchen zentralen Zielbereichen schwierig. Meistens verlagert sich das Interesse auf alternative Ziele, die zumindest teilweise als Substitut für die damit verbundenen Sinninhalte dienen können (z. B. auf eine Ausbildung zum Krankenpfleger; vgl. II.2.2). Automatische akkommodative Prozesse tragen dazu bei, dass die Ablösung und Neuorientierung gelingt, indem Nachteile des blockierten Ziels in den Vordergrund treten („das Medizinstudium besteht fast nur aus Auswendiglernen"), während gleichzeitig die Vorteile der alternativen Option an Salienz gewinnen („als Krankenpfleger hat man einen viel persönlicheren Kontakt zu den Patienten").

Determinanten der assimilativen vs. akkommodativen Bewältigung. Über die Taxonomie von Bewältigungsformen hinaus spezifiziert das Zwei-Prozess-Modell auch Faktoren, die darüber entscheiden, ob eine Selbstdiskrepanz eher durch assimilative oder durch akkommodative Prozesse aufgelöst wird (Abb. 38).

Kontrollüberzeugungen haben einen zentralen Einfluss auf die Art der Bewältigung. Solange die Person glaubt, das erwünschte Ergebnis aus eigener Kraft noch erreichen zu können, ist hartnäckige Zielverfolgung die Voreinstellung bei der Bewältigung (Assimilation). Werden jedoch die eigenen Handlungsmöglichkeiten als gering eingeschätzt oder wird die Selbstwirksamkeit durch wiederholte Misserfolgserfahrungen ausgehöhlt, wechselt der Organismus in den Modus der akkommodativen Bewältigung – es kommt zur entlastenden Umbewertung der Situation oder auch zur Zielablösung.

In dem Abschnitt über Selbstaufwertung (IV.2.6) wurden bereits Untersuchungsergebnisse dargestellt, die zeigen, dass die Tendenz, positive Deutungen einer Situation zu bevorzugen (Akkommodation), vor allem dann auftritt, wenn die Kontroll- und Handlungsmöglichkeiten gering sind (Rothermund et al., 2005). In einer weiteren Studie konnte nachgewiesen werden, dass auch die Bereitschaft zur hartnäckigen Zielverfolgung (Assimilation) angesichts von Problemen und Verlusten von der wahrgenommen Kontrolle abhängt (Rothermund & Brandtstädter, 2003). So befürchten ältere Menschen eine Zunahme an Verlusten in verschiedenen wichtigen Funktionsbereichen (körperliche und geistige Fitness, Aussehen). Die Bereitschaft, diesen erwarteten Verlusten durch kompensatorisches Handeln aktiv entgegenzuwirken, war hoch solange die persönlichen Kontrollmöglichkeiten noch als hoch eingeschätzt wurden.

Im hohen Alter (>75 Jahre) nahmen die Kontrollerwartungen jedoch immer weiter ab; dementsprechend sanken auch die aktiven Versuche, das frühere Leistungsniveau zu halten. Stattdessen fand sich jedoch ab diesem Alter eine deutliche Abwertung der persönlichen Wichtigkeit der betroffenen Bereiche (Akkommodation), wodurch die Lebenszufriedenheit trotz der Verluste bis ins höchste Alter stabilisiert werden konnte.

In den vorangehenden Abschnitten wurde bereits darauf hingewiesen, dass eine akkommodative Zielablösung umso schwerer fällt, je zentraler die Position des blockierten Ziels im individuellen Zielgefüge ist. Ziele, die selbst unmittelbar identitätsrelevant sind oder die ein unverzichtbares Mittel zur Erreichung identitätsrelevanter Ziele darstellen, stehen nicht zur Disposition. Ist die Erreichung eines solchen Ziels bedroht, so werden normalerweise zunächst alle verfügbaren Möglichkeiten der aktiven Zielerreichung ausgeschöpft, bevor die akkommodative Zielanpassung als *ultima ratio* das Bewältigungsgeschehen prägt.

Allerdings werden auch die aktiven Zielerreichungsbemühungen häufig von Zielanpassungen auf einer unteren Ebene begleitet. Scheitert ein erster Plan zur Zielerreichung, so werden meist alternative Strategien entwickelt, die bereits eine Anpassung auf der Ebene der Mittel voraussetzen. Dies kann als „operative Flexibilität" bezeichnet werden. Akkommodative Zielanpassungen auf einer höheren Ebene fallen leichter, wenn die Person über eine komplexe Zielstruktur verfügt, die die Ersetzung von Zielen durch Alternativen erleichtert. „Einfach strukturierte" Zielgefüge, bei denen ein Ziel die gesamte Organisation der persönlichen Identität dominiert, beinhalten dagegen ein hohes Risiko des Scheiterns, weil die Möglichkeiten zur flexiblen Zielanpassung und Neuorientierung fehlen (Linville, 1987; Rothermund & Meiniger, 2004).

IV.3 Implizite und explizite Motive

In diesem Kapitel haben wir zwei unterschiedliche Steuerungssysteme des menschlichen Verhaltens kennengelernt: Die klassische Motiv-Psychologie betrachtet die Themen Leistung, Macht und Anschluss als die fundamentalen Quellen menschlicher Motivation (IV.1), während Theorien der Handlungsregulation konkrete Ziele, Absichten und Selbstdefinitionen als proximale Determinanten menschlichen Handelns identifizieren (IV.2).

Wir wollen nun das Verhältnis dieser beiden Motivationssysteme näher untersuchen. Die Theorie der „dualen Motive" (McClelland, Koestner & Weinberger, 1989) fasst Motive und Ziele als qualitativ verschiedene und unabhängige Steuerungssysteme menschlichen Verhaltens auf (IV.3.1). Ein weiterer Abschnitt widmet sich dem Zusammenspiel von impliziten Motiven und expliziten Zielen (IV.3.2). Hier geht es um die Frage wie sich unterschiedliche Konstellationen von Motiven und Zielen auf die Zufriedenheit und die Effizienz motivationaler Prozesse auswirken.

IV.3.1 Die Theorie der dualen Motive

In einem früheren Abschnitt zur Messung von Motiven (IV.1.3) haben wir bereits darauf hingewiesen, dass die Ergebnisse einer indirekten, projektiven Messung der Grundmotive nahezu völlig unabhängig sind von einer expliziten Erfassung derselben Motive mithilfe von Selbstauskünften (Schultheiss & Brunstein, 2001); die Korrelationen zwischen direkt und indirekt gemessenen Motiven weichen nicht nennenswert von dem Wert 0 ab (Tab. 10). Aus der projektiv gemessenen Stärke des Leistungs-, Macht- oder Anschlussmotivs lassen sich also keine Rückschlüsse auf die Ausprägung entsprechender Ziele und Selbstbeschreibungen ableiten.

Tabelle 10: Korrelation explizit (Fragebogen) und implizit erfasster (projektiver Test) Motive (nach Schultheiss & Brunstein, 2001).

| | TAT | | |
Fragebogen (PRF)	Anschluss	Leistung	Macht
Anschluss	-.08 (ns)		
Leistung		.06 (ns)	
Macht			.04 (ns)

Dieses zunächst paradox erscheinende Ergebnis wurde von McClelland et al. (1989) als Hinweis darauf gedeutet, dass es sich bei implizit gemessenen Motiven und explizit erfassten Selbstberichten von Zielen und Selbstdefinitionen um zwei unabhängige Systeme der Motivation handelt. In der Theorie der dualen Motive wurden die grundlegenden Merkmale von impliziten und expliziten Motiven systematisch gegenübergestellt (Tab. 11). Hierbei zeigen sich qualitative Unterschiede in der Charakteristik, der Funktionsweise und in den Entstehungsbedingungen. Vor allem aber werden durch implizite und explizite Motive unterschiedliche Klassen des Verhaltens beeinflusst, sodass sich auch bei der Verhaltensvorhersage systematische Unterschiede zwischen den beiden Motiv-Typen finden.

Charakteristik impliziter und expliziter Motive. Die Grundmotive Leistung, Macht und Anschluss werden im Kern als affektive Reaktionsmuster mit einer physiologischen Basis aufgefasst. Hierbei handelt es sich um eine geringe Zahl sehr basaler Module der Verhaltenssteuerung, die sich im Zuge der Entwicklung der menschlichen Spezies in der Auseinandersetzung mit typischen überlebens- und fortpflanzungsrelevanten Situationen herausgebildet haben, und die die Motivationsstruktur aller Menschen grundsätzlich prägen. Weil diese Grundmotive nicht sprachlich-bewusst repräsentiert sind und ihren steuernden Einfluss auf das Verhalten automatisch ausüben, werden sie als *implizite Motive* bezeichnet. Eine zuverlässige Messung der impliziten Motive kann daher nicht auf sprachlichem Wege über die Selbstauskunft erfolgen, sondern sie muss versuchen, die grundlegenden Bewertungs- und Deutungsmuster einer Person zu erfassen.

Tabelle 11: Charakteristische Unterschiede zwischen expliziten und impliziten Motiven (nach McClelland et al., 1989).

Implizite Motive	Explizite Motive
Definition	
Emotionale Präferenz	Selbstbilder
Wenige, allgemeine Motive	Komplex, individuell
Nicht sprachlich repräsentiert	Sprachlich repräsentiert
Automatische Anregung durch	Kontrolliertes Verhalten
situative Anreize	
Erwerb	
Durch frühkindliche Erfahrungen	Sprachlich vermittelt im Zuge
und Anlagefaktoren determiniert	des Selbstkonzepterwerbs
Prädiktive Validität	
Langfristige Vorhersagen	Kurzfristige Vorhersagen
Ausdauer, Anstrengung	Richtung
(energetisierende Funktion)	(lenkende Funktion)
Tätigkeitsanreize	Erwartungen
Individuelle Norm	sozialer Vergleich

Die Struktur der expliziten Ziele, Selbstbilder und motivrelevanten Einstellungen ist dagegen komplex und individuell spezifisch. Es gibt eine schier unübersehbare Vielzahl möglicher Ziele und Selbstdefinitionen, die unser Verhalten steuern, und diese sind bei jeder Person in idiosynkratischer Weise miteinander vernetzt. Ziele sind im Gegensatz zu den Motiven sprachlich repräsentiert und sie bilden einen wesentlichen Teil des Selbstkonzepts. Auch wenn man sich nicht immer aller aktuellen persönlichen Ziele bewusst ist, so sind diese doch prinzipiell dem Bewusstsein zugänglich – Ziele kann man sich bei Bedarf bewusst machen, und die Vorstellung prinzipiell unbewusster Ziele ist begrifflich inkonsistent. Aufgrund der sprachlich-bewussten Repräsentation werden Ziele und Selbstdefinitionen als *explizite Motive* bezeichnet. *Entstehungsbedingungen impliziter und expliziter Motive.* Die Herausbildung individueller Unterschiede in der Ausprägung der Grundmotive wird vor allem in frühkindlichen Entwicklungsphasen vermutet (McClelland et al., 1989). Erfahrungen von Ordnung/Unordnung, Wirksamkeit/Ohnmacht, Angenommensein/Zurückweisung können einen starken Einfluss auf die Entwicklung des Leistungs-, Macht- und Anschlussmotivs nehmen (Tab. 12).

Tabelle 12: Einfluss frühkindlicher Sozialisationserfahrungen auf implizite und explizite Motive (nach McClelland et al., 1989).

Erziehunspraktiken	Korrelation mit Motiv-Variablen	
	Implizites Leistungsmotiv (TAT)	Explizites Leistungsstreben (Selbstbericht)
feste Essenszeiten	.33*	.06
frühe und konsequente Sauberkeitserziehung	.41*	-.10
frühe und hohe Leistungs- anforderungen	-.10	.31*
	Implizites Machtmotiv (TAT)	Explizites Machtstreben (Selbstbericht)
Permissivität bezüglich Sexualität und Aggression	.31*	.08
Bestrafung von Aggression gegenüber Eltern	-.17	.32*
Körperliche Strafen (Schläge) durch Mutter	-.07	.39*

Explizite Motive stehen dagegen mit sprachlich vermittelten Sozialisationserfahrungen im Kindes- und Jugendalter in Zusammenhang, die sich auf die Entwicklung des Selbstkonzepts auswirken (Selbständigkeitsanforderungen, Lob und Tadel, Verbote und Strafen). Zum Teil finden sich hierbei auch unerwartete Zusammenhänge, etwa zwischen dem Ausmaß an Bestrafung und dem expliziten Streben nach Macht und Einfluss, die als kompensatorische Reaktion auf Demütigungserlebnisse gedeutet werden (Tab. 12).

Verhaltenssteuerung durch implizite und explizite Motive. Aufgrund ihrer automatischen Anregung durch situative Anreize beeinflussen implizite Motive in erster Linie das *spontane* Verhalten. Vor allem die affektiven Qualitäten bei der Ausführung eines Verhaltens – Spaß an oder Widerwillen bei einer Tätigkeit, Hoffnung auf Erfolg, Anschluss oder Einfluss, Angst vor Misserfolg, Demütigung oder Zurückweisung – hängen von der entsprechenden Motivausprägung ab.

Die als explizite Motive bezeichneten Ziele und Selbstdefinitionen steuern dagegen das *kontrollierte* Verhalten. Dieses Verhalten unterliegt der bewussten Kontrolle. Es dient dazu, bewusst gefasste Handlungsabsichten umzusetzen, die sich aus den Zielen und Pflichten einer Person ergeben, oder die in Reaktion auf wahrgenommene Zieldiskrepanzen geplant wurden.

Aufgrund ihrer unterschiedlichen Wirkweise lassen sich implizite und explizite Motive für die Verhaltensvorhersage in unterschiedlicher Weise nutzen. Implizite Motive sagen vor allem energetisierende Aspekte des Verhaltens vorher (Ausdauer, Anstrengung), denn diese Aspekte werden vor allem durch affektive Anreize der ausgeführten Tätigkeit bestimmt. Explizite Motive beeinflussen dagegen vor allem bewusste Verhaltensentscheidungen, sie bestimmen so die Richtung des Verhaltens.

Diese Dissoziation in der prädiktiven Validität impliziter und expliziter Motive wurde in einem Experiment von Brunstein und Hoyer (2002) untersucht, in dem das Verhalten während der Bearbeitung eines Konzentrationstests beobachtet wurde. Die individuelle Anstrengungsbereitschaft während der Aufgabenbearbeitung wurde durch Unterschiede im impliziten Leistungsmotiv der Personen vorhergesagt, wenn dieses durch dazu passende Tätigkeitsanreize angeregt wurde (Abb. 39.a): Die Rückmeldung, die eigene Leistung würde im Verlauf der Untersuchung abnehmen (individuelles Leistungsfeedback), veranlasste bei den hoch leistungsmotivierten Testpersonen eine kompensatorische Steigerung ihrer Anstrengung. Im Gegensatz hierzu wurden bewusste Verhaltensentscheidungen nur durch das explizite Leistungsstreben vorhergesagt: Im Anschluss an das eigentliche Experiment bot man den Personen die Möglichkeit, die Aufgabe freiwillig fortzusetzen. Personen, die sich als leistungsmotiviert beschrieben hatten, entschieden sich vor allem dann für die weitere Bearbeitung, wenn ihnen mitgeteilt wurde, dass ihre Leistung im Vergleich zu den anderen Untersuchungsteilnehmern unterdurchschnittlich sei (normatives Leistungsfeedback; Abb. 39.b). Die Untersuchung belegt somit, dass implizite und explizite Motive durch unterschiedliche Tätigkeitsanreize angeregt werden (individuelles vs. normatives Feedback) und sich auf unterschiedliche Aspekte des Verhaltens auswirken (Anstrengung vs. Fortsetzungsentscheidung).

Bei langfristigen Vorhersagen (von beruflicher oder familiärer Entwicklung, Gesundheit etc.) über mehrere Jahre zeigen sich für implizite Motive in der Regel bessere Ergebnisse als für explizite Motive (McClelland et al., 1989). Dies mag daran liegen, dass implizite Motive in einer Vielzahl von Situationen automatische Verhaltensimpulse aktivieren und aufgrund ihrer affektiven Qualität nicht auf willentliche Verhaltenskontrolle angewiesen sind. Explizite Ziele müssen dagegen ständig überwacht werden (Selbstaufmerksamkeit, IV.2.2) und die disziplinierte Umsetzung von Verhaltenszielen bedarf der reflektierten Planung von Handlungsvorsätzen sowie einem hohen Maß an Willensstärke (IV.2.3).

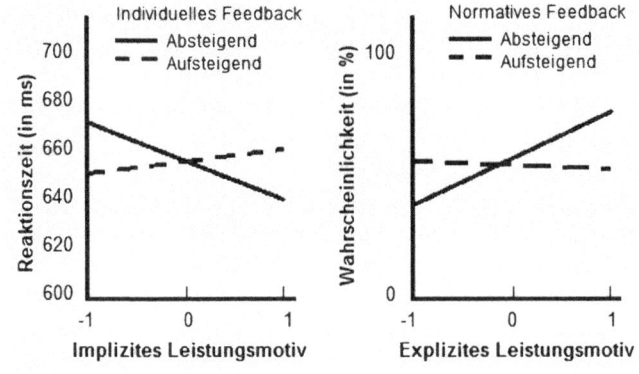

Abbildung 39: Effekte von Feedback und Leistungsmotiv auf spontane und kontrollierte Aspekte des Leistungsverhaltens (nach Brunstein & Hoyer, 2002). Links: Interaktion von implizitem Leistungsmotiv und individuellem Feedback auf die Anstrengung in einer Aufgabe (Bearbeitungsgeschwindigkeit). Rechts: Interaktion von explizitem Leistungsmotiv und sozialem Feedback auf die Entscheidung, die Aufgabenbearbeitung freiwillig fortzusetzen.

Allerdings gibt es bislang fast keine Untersuchungen, in denen die prädiktive Validität impliziter und expliziter Motive direkt verglichen wurde. So ist der Abstraktionsgrad der gemessenen Motive und auch der vorhergesagten Effekte in Untersuchungen zur prädiktiven Validität impliziter Motive meist deutlich höher als bei Untersuchungen zu den Effekten von Zielen und Handlungsabsichten. Es kann also sein, dass bei expliziten Motiven das untersuchte Ziel angesichts von Schwierigkeiten durch eine funktional äquivalente Alternative ersetzt wurde, sodass auf einer höheren Ebene der Zielhierarchie durchaus Kontinuität und prädiktive Validität besteht, obwohl das spezifische gemessene Ziel nicht erreicht wurde.

IV.3.2 Interaktion impliziter und expliziter Motive

Im vorangehenden Abschnitt haben wir Unterschiede zwischen impliziten und expliziten Motiven beschrieben. Im Folgenden geht es um das Zusammenwirken dieser beiden Steuerungssysteme.

Aus der Unabhängigkeit von impliziten und expliziten Motiven folgt bereits, dass alle Kombinationen dieser beiden Motiv-Typen möglich sind und mit nahezu gleicher Wahrscheinlichkeit auch auftreten. Ein ausgeprägtes Streben nach Leistung, das sich eine Person im Selbstbericht zuschreibt, kann also genauso gut zusammen mit einem starken wie auch mit einem nur schwach oder durchschnittlich ausgeprägten impliziten Leistungsmotiv auftreten. Gleiches gilt auch für die Kombinationen von impliziten und expliziten Macht- bzw. Anschlussmotiven.

Ist es für das Handeln und Wohlbefinden einer Person von Bedeutung, ob die Ausprägungen ihrer impliziten und expliziten Motive zueinander passen oder nicht? Tatsächlich belegen verschiedene Untersuchungen, dass die Effizienz des Handelns und das subjektive Wohlbefinden höher sind, wenn implizite und explizite Motive kongruent sind; gleichzeitig zeigen sich charakteristische Defizite in der persönlichen Entwicklung und geringere Zufriedenheit, wenn implizite und explizite Motive in Konflikt miteinander stehen (Brunstein, 2010).

So führt eine Konstellation mit niedrigem explizitem und gleichzeitig hohem implizitem Motiv dazu, dass latente Bedürfnisse (nach Nähe, Leistung, Einfluss) nicht befriedigt werden, weil sie nicht in entsprechendem zielgerichtetem Verhalten ausgedrückt werden. Bei einer hohen expliziten Motivausprägung und gleichzeitig niedriger impliziter Motivausprägung fehlt dem Handeln, das auf die Erreichung der expliziten Ziele gerichtet ist, dagegen oft die motivational-affektive Unterstützung.

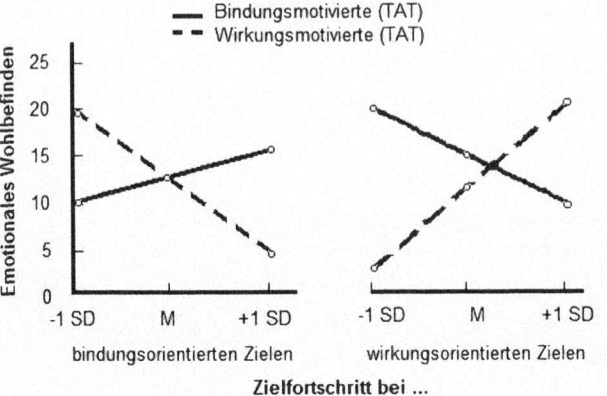

Abbildung 40: Zusammenhang zwischen Zielfortschritt und emotionalem Wohlbefinden in Abhängigkeit von der thematischen Passung zwischen Ziel und impliziter Motivausprägung (nach Brunstein et al., 1998).

Brunstein, Schultheiss und Grässmann (1998) konnten etwa zeigen, dass Fortschritte bei der Verfolgung von expliziten leistungs- oder anschlussbezogenen Zielen nur dann zu einem gesteigerten subjektiven Wohlbefinden beitrugen, wenn auch die Ausprägung der korrespondierenden impliziten Motive hoch war; ohne eine solche Unterstützung durch passende implizite Motive blieben die Verhaltenserfolge ohne nennenswerte emotionale Folgen (Abb. 40). Eine starke Bindung an motivkongruente Ziele wirkte sich somit günstig auf die Lebenszufriedenheit aus, während die Bindung an motivinkongruente Ziele langfristig mit negativen Folgen für das Wohlbefinden einhergeht.

📖 *Weiterführende Literaturempfehlungen.*

Schultheiss, O. C. (2008). Implicit motives. In O. P. John, R. D. Robins & L. A. Pervin (Eds.), *Handbook of personality psychology: Theory and research* (3rd ed., pp. 603–633). New York: Guilford. (exzellenter Überblick zur Forschung zu impliziten und expliziten Motiven)

Schultheiss, O. C., & Brunstein, J. C. (Eds.). (2010). *Implicit motives.* New York: Oxford University Press. (Standardwerk der aktuellen Forschung zu impliziten Motiven)

Moskowitz, G. B., & Grant, H. (Eds.). (2009). *The psychology of goals*. New York: Guilford. (aktueller Reader zur Thematik der Zielverfolgung)

Shah, J. Y., & Gardner, W. L. (Eds.). (2008). *Handbook of motivation science*. New York: Guilford. (einschlägiges Handbuch zur aktuellen sozialpsychologischen Perspektive auf Zielverfolgung und Motivation)

Brandtstädter, J. (2007). *Das flexible Selbst*. Heidelberg: Elsevier. (thematisiert die entwicklungspsychologischen Implikationen der Verfolgung identitäts-relevanter Ziele)

Kuhl, J. (2001). *Motivation und Persönlichkeit*. Göttingen: Hogrefe. (integrativer Ansatz der Motivationspsychologie, mit dem Prozesse der Selbstregulation und der Abstimmung zwischen Zielen und dem Selbstsystem erklärt werden)

V

Emotion

Das Wort *Emotion* stammt von dem lateinischen Wort *emovere* ab und bedeutet „heraus bewegen, in Bewegung setzen, in einen erregten Zustand versetzen." Diese Begriffsumschreibung gibt die zentrale Eigenschaft von Emotionen wieder: Emotionen berühren uns, erregen uns und sie bewegen uns in eine bestimmte Richtung.

Als Beweggründe haben Emotionen somit viel mit motivationalen Zuständen gemeinsam. Wie Motive energetisieren und organisieren Emotionen Verhalten: Zorn motiviert Vergeltung, Ekel motiviert Zurückweisung und Angst motiviert Vermeidung. Emotionen sind somit *Motivatoren*, wenn sie die Aufmerksamkeit der Person auf ein bestimmtes Ereignis lenken, Verhaltensstrategien zur Bewältigung dieser Situation nahelegen und ihre Ausführung auf physiologischer Ebene unterstützen (Frijda, 1986).

Ein weiterer Bezug zu Motivation ergibt sich aus einer *Signalfunktion* von Emotionen. Wechselnde motivationale Zustände und (missglückte) Anpassungen an Situationen werden emotional begleitet, sodass Emotionen den Fortschritt in der Bedürfnisbefriedigung und Zielerreichung signalisieren: Positive Emotionen (z. B. Freude) signalisieren Erfolge und geben grünes Licht für ein „weiter so". Negative Emotionen (z. B. Enttäuschung) signalisieren Misserfolge und sind Hinweise auf ein „so geht's nicht weiter". Emotionen sind hier nicht Motivatoren, sondern Signale in Hinblick auf die Anpassung der Person an bedeutsame Herausforderungen (Oatley & Jenkins, 1992).

Motivation und Emotion sind folglich eng miteinander verschränkt, weshalb ihre konzeptuelle Unterscheidung schwierig ist. Worin unterscheiden sich Emotionen von anderen gefühlsbetonten Zuständen? Um diese Unterscheidung treffen zu können, müssen zuerst Kennzeichen von Emotionen bestimmt werden:

1. Ein auffälliges Kennzeichen von Emotionen ist ihre *Affektivität* (Gefühls-charakter): Wir *empfinden* Ärger, Angst, Freude, Stolz usw. und ohne diese Empfindungen würden wir wohl kaum von einer emotionalen Erfahrung sprechen. Diese affektiven Empfindungen und ihre Ursachen müssen uns nicht zwingend bewusst sein; sie sind jedoch prinzipiell bewusstseinsfähig, wenn wir auf sie aufmerksam werden (Lambie & Marcel, 2002).
2. Ein zweites Merkmal von Emotionen ist ihre *Objektgerichtetheit* (Intentio-nalität). Wenn eine Person sich freut, stolz ist oder Angst hat, dann freut sie sich *über* etwas, ist stolz *auf* etwas oder hat Angst *vor* etwas. Emotionen sind somit immer auf „etwas" ausgerichtet. Dabei ist es unwesentlich, ob das Bezugsobjekt tatsächlich vorliegt, gedanklich nur vorgestellt wird oder für die Zukunft erwartet wird. Nicht die reale Existenz von Objekten ist somit entscheidend, sondern die Einschätzung, dass ein bestimmter Sach-verhalt vorliegen bzw. eintreten könnte.
3. Ein drittes Merkmal ist die *Unwillkürlichkeit* von Emotionen: Emotionen sind automatisch ausgelöste Reaktionen auf bestimmte Situationen und Einschätzungen, denen wir uns nicht entziehen können. Wir können zwar bestimmte Situationen und Informationen strategisch aufsuchen, um be-stimmte Emotionen (nicht) zu haben (s. Emotionsregulation in 5.4), aber die Auslösung der Emotion selbst liegt nicht in unserer Hand.
4. Ein viertes Kennzeichen von Emotionen ist ihre *begrenzte zeitliche Dauer*, die mehr oder weniger eng an das Auftreten ihres Objekts gekoppelt ist. Die Angst vor der Prüfung ist vorhanden vor und während des Prüfungster-mins, danach klingt sie aber ab. Wenn Anne sich wochenlang über eine missglückte Prüfung ärgert, so ist damit nicht gemeint, dass Anne sich wo-chenlang ununterbrochen ärgert. Vielmehr ist damit gemeint, dass Anne sich wiederholt ärgert, wenn sie sich an ihr Versagen erinnert.

Aus diesen Merkmalen lässt sich folgende Arbeitsdefinition ableiten:

Emotionen sind objektgerichtete, unwillkürlich ausgelöste affektive Reaktio-nen, die mit zeitlich befristeten Veränderungen des Erlebens und Verhaltens einhergehen.

Mit dieser Arbeitsdefinition lassen sich Emotionen von globalen *Stimmungs-lagen* abgrenzen, die als diffuse positive und negative Gefühlszustände kein Bezugsobjekt haben und eher länger andauern. Dasselbe gilt für *emotionale Dispositionen* (Temperamente), die als zeitlich stabile Persönlichkeitseigenschaf-ten einen sehr allgemeinen Objektbezug besitzen. Beispiele hierfür sind eine generelle Ängstlichkeit oder eine erhöhte Reizbarkeit der Person gegenüber scheinbar nichtigen Anlässen (Ärgerdisposition). Von motivationalen Zuständen unterscheiden sich Emotionen vor allem in dem Typus ihrer Bezugsobjekte. Motivation als aktives Streben hin zu einem Zielzustand ist zwangsläufig auf zukünftige Ereignisse ausgerichtet. Ihr Bezugsobjekt liegt somit *immer* in der Zukunft. Im Gegensatz dazu können Emotionen auch vergangene Ereignisse als Bezugsobjekt haben. Wir können uns zum Beispiel über einen Erfolg freuen, selbst wenn der Erfolg schon Jahre zurückliegt. Emotionen lassen sich somit nicht auf motivationale Zustände reduzieren. Die Trennlinie zwischen Emotion und Motivation verwischt jedoch zunehmend, wenn Emotionen Ereignisse als Bezugsobjekt haben, die eintreten *könnten* (z. B. Furcht vor Misserfolg). In diesem Fall dienen Emotionen auch als Motivatoren.

Trotz dieser Abgrenzungen ist jedoch festzuhalten, dass es gegenwärtig keine allgemein akzeptierte Emotionsdefinition gibt, weshalb konzeptuelle Ein- und Abgrenzungen stark vom theoretischen Hintergrund des jeweiligen Forschers abhängen. Es ist deshalb Aufgabe der Emotionspsychologie, Definitionen ihres Gegenstands weiter voranzutreiben und ihre Brauchbarkeit für den wissenschaftlichen Diskurs zu prüfen.

Im Folgenden werden Antworten auf vier Fragen vorgestellt, die stets wiederkehrende Themen der Emotionspsychologie betreffen:

- Was sind Emotionen?
- Wozu haben wir Emotionen?
- Wie entstehen Emotionen?
- Wie können wir Emotionen kontrollieren?

V.1   Was sind Emotionen?

Emotionen lassen sich von anderen psychischen Zuständen wie Werturteile und Kognitionen nur dann sinnvoll abgrenzen, wenn man charakteristische Veränderungen des Erlebens und Verhaltens in die Definition mit einbezieht. Die Emotionspsychologie hat es sich deshalb zur Aufgabe gemacht, diese charakteristischen Veränderungen für jede Emotion aufzuspüren und zu beschreiben. Wegweisend für diese Untersuchungen ist die Sichtweise einer Emotion als multidimensionales Konstrukt, die Reaktionen auf multiplen Ebenen umfasst. Dazu zählen: (1) eine *Erlebenkomponente*, (2) eine *kognitive Komponente*, (3) eine *physiologische Komponente*, (4) eine *Ausdruckskomponente* und (5) eine *motivationale Komponente*. Abbildung 41 veranschaulicht ein solches

Komponentenmodell der Emotion. Im Folgenden werden diese Komponenten einzeln vorgestellt.

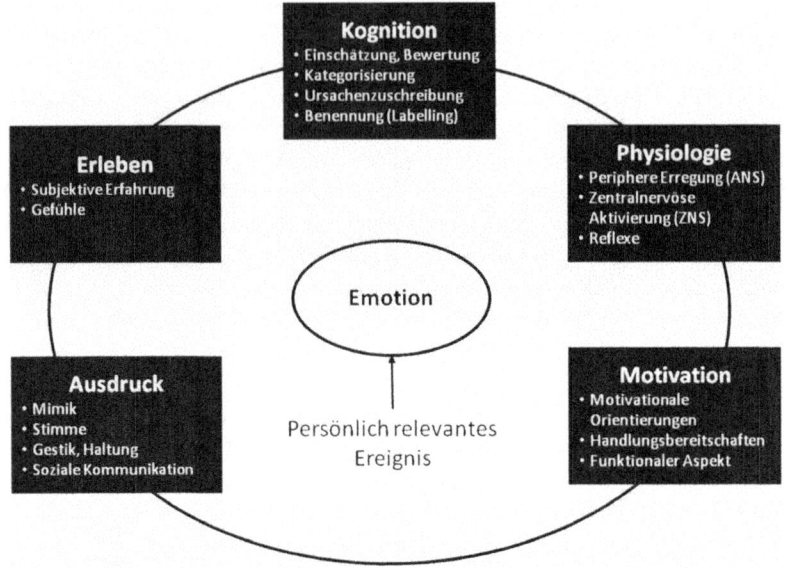

Abbildung 41: Das Komponentenmodell der Emotion

V.1.1   Erlebenkomponente

Emotionen gehen mit Veränderungen des subjektiven Erlebens einher. Emotionen wie Trauer, Zorn und Freude fühlen sich verschieden an und werden im Alltag meistens mit diesen charakteristischen Gefühlen gleichgesetzt. Die wissenschaftliche Psychologie tut sich hingegen mit der Untersuchung von Gefühlen schwer. Zum einen ist die Untersuchung von subjektiven Erlebnisinhalten direkt mit dem philosophischen Problem der *Qualia* verbunden, d. h. mit der Schwierigkeit, subjektive Inhalte intersubjektiv (objektiv) zu erfassen. Zum anderen bleibt die Erfassung von Gefühlen auf Selbstberichte (Interviews, Ratings etc.) der Person beschränkt, sodass sprachliche Gepflogenheiten und Beschränkungen auf verbalisierbare, bewusste Inhalte die Ergebnisse beeinflussen. Diese Probleme haben dazu geführt, dass einige Emotionsforscher eine Untersuchung der Gefühlskomponente als unwissenschaftlich oder als unwichtig einstufen, indem sie Gefühle lediglich als Epiphänomene einer emotionalen Verarbeitung sehen (LeDoux, 2000; für eine Gegenposition siehe Panksepp, 2005). Andere Arbeiten versuchen wiederum, grundlegende Dimensionen oder Kategorien von emotionalen Erfahrungen mit statistischen Verfahren freizulegen (s. Kasten 1). Aber auch mit diesen Verfahren können die Probleme der Qualia und eines (retrospektiven) Selbstberichts nicht vollständig gelöst werden.

Kasten 1. *Das Circumplex-Modell*
Seit den Anfängen der empirischen Psychologie haben sich Forscher darum bemüht, grundlegende Dimensionen zu identifizieren, die emotionale Erfahrungen beschreiben. Hauptmethode dieser Untersuchungen ist die Extraktion von latenten Dimensionen (Faktoren) aus Gefühlsberichten und Einschätzungen von Emotionswörtern mit datenreduzierenden Verfahren (z. B. Faktoren- und Clusteranalysen). Aus diesen Untersuchungen geht konsistent ein Kreismodell (Circumplex-Modell; Barrett & Russell, 1999) hervor, in dem sich emotionale Zustände um zwei orthogonale Dimensionen herum kreisförmig anordnen (s. Abb. 42). Diese Dimensionen lassen sich allgemein mit *Valenz* (angenehm-unangenehm) und *Erregung* (ruhig-erregt) beschreiben.

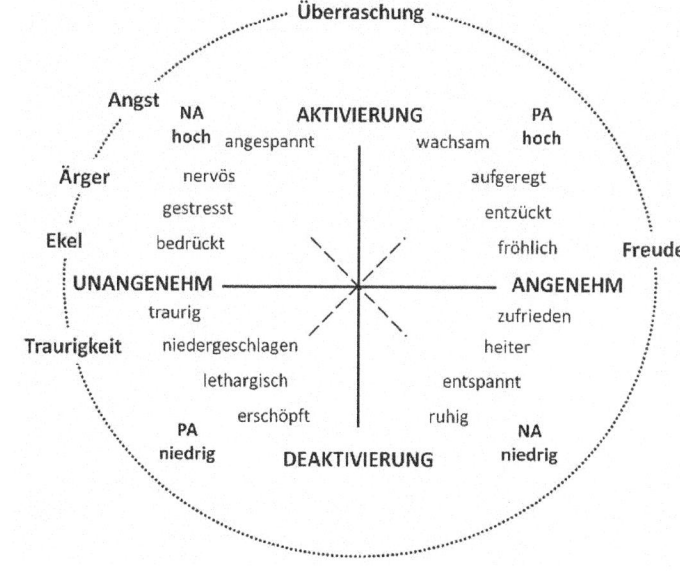

Abbildung 42: Kreismodell affektiver Zustände. Der innere Kreis zeigt eine schematische Landkarte von grundlegenden affektiven Zuständen (Basisaffekten). Der äußere Kreis verortet prototypische emotionale Zustände. PA = Positiver Affekt, NA = Negativer Affekt. Modifiziert nach Barrett & Russell (1999).

Kernannahme des Kreismodells ist, dass unterschiedliche emotionale Erfahrungen auf unterschiedliche Kombinationen von Erregung und Valenz zurückgehen. Zum Beispiel wird „Überraschung" als Zustand mit hoher Erregung und neutraler Valenz ganz oben (90°) im zweidimensionalen Raum lokalisiert, während „Freude" als positiver Zustand mittlerer Erregung den Sektor ganz rechts (0°) einnimmt. Unklarheit herrscht jedoch, ob Valenz eine bipolare Dimension ist (d. h. zunehmender positiver Affekt geht mit reduziertem negativen Affekt einher und umgekehrt; Russell & Carroll, 1999) oder ob sie sich aus bivariaten Dimensionen zusammensetzt (d. h. positiver und negativer Affekt sind prinzipiell voneinander unabhängig und können gleichzeitig auftreten; Watson, Wiese, Vaidya & Tellegen, 1999). Trotz dieser Kontroverse findet sich jedoch eine Übereinstimmung in einer Beschreibung von emotionalen Erlebnissen in einem zweidimensionalen Raum, sodass sich das Kreismodell als tragfähig bewiesen hat.

V.1.2 Kognitive Komponente

Neben Gefühlen prägen auch Bewertungen, Werturteile und Kognitionen das Erleben von Emotionen. Bewertungen sind evaluative Kategorisierungen von Ereignissen hinsichtlich ihrer Implikation für die eigene Person (Brosch, Pourtois & Sander, 2010). Je nachdem ob die Person ein Ereignis positiv (d. h. angenehm, sicher, gut usw.) oder negativ (d. h. unangenehm, bedrohlich, schlecht usw.) einschätzt, resultieren daraus unterschiedliche Emotionen.

Kognitive Beeinflussungen des emotionalen Erlebens sind jedoch nicht auf evaluative Einschätzungen begrenzt. Ein Erfolg in der Matheklausur kann zum Beispiel unterschiedlich erlebt werden, je nachdem ob der Erfolg einer eigenen Leistung (Stolz), der Hilfestellung durch den Banknachbarn (Dankbarkeit) oder der günstigen Auswahl von Prüfungsfragen (Erleichterung) zugeschrieben wird (Weiner, 1985). Das emotionale Erleben wird somit oftmals von mehreren kognitiven Vorgängen beeinflusst, die der Person nicht zwingend bewusst sein müssen (Clore & Ortony, 2000).

V.1.3 Physiologische Komponente

Charakteristisch für emotionale Zustände sind Veränderungen der Aktivität des autonomen Nervensystems (ANS), die mit einer emotionsgesteuerten Anpassung an bedeutende Lebensereignisse erklärt werden. Zum Beispiel führt Angst zu einer erhöhten Herzschlagfrequenz, einer erhöhten Hautleitfähigkeit (Erregung) und einer beschleunigten Atmung, die als physiologische Aktivierungszustände eine (mögliche) Flucht vor einer Bedrohung vorbereiten (Bradley, Silakowski & Lang, 2008). Emotionsforscher haben daraufhin versucht, unterschiedliche Reaktionsprofile von Emotionen nachzuweisen. Trotz einiger positiver Befunde (z. B. Ekman, Levenson & Friesen, 1983) sind die Ergebnisse dieser Bemühungen eher ernüchternd. So kommen Cacioppo, Berntson, Larsen, Poehlmann und Ito (2000) in einer Meta-Analyse von 22 Studien zu dem Schluss „that even a limited set of discrete emotions such as happy, sad, fear, anger, and disgust cannot be fully differentiated by visceral activity alone" (S. 184). Lediglich positive und negative Emotionen lassen sich anhand von vegetativen Reaktionen zuverlässig unterscheiden. Eine Emotionsspezifität physiologischer Reaktionen wird somit vom gegenwärtigen Forschungsstand nicht gestützt.

Mit der verbreiteten Anwendung von bildgebenden Verfahren (PET, fMRT) hat sich der Schwerpunkt der biologischen Emotionsforschung zunehmend auf die Identifizierung von emotionsspezifischen Strukturen im menschlichen Gehirn verlagert. Emotionale Funktionen werden vor allem subkortikalen Strukturen zwischen dem phylogenetisch sehr alten Stammhirn und den neokortikalen Hemisphären zugewiesen, die häufig einem *limbischen System* zugeordnet werden (s. Kasten 2). Das Konzept eines limbischen Systems hat sich jedoch aufgrund dessen Vagheit als wenig brauchbar herausgestellt (Kötter & Meyer, 1992), weshalb sich die Aufmerksamkeit der neurobiologischen Emotionsforschung zunehmend auf die Identifizierung von emotionsspezifischen Netzwerken richtet, die in der Regel weite Teile des Gehirns umspannen. Zum Beispiel wurde die Amygdala als Herzstück eines „Furchtsystems" identifiziert, das weit verzweigte Projektionen unter anderem auch zu neokortikalen Bereichen unterhält (LeDoux, 2000). Ein Furchtsystem lässt sich somit weder auf subkortikale Strukturen eingrenzen noch sind die beteiligten Strukturen ausschließlich auf emotionale Funktionen spezialisiert (Sander, Grafman & Zalla, 2003). Ähnliches gilt für andere Emotionssysteme, weshalb eine simplifizierende Einteilung des Gehirns in subkortikale „emotionale" und kortikale „kognitive" Bereiche wenig zweckdienlich ist (Pessoa, 2008). Vielmehr findet sich die Komplexität von emotionalen Zuständen auch in ihren neurobiologischen Substraten wieder, die netzwerkartig verschiedene Areale des Gehirns umspannen (für einen Überblick siehe Dalgleish, Dunn & Mobs, 2009).

Kasten 2. *Das Limbische System*
Aufbauend auf Arbeiten von Papez (1937) und Klüver und Bucy (1937) hat MacLean (1952) ein *limbisches System* als biologisches Substrat aller Emotionen vorgeschlagen. Zum erweiterten limbischen System gehören neben *Hippokampus, Fornix, Mamillarkörper, Tractus mamillothalamicus (Vicq d'Azursches Bündel), anteriore Thalamuskerne, Gyrus cinguli* (sog. *Papez-Kreis*) die *Amygdala,* das *Septum* und der *präfrontale (orbitofrontale) Kortex* (s. Abb. 43). Durch die Positionierung des Systems zwischen phylogenetisch sehr alten Strukturen des Stammhirns und dem phylogenetisch jungen Neokortex wird dem limbischen System häufig eine Vermittlungsfunktion zwischen Trieben (Stammhirn) und Kognitionen (Neokortex) zugeschrieben. Weder die Funktion noch der histologische Aufbau der „limbischen" Zellgruppen lässt jedoch eine besonders große Einheitlichkeit erkennen (Kötter & Meyer, 1992). Lediglich ihre räumliche Nachbarschaft und die vielfältigen Verbindungen zwischen den einzelnen Elementen des limbischen Systems lassen es somit als gerechtfertigt erscheinen, dass man sie zu einem System zusammenfasst.

V.1.4   Ausdruckskomponente

Emotionen äußern sich in Mimik (Keltner, Ekman, Gonzaga & Beer, 2003), Haltung (Wallbott, 1998) und Stimme (Scherer, Banse & Wallbott, 2001) der Person. Vor allem der Emotionsausdruck im Gesicht wurde detailliert untersucht. In kulturvergleichenden Studien konnte gezeigt werden, dass ein mimischer Ausdruck von Furcht, Ärger, Überraschung, Freude, Traurigkeit und Ekel universell erkannt wird (Ekman, Sorenson & Friesen, 1969; Izard, 1994; für eine Kritik siehe aber auch Russell, 1994). Emotionale Gesichtsausdrücke werden auch von blind-geborenen Kindern gezeigt, weshalb eine angeborene Basis von emotionsspezifischen Gesichtsausdrücken angenommen wird (Galati, Miceli & Sini, 2001). Darüber hinaus haben Untersuchungen der sog. *Facial-Feedback-Hypothese* gezeigt, dass die Mimik auch das emotionale Erleben einer Person beeinflusst (s. Kasten 3). Der mimische Ausdruck einer Person wird jedoch sehr stark vom sozialen Kontext und von sozialen Darstellungsregeln beeinflusst, weshalb ein direkter Schluss vom Ausdruck einer Person auf ihre Befindlichkeit nicht zulässig ist (Fridlund & Russell, 2006).

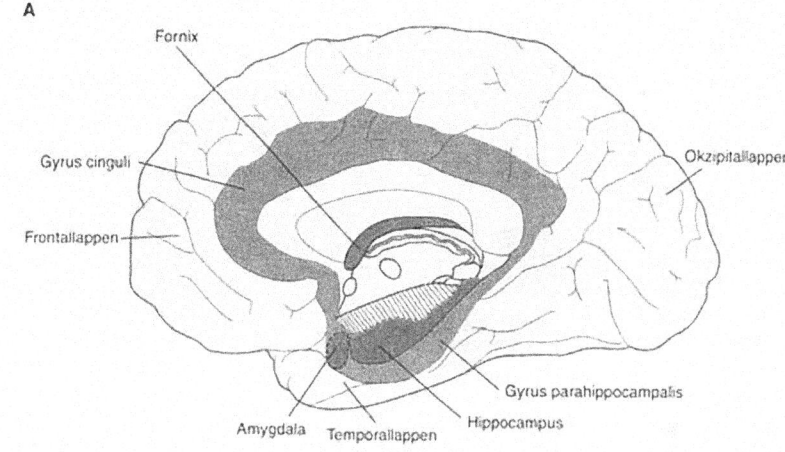

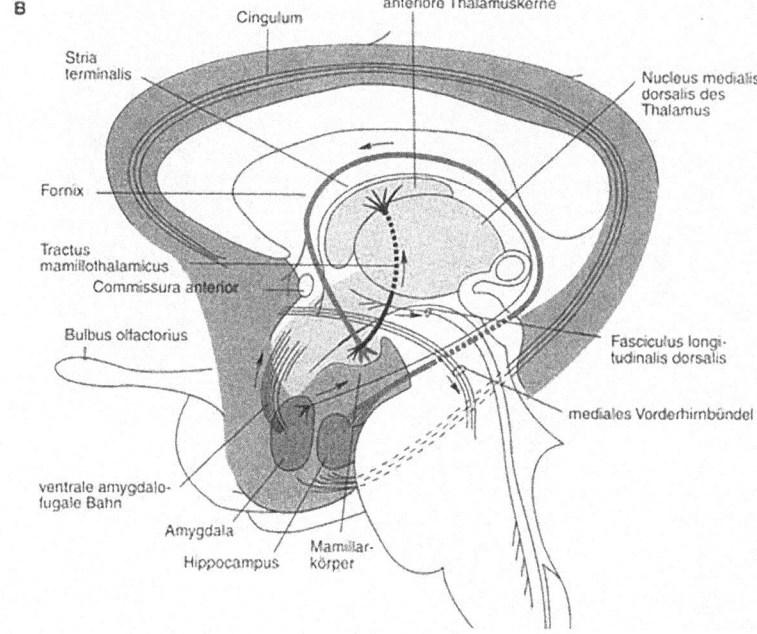

Abbildung 43: Das limbische System (grau hervorgehoben in der Medialansicht) mit dem limbischen Globus (A) und Verschaltungen von subkortikalen Strukturen (B). Aus Kandel, Schwartz & Jessell (1996, S. 619).

Kasten 3. *Die Facial-Feedback-Hypothese*
Die Facial-Feedback-Hypothese behauptet, dass Emotionen über ein propriozeptives
Feedback der Gesichtsmuskulatur beeinflusst werden (schwache Version) oder durch
Aktivierung der Gesichtsmuskulatur entstehen (starke Version). Ein Lächeln verbessert
die Stimmung, ein Stirnrunzeln verschlechtert sie (Soussignan, 2004). Als vermittelnde
Prozesse wurden (a) eine Aktivierung von „Emotionsprogrammen" über faziale Kon-
figurationen (Tomkins, 1962), (b) vaskuläre Veränderungen des zerebralen Blutflusses
(Zajonc, Murphy & Inglehart, 1989) und (c) kognitive Inferenzen der Person von ihrem
Ausdruck auf ihr emotionales Befinden (Bem, 1967) vorgeschlagen. Eine Erklärung mit
methodischen Artefakten (z. B. Erwartungseffekte) konnte mit unaufdringlichen Mani-
pulationen des Gesichtsausdrucks ausgeräumt werden. In einer Studie (Strack, Martin
& Stepper, 1988) bewerteten Personen lustige Cartoons entweder mit dem Stift zwischen
den Zähnen (Lächelstellung), mit dem Stift zwischen gespitzten Lippen (Unterdrückung
von Lächeln) oder mit dem Stift in der Hand (Kontrollgruppe) (s. Abb. 44). Im Vergleich
zur Kontrollgruppe wurden die Cartoons mit dem Stift zwischen den Zähnen lustiger
und weniger lustig mit dem Stift zwischen den Lippen als mit dem Stift in der Hand
eingeschätzt. Dieses Ergebnis bestätigt einen modulierenden Einfluss der Mimik auf
das emotionale Erleben (schwache Version). Untersuchungen der starken Version pro-
duzierten jedoch inkonsistente Befunde (z. B. Tourangeau & Ellsworth, 1979) und ein
Feedback der Gesichtsmuskulatur ist nicht notwendig für emotionale Empfindungen
(Keillor, Barrett, Crucian, Kortenkamp & Heilman, 2002). Ein Lächeln allein sorgt somit
nicht für gute Laune.

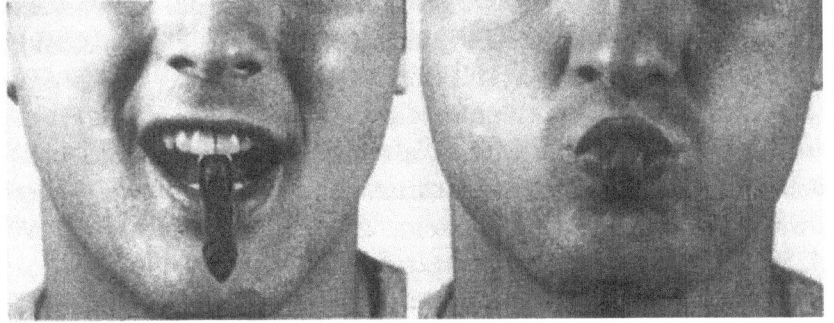

*Abbildung 44: Manipulation des Gesichtsausdrucks in den sog. „pen-studies". Aus Strack,
Martin und Stepper (1988, S. 771).*

V.1.5   Motivationale Komponente

Emotionen gehen mit spezifischen Handlungsbereitschaften einher, die sich
in der Bewältigung einer bestimmten Herausforderung bewährt haben (Frijda,

1986). Zum Beispiel motiviert Furcht als Reaktion auf eine Bedrohung Vermeidung, während Ärger als Reaktion auf eine Ungerechtigkeit eine Vergeltungssuche anregt. Emotionen werden deshalb häufig als (evolutionsgeschichtlich) bewährte Verhaltensstrategien im Umgang mit wiederkehrenden Herausforderungen in der sozialen und materiellen Umwelt gesehen (Levenson, 1999). Als *Verhaltensstrategien* beziehen sich Emotionen dabei nicht auf ein konkretes Verhalten sondern auf abstrakte Verhaltensfunktionen (z. B. Vermeidung, Vergeltung), sodass je nach Situation und Spezies unterschiedliche Verhaltensweisen adäquat sein können. Es hängt deshalb von der Situation ab, ob eine zornige Person mit der Faust auf den Tisch haut, einem defekten Automaten einen Tritt verpasst oder einen Strafzettel zerreißt. Trotz ihrer Verschiedenheit wird diesen *Verhaltenstaktiken* jedoch eine ähnliche Funktion unterstellt, nämlich ein erlebtes Unrecht zu vergelten bzw. rückgängig zu machen.

V.1.6   Reaktionskohärenz

Hinter dem Komponentenmodell der Emotion steckt die Annahme, dass Emotionen spezielle Reaktionsprofile aufweisen. Emotionen sind demnach orchestrierte Veränderungen auf den unterschiedlichen Reaktionsebenen, die sich in der Bewältigung eines bestimmten Lebensereignisses besonders bewährt haben. Diese Annahme einer Reaktionskohärenz lässt erwarten, dass die verschiedenen Reaktionskomponenten emotionaler Reaktionen auf den verschiedenen Ebenen statistisch zusammenhängen (korrelieren). Empirische Untersuchungen dieser Hypothese erzielten jedoch gemischte Resultate (Mauss, Levenson, McCarter, Wilhelm & Gross, 2005). So berichten zwar manche Studien schwache bis mittlere Korrelationen zwischen einzelnen Komponenten (z. B. Rosenberg & Ekman, 1994), aber andere Studien konnten keinen Zusammenhang zwischen Emotionskomponenten feststellen (z. B. Mauss, Wilhelm & Gross, 2004). Der gegenwärtige Stand der Forschung spricht somit bestenfalls für einen losen Zusammenhang zwischen den Reaktionsebenen.

V.2   Wozu haben wir Emotionen?

Seit Anbeginn der Emotionspsychologie machen sich Forscher Gedanken über mögliche Funktionen von Emotionen. Lange Zeit herrschte eine Sichtweise von Emotionen als irrationale, störende Zustände vor, die rationales Denken und überlegtes Handeln beeinträchtigen. So meinte Skinner (1948): „We all know that emotions are useless and bad for our peace of mind and our blood pressure" (S. 92). Diese Sichtweise hat sich grundlegend gewandelt. Heute vertritt die Mehrheit der Emotionsforscher eine Sichtweise der Emotion als adaptive Reaktion auf wiederkehrende Herausforderungen in der Umwelt. In diesen Überlegungen wurden vor allem handlungsleitende, informative und sozial-kommunikative Funktionen von Emotionen hervorgehoben. Im Folgenden werden diese näher vorgestellt.

V.2.1   Handlungsleitende Funktion

Emotionen richten das Verhalten der Person auf die Bewältigung einer bedeutenden Herausforderung aus. Dieser handlungsleitende (motivationale) Aspekt von Emotionen wurde insbesondere von evolutionspsychologischen Ansätzen hervorgehoben. Die Theorien unterscheiden sich zum Teil erheblich darin, welche Funktionen Emotionen zugeschrieben werden. Plutchik (1980) benennt zum Beispiel acht verschiedene Funktionen von Emotionen in der Bewältigung einer bestimmten Lebensaufgabe (s. Tab. 13).

Tabelle 13: Funktionale Emotionsunterscheidung nach Plutchik (1980).

Emotion	Ereignis	Verhaltensimpuls	Funktion
Furcht	Bedrohung	Fliehen, Vermeiden	Schutz
Ärger	Hindernis, Blockade	Beißen, Schlagen	Zerstörung
Freude	Potentieller Partner	Werben, Paaren	Reproduktion
Traurigkeit	Verlust einer Bezugsperson	Ruf nach Hilfe	Wiedervereinigung
Akzeptanz	Gruppenmitglied	Umsorgen, Teilen	Affiliation
Ekel	Ungenießbares Objekt	Ausspucken, Wegstoßen	Zurückweisung
Antizipation	Neues Territorium	Untersuchen, Erkunden	Exploration
Überraschung	Unerwartetes Objekt	Stoppen, Alarmieren	Orientierung

Ein kritischer Blick auf die in Tabelle 13 aufgelisteten Funktionen offenbart schnell die Schwächen dieses Ansatzes. So freuen wir uns nicht nur über eine Partnerschaft oder Elternschaft, sondern auch über ein aufmerksames Geschenk, einen bezaubernden Sonnenuntergang oder über ein gutes Klausurergebnis, um nur einige wenige Beispiele zu nennen. Zwar räumt Plutchik (1980) ein, dass Emotionssysteme für andere Bereiche „zweckentfremdet" werden. Aber auch mit dieser Ausweitung kann der Ansatz die Vielfalt von emotionsauslösenden Situationen und Ereignissen nicht zufriedenstellend abdecken.

Zahlreiche Studien belegen allerdings eine Aktivierung von Verhaltenstendenzen der Annäherung und Vermeidung durch positive und negative Reize (Elliot, 2008). In einer Studie (Bradley, Codispoti, Cuthbert & Lang, 2001) wurde die Stärke des protektiv-defensiven Lidschlusses als Teil einer Schreckreaktion während der Betrachtung von Bildern mit unterschiedlichen emotionalen Inhalten (Gewalt, Ekel, Erotik, Sport etc.) erfasst. Die Ergebnisse zeigten einen verstärkten Lidschlag (hohe defensive Aktivierung) während der Betrachtung von (erregenden) negativen Bildern und einen abgeschwächten Lidschluss (reduzierte defensive Aktivierung) während der Betrachtung von (erregenden) positiven Bildern, und zwar unabhängig von ihrem emotionalen Gehalt. Verhaltenstendenzen der Annäherung und Vermeidung belegen auch Studien, in denen die Ausführung von distanzregulatorischen Bewegungen hin zu positiven Reizen und weg von negativen Reizen systematisch erleichtert wird (Eder & Rothermund, 2008; Markman & Brendl, 2005). Emotionen regulieren demnach das Verhalten über breite motivationale Orientierungen, die der Person ein Aufsuchen von positiv bewerteten Situationen und ein Meiden von negativ bewerteten Situationen nahelegen.

V.2.2 Informative Funktion

Emotionen informieren die Person über bedeutsame Ereignisse und Veränderungen in der Umwelt: (1) Als *Relevanz-Detektoren* lenken sie die Aufmerksamkeit der Person auf Chancen und Risiken in der Umwelt (Orientierung). (2) Als *Überwachungssysteme* melden sie Fortschritte und Rückschläge in der Zielverfolgung. (3) Als *Feedback-Systeme* signalisieren sie der Person Folgen von Entscheidungen und Verhaltensweisen. Je nach Situation können unterschiedliche Ereignisse im Wechsel der Gefühle emotional hervortreten und auf eine Berücksichtigung in der Verhaltensregulation drängen.

Aufmerksamkeitslenkung. Eine automatische Ausrichtung der Aufmerksamkeit auf emotionale Reize wurde mit kognitionspsychologischen Paradigmen nachgewiesen, in denen Reize ignoriert (dichotisches Hören; emotionale Stroop-Aufgabe; Cueing-Aufgaben), gesucht (visuelle Suchaufgaben) oder entdeckt (Attentional-Blink Paradigma) werden müssen. Zahlreiche Studien haben gezeigt, dass emotionale Reize stärker beachtet werden und eine Ablösung der Aufmerksamkeit von ihnen erschwert ist (Yiend, 2010). Effekte einer emotionalen Aufmerksamkeitslenkung wurden sowohl mit negativen als auch mit positiven Reizen beobachtet, sofern diese emotional erregend sind (Anderson, 2005; Schimmack, 2005). Ein exklusiver Negativitätsbias in der Aufmerksamkeitsallokation wird somit von Studien mit gut kontrolliertem Reizmaterial nicht gestützt.

Gedächtnis. Eine erhöhte Aufmerksamkeit für emotionale Ereignisse ist vermutlich auch ein Grund dafür, warum wir uns an diese Ereignisse besser erinnern. Die Prügelei im Schulhof oder der erste Kuss bleiben uns als saliente Ereignisse noch nach vielen Jahren lebhaft im Gedächtnis erhalten. Neben einer erhöhten Salienz sind emotionale Ereignisse aber auch distinkter (Edery-Halpern & Nachson, 2004), sie werden häufiger aus dem Gedächtnis abgerufen (Walker, Skowronski, Gibbons, Vogl & Ritchie, 2009) und sie werden besser im Langzeitgedächtnis konsolidiert (McGaugh, 2004), sodass multiple Prozesse zu einer Gedächtnisverbesserung beitragen. Studien haben allerdings gezeigt, dass vor allem zentrale Inhalte – und weniger periphere Details – von emotionalen Erlebnissen erinnert werden (Levine & Edelstein, 2009). Man erinnert sich gut an den ersten Schrei des neugeborenen Kindes und an das Durchtrennen der Nabelschnur; die Glückwünsche der Hebamme vergisst man hingegen schnell. Eine verbesserte Erinnerung an vornehmlich zentrale Inhalte widerspricht somit früheren Berichten einer „Blitzlichterinnerung" *(flashbulb memories)* an emotional aufwühlende Ereignisse wie Katastrophen und Attentate (Brown & Kulik, 1977). So vergessen Personen entgegen ihrer eigenen Überzeugung die Begleitumstände solcher Ereignisse ähnlich schnell wie die von Alltagsereignissen. Talarico und Ricon (2003) befragten Studenten einen Tag nach dem Flugzeuganschlag auf die Twin Towers in New York nach den Begleitumständen, unter denen sie von dem Anschlag erfahren haben. Diese Befragung wurde 1, 6 oder 32 Wochen später wiederholt. Die Konsistenz der Angaben nahm bei der Blitzlichterinnerung ähnlich rapide ab wie die von Erinnerungen an Alltagsereignisse. Ein „photographisches" Gedächtnis an die Begleitumstände von intensiven emotionalen Erlebnissen wird somit vom gegenwärtigen Erkenntnisstand nicht gestützt.

Handlungssteuerung. Emotionale Bewertungen leiten die Person in ihren Urteilen, Entscheidungen und Handlungsplanungen (Baumeister, Vohs, De Wall & Zhang, 2007). *Antizipatorische Emotionen* nehmen emotionale Bewertungen von zukünftigen Ereignissen vorweg (z. B. Schuldgefühle bei erwarteter Übervorteilung) und ermöglichen eine strategische Ausrichtung des Verhaltens. *Zielbezogene Emotionen* wie Frustration (blockiertes Ziel), Enttäuschung (verpasstes Ziel) oder Stolz (erfülltes Leistungsziel) geben wiederum Feedback über den aktuellen Stand der Handlungsregulation. *Belohnung* und *Bestrafung* sind zudem elementare emotionale Ereignisse für eine Verhaltensmodifikation, die ein fester Bestandteil der Erziehungspraxis sind.

Urteilen und Entscheiden. Der Einfluss von Emotionen auf Entscheidungen und Urteile ist häufig subtil und für die Person wenig offensichtlich (Clore & Huntsinger, 2007). Als „Bauchgefühle" leiten positive und negative Gefühle Entscheidungen intuitiv an (s. Kasten 4). Zudem nutzen Personen aktuelle Gefühle als Entscheidungshilfen für Werturteile unter Unsicherheit *(feelings-as-information)*. In einer Studie wurden Personen nach ihrer Lebenszufriedenheit an sonnigen und regnerischen Tagen telefonisch befragt (Schwarz & Clore, 1983). An sonnigen Tagen (gute Stimmung) wurde die Lebenszufriedenheit höher eingeschätzt als an regnerischeren Tagen (schlechte Stimmung). Offenbar nutzten die Personen ihre momentane Gefühlslage als Hinweis auf ihre Lebenszufriedenheit. Wurde diese Heuristik jedoch mit einem beiläufigen Hinweis auf das Wetter diskreditiert, so wurde die Einschätzung der Lebenszufriedenheit hinsichtlich tagesabhängiger Stimmungsschwankungen korrigiert.

Kasten 4: *Die Hypothese der somatischen Marker*

Die Hypothese der somatischen Marker (Damasio, 1998) behauptet, dass emotional „markierte" Verhaltensoptionen Entscheidungen beeinflussen. Hat eine Entscheidung positive oder negative Folgen, so wird die kognitive Repräsentation dieser Verhaltensentscheidung mit ihren emotionalen und somatischen Folgen assoziiert (z. B. feuchte Hände, rasender Puls). Steht dieses Verhalten später erneut zur Auswahl, wird die assoziierte emotionale Konsequenz automatisch reaktiviert und die Verhaltensoption wird auf diese Weise emotional „markiert". Das Resultat ist ein intuitives Gefühl, welche Entscheidung „sich gut oder schlecht anfühlt".

Bechara, Damasio, Damasio und Anderson (1994) haben diese Annahmen in einer Spielsituation untersucht, in der Personen Karten von verschiedenen Stapeln frei wählten (sog. *Iowa Gambling Task*). Zwei Stapel enthielten Karten mit niedrigen Gewinnen und Verlusten, die insgesamt einen Nettogewinn erzielten (gute Stapel); die Karten der übrigen Stapel erzielten mit hohen Gewinnen und sehr hohen Verlusten einen Nettoverlust (schlechte Stapel). Diese Aufgabe wurde von Patienten mit Läsionen im ventromedialen Frontalkortex (VM-PFC), von Patienten mit Läsionen in anderen Hirnarealen und von gesunden Kontrollpersonen bearbeitet. Es wurde erwartet, dass der VM-PFC eine zentrale Rolle bei der Verknüpfung von Handlungsergebnissen mit ihren emotionalen Konsequenzen spielt und Läsionen dieser Region mit Defiziten im Entscheidungsverhalten einhergehen. Die Ergebnisse bestätigten diese Erwartung. Patienten mit Läsionen im VM-PFC wählten vor allem Karten von den schlechten Stapeln, während die übrigen Personengruppen Karten von den guten Stapeln bevorzugten. Messungen von Veränderungen der Hautleitfähigkeit (als Index einer emotionalen Erregung) *vor* den Entscheidungen offenbaren zudem eine stark verringerte emotionale Reaktivität von Patienten mit Läsionen im VM-PFC. Personen mit Schädigungen dieser Hirnregion scheinen somit – trotz intakter kognitiver und intellektueller Leistungen – unfähig zu sein, langfristige affektive Konsequenzen ihrer Entscheidungen adäquat einschätzen zu können.

V.2.3   Sozial-kommunikative Funktion

Emotionen und ihr Ausdruck im Verhalten regulieren zwischenmenschliche Beziehungen, indem sie emotionale Befindlichkeiten kommunizieren und selektive Reaktionen in anderen Personen hervorrufen (Keltner & Haidt, 1999). Zum Beispiel behalten Kinder, die Traurigkeit oder Ärger in einem Konflikt um ein Spielzeug zeigen, ihr Spielzeug häufiger als Kinder, die keine Emotion ausdrücken (Camras, 1977). Emotionale Ausdrucksweisen sind folglich soziale Signale, die neben Befindlichkeiten („So fühle ich mich") auch Verhaltensabsichten („Das werde ich tun") und Verhaltensaufforderungen („Das will ich, dass du tust") anderen Personen kommunizieren.

Emotionale Ausdrucksweisen wie Lächeln werden deshalb auch gezielt für eine Regulation von zwischenmenschlichen Beziehungen eingesetzt (Fridlund & Russell, 2006). Kinder lächeln zum Beispiel, wenn sie sich Fremden annähern, und sie nähern sich Fremden häufiger an, wenn diese lächeln (Conolly & Smith, 1972). Frauen lächeln insbesondere dann häufiger als Männer, wenn sie eine untergeordnete soziale Stellung einnehmen (LaFrance, Hecht & Paluck, 2003) und lächelnde Kellnerinnen erhalten mehr Trinkgeld (Tidd & Lockhard, 1978). Menschen lächeln zudem auch aus Verlegenheit, wenn ihnen eine Situation peinlich ist (Keltner, 1995). Lächeln ist somit nicht zwingend Ausdruck einer positiven Befindlichkeit; vielmehr dient es auch sozialen Zwecken der Begrüßung, der Beschwichtigung und einer Auflockerung von Beziehungen (Kraut & Johnston, 1979).

Zusammenfassend ist festzuhalten, dass Emotionen *intrapersonale* und *interpersonale* Funktionen haben: Emotionen informieren die Person über persönlich relevante Ereignisse, sie motivieren Verhalten zur Bewältigung dieser Ereignisse und sie regulieren soziale Interaktionen. Emotionen sind somit funktional, ohne dass diese Funktionen immer vorteilhaft wären. Die Angst vor Schmerz schützt uns beispielsweise vor Verletzungen, sie hält uns aber auch vom Zahnarztbesuch ab. Ärger führt häufig zu zwischenmenschlichen Konflikten; er bewahrt uns aber auch vor Ausbeutung durch andere. Der Übergang von einer funktionalen zu einer dysfunktionalen Emotion ist somit fließend und von den Anforderungen der jeweiligen Situation abhängig.

V.3   Wie entstehen Emotionen?

Emotionstheorien suchen nach den Bedingungen und Prozessen, die zu einer Entstehung von (unterschiedlichen) Emotionen führen. In der Emotionspsychologie haben sich drei Erklärungsansätze herausgebildet: (1) *Biologische Ansätze* vermuten einen biologischen Ursprung von Emotionen in funktional spezialisierten Emotionsmodulen. (2) *Kognitive Ansätze* behaupten, dass Emotionen von kognitiven Einschätzungen der Umwelt in Bezug auf das eigene Wohlergehen und Wohlbefinden verursacht werden. (3) *Konstruktivistische Ansätze* nehmen an, dass Emotionen aus sozio-kulturell vereinbarten Kategorisierungen von unspezifischen affektiven Zuständen hervorgehen. Jeder Ansatz wird von einer Theoriefamilie repräsentiert, deren Annahmen im Folgenden vorgestellt werden.

V.3.1   Biologische Ansätze

Biologische Ansätze gehen auf den Begründer der Evolutionstheorie Charles Darwin (1809–1882) zurück. In seinem Werk „The Expression of the Emotions in Man and Animals" (1872/2007) formulierte Darwin erstmals die Leitidee, dass Emotionen und ihr Ausdruck im Verhalten angeborene Merkmale darstellen, die durch natürliche Selektion (Auslese) entstanden sind. Häufig wiederkehrende, für das Überleben und den Reproduktionserfolg der Spezies wichtige Umweltereignisse (z. B. physische und soziale Gefahren) haben zu der Entwicklung (Evolution) von funktional spezialisierten Emotionssystemen (z. B. Furcht, Eifersucht) geführt, deren Funktionen sich in der Bewältigung dieser Ereignisse bewährt haben. Diese evolutionspsychologische Annahme wurde von modernen Emotionstheorien aufgegriffen und in mehreren Varianten weiterentwickelt (z. B. Ekman, 1992; Panksepp, 2005).

Biologische Emotionstheorien teilen das Spektrum von Emotionen in diskrete Typen oder Klassen von Emotionen ein, die *Basisemotionen* genannt werden. Jede Basisemotion wird als ein eigenständiges informationsverarbeitendes System (Modul) gesehen, das auf eine spezifische Klasse von Umweltreizen selektiv anspricht (Domänenspezifität) und auf dessen Verarbeitungsprinzipien Prozesse außerhalb des Systems (z. B. Kognitionen) nur begrenzt Einfluss nehmen können. Zum Beispiel lokalisieren Öhman und Mineka (2001) ein Furchtmodul in einem subkortikalen System, das von Bedrohungsreizen automatisch aktiviert wird und dessen Aktivität relativ unzugänglich gegenüber kognitiven Urteilen und Erwartungen ist. Mit dem evolutionsbiologischen Entstehungshintergrund des Furchtmoduls erklären Öhman und Mineka kulturübergreifende Ängste vor Spinnen und Schlangen und ihre Hartnäckigkeit gegenüber kognitiven Umdeutungen („Spinnen sind harmlos").

Was verursacht Emotionen?

Als spezifische Strategie im Umgang mit bestimmten Herausforderungen wird jede Basisemotion von einem unterschiedlichen Umweltthema ausgelöst: Furcht von Anzeichen einer Bedrohung, Ekel von krankheitserregenden Objekten und Eifersucht von Hinweisen auf Untreue (für eine Beispielliste s. Tab. 13). Eine kritische Annahme ist hier, dass eine emotionale Reaktion nicht eine kognitive Analyse der Situation voraussetzt, sondern direkt von der Wahrnehmung eines Situationsmerkmals ausgelöst werden kann (Zajonc, 1980). Nicht die Einschätzung der Spinne als bedrohlich erzeugt demnach Furcht, sondern die Wahrnehmung einer „spinnentypischen" Anordnung von acht Gliedmaßen zu konzentrischen Kreisen. So wurde gezeigt, dass schon fünf Monate alte Säuglinge, die keine oder nur sehr wenig Erfahrung mit Spinnen haben, diese stärker beachten als ähnlich komplexe Reize (Rakison & Derringson, 2008).

Biologische Emotionstheorien gehen also davon aus, dass Emotionen direkt von bestimmten Reizen ausgelöst werden. Mit dieser Einschränkung auf biologisch relevante „Schlüsselreize" ist ihr Geltungsbereich jedoch stark eingeschränkt. Menschen fürchten sich schließlich nicht nur vor gefährlichen Tieren, dunklen Orten und vor einem Fall aus der Höhe, sondern sie haben auch Angst vor modernen Erfindungen wie Waffen und Zahnarztbohrern. In der Tat werden moderne Drohreize ähnlich stark beachtet wie phylogenetisch alte Bedrohungen (Blanchette, 2006). Eine Einschränkung auf einige wenige, biologisch relevante Reize ist somit weder plausibel noch wird sie empirisch gestützt.

Biologische Emotionstheorien werden deshalb häufig mit lernpsychologischen Prinzipien kombiniert. Menschen haben demnach nicht nur angeborene Dispositionen für emotionale Verhaltensweisen in bestimmten Situationen, sondern sie lernen im Laufe ihres Lebens hinzu, auf neue Situationen und Hinweise mit Emotionen zu reagieren. So können ursprünglich neutrale Situationen eine emotionale Reaktion auslösen (sog. konditionierter Reiz, CS), wenn sie zuvor wiederholt mit einem emotionalen Reiz (sog. unkonditionierter Reiz, UCS) auftreten, der eine Emotion zuverlässig hervorruft (s. Kasten 5). Emotionale Ausdrucksweisen können zudem indirekt, über die Beobachtung der emotionalen Reaktionen von anderen Personen, gelernt werden *(Modelllernen)*. Kinder fürchten sich zum Beispiel vor einer Spielzeugschlange, wenn ihre Mutter vor dieser Furcht zeigt (Gerull & Rapee, 2002). Affen entwickeln eine Angst vor einer Spielzeugschlange, wenn sie zuvor beobachtet haben, dass ein anderer Affe auf die Schlange mit Angst reagiert. Eine analoge Furchtreaktion wird jedoch nicht erworben, wenn der Affe Angst vor einer Plastikblume zeigt (Cook & Mineka, 1990). Es scheint somit angeborene Lernbereitschaften zu geben, die ein emotionales Lernen in bestimmten Situationen begünstigen. Diese Idee eines *biologisch vorbereiteten Lernens* (*preparedness*; Seligman, 1970) deckt sich mit der Beobachtung, dass Phobien (d. h. übersteigerte Angstreaktionen) vorwiegend gegenüber offenen Plätzen, Dunkelheit, Höhen und bestimmten Tieren wie Schlangen und Insekten entwickelt werden, aber nur selten Dinge wie Waffen, Messer, elektrische Geräte und Autos betreffen, obwohl letztere Dinge in der heutigen Welt vermutlich gefährlicher sind.

Kasten 5. *Furchtkonditionierung: Der Fall des kleinen Albert*
In einer berühmten Fallstudie haben Watson und Rayner (1920) gezeigt, dass Angst gelernt werden kann. Ausgangspunkt der Untersuchung war die Fragestellung, ob ursprünglich neutrale Reize zu konditionierten Auslösern von Furchtreaktionen werden können. Einziger Versuchsteilnehmer war der 11 Monate alte Albert B., der einer Prozedur der Furchtkonditionierung unterzogen wurde, die moderne ethische Forschungsstandards klar verletzt. In einer ersten Phase wurde dem kleinen Albert eine weiße Ratte gezeigt, auf die er keinerlei Anzeichen von Furcht zeigte. Diese weiße Ratte diente als neutraler Reiz (NS). Albert zeigte jedoch eine ausgeprägte Angst (Aufschrecken, Weinen), wenn der Versuchsleiter mit einem Hammer auf eine Eisenstange schlug. Dieses laute Geräusch diente als unkonditionierter Reiz (UCS). In einer zweiten Phase wurde die Ratte mit dem lauten Geräusch gepaart: In dem Augenblick, in dem Albert mit der Hand die Ratte berühren wollte, wurde die Eisenstange geschlagen. Diese Konditionierungsprozedur wurde mit einem Zeitabstand von bis zu einer Woche insgesamt 7 Mal wiederholt. Danach wurde die Ratte alleine gezeigt. In dem Moment, in dem Albert die weiße Ratte sah, begann er zu weinen und er versuchte vor ihr zu fliehen. Die weiße Ratte wurde somit für Albert zu einem konditionierten Auslöser von Furcht. In einer weiteren Phase, die fünf Tage nach der Konditionierung stattfand, prüften Watson und Rayner, ob die gelernte Furcht auch auf andere Objekte übertragen wird, die der Ratte ähneln (Reizgeneralisierung). Albert zeigte starke Furcht vor einem Kaninchen, einem Hund und einem Seehundfell, sowie geringe Furcht vor einer bärtigen Nikolausmaske und einem Flecken Baumwolle. Bauklötze und der Raum, in dem die Versuche stattfanden, lösten hingegen keine Furcht aus. Die zeitliche Stabilität von Alberts Furcht wurde 31 Tage nach der Konditionierungsphase geprüft. Wieder zeigte Albert – wenn auch mit etwas geringerer Intensität – Angst vor der Ratte und ihr ähnelnden Dingen. Die gelernte Furcht war somit zeitlich stabil. In einer letzten Phase sollte die gelernte Furchtreaktion beseitigt werden, indem (1) der konditionierte Reiz (Ratte) wiederholt ohne UCS (lautes Geräusch) dargeboten wird *(Löschung)*, (2) der konditionierte Reiz mit einem positiven UCS (z. B. Süßigkeiten) gepaart wird *(Gegenkonditionierung)* und (3) Albert das Verhalten eines furchtlosen Modells beobachtet *(Beobachtungslernen)*. Diese Phase fand jedoch nicht mehr statt, da Alberts Familie in eine andere Gegend zog. Die Effektivität dieser Methoden wurde jedoch in einer Untersuchung mit einem anderen Kind namens Peter (3 Jahre) nachgewiesen, der ähnlich wie Albert Angst vor Ratten hatte (Jones, 1924).

Was ist eine Emotion?

Biologische Emotionstheorien sehen Emotionen als evolutionär erprobte Reaktionen, die von bestimmten Situationsmerkmalen auf multiplen Ebenen automatisch ausgelöst werden. Emotion bezieht sich hier somit auf einen synchron ausgelösten Reaktionskomplex, ohne dass eine bestimmte Reihenfolge der Reaktionsauslösung angenommen wird (s. Abb. 45). Eine Ausnahme hiervon bildet die *James-Lange-Theorie*, die Wahrnehmungen von körperlichen Veränderungen als Grundlage für emotionale Empfindungen annimmt (s. Kasten 6).

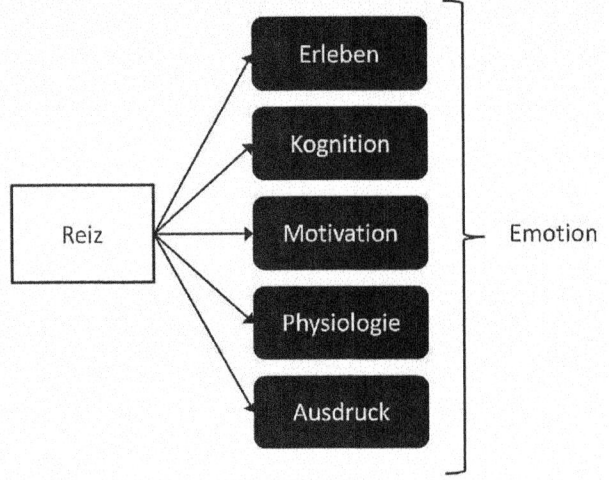

Abbildung 45: Biologische Emotionstheorien.

Kasten 6. *Die James-Lange-Theorie der Emotionsentstehung*
Die James-Lange-Theorie beruht auf zwei Annahmen: (1) Ein emotionales Ereignis löst spezifische Reaktionen im Körper aus (z. B. beschleunigter Herzschlag, Schwitzen) (2) Diese körperlichen Veränderungen werden von der Person als Emotion empfunden. Emotionen (Gefühle) werden somit hier mit Empfindungen von spezifischen körperlichen Reaktionen gleichgesetzt (s. Abb. 46). Wir weinen demnach nicht, weil wir traurig sind, sondern wir sind traurig, weil wir weinen. Die Theorie wurde nahezu zeitgleich von dem amerikanischen Psychologen William James (1884) und von dem dänischen Physiologen Carl Georg Lange (1885) formuliert, weshalb sie als James-Lange-Theorie der Emotion bekannt wurde.
Die Theorie wurde bereits kurz nach ihrer Veröffentlichung heftig kritisiert (Ellsworth, 1994). Neben anderen Kritikpunkten, die sich später als haltlos herausgestellt haben,

wurde vor allem die Existenz von emotionsspezifischen physiologischen Reaktionen angezweifelt (Cannon, 1927). Dieser grundlegende Einwand gegen die James-Lange-Theorie ist bis heute gültig (siehe V.1.3). Empirische Unterstützung erhält die James-Lange-Theorie allerdings von Überprüfungen der Facial-Feedback-Hypothese (s. Kasten 3) und der somatischen-Marker-Hypothese (s. Kasten 4), die eingeschränkte Neuauflagen der James-Lange-Theorie sind.

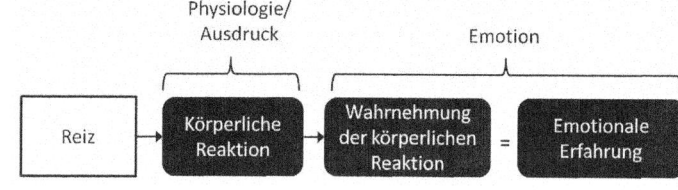

Abbildung 46: James-Lange-Theorie der Emotionsentstehung.

Wie entstehen unterschiedliche Emotionen?
Biologische Emotionstheorien nehmen eine begrenzte Anzahl von Basisemotionen an, die bei allen Menschen unabhängig von ihrem Alter, Geschlecht und ihrer Sozialisation auftreten. Emotionen werden nach Ekman (1992) als grundlegend angesehen, wenn sie (i) angeboren sind, (ii) bei allen Menschen unter ähnlichen Umständen auftreten (z. B. Traurigkeit nach einem persönlichen Verlust), (iii) einen unverwechselbaren Ausdruck im Verhalten finden (z. B. universeller emotionaler Gesichtsausdruck) und (iv) distinkte physiologische Reaktionsmuster zuverlässig hervorrufen. Diese Kriterien wurden jedoch nicht einheitlich angewendet, weshalb sich Auflistungen von Basisemotionen zum Teil erheblich unterscheiden (Ortony & Turner, 1990). So schwankt ihre Anzahl zwischen einer Untergrenze von zwei und einer Obergrenze von zehn Emotionen. Trotz dieser Unterschiede nennen jedoch fast alle Theorien folgende vier Emotionen übereinstimmend als Basisemotionen: *Furcht/Angst, Ärger, Traurigkeit* und *Freude* (vgl. Ortony & Turner, 1990).

Basisemotionen werden als psychologisch grundlegend aufgefasst, da sie die Grundlage für alle übrigen Emotionen bilden. Sogenannte *Mischtheorien* erklären dann die Vielfalt von emotionalen Zuständen mit Vermischungen von (primären) Basisemotionen, aus denen sich neue (sekundäre) Emotionen ergeben. Plutchik (1980) erklärt zum Beispiel Liebe mit einer Verschmelzung von Freude und Akzeptanz, Neugierde mit einer Mischung von Überraschung und Akzeptanz und Bescheidenheit mit einer Vermischung von Furcht und Akzeptanz. Ein anderer Ansatz sieht Basisemotionen hingegen als *Prototypen*, um die sich verwandte Emotionen herum gruppieren (Shaver, Schwartz, Kirson & O'Connor, 1987). Freude benennt zum Beispiel eine Familie von emotionalen Zuständen, die Erheiterung, Erleichterung, Genugtuung, Zufriedenheit und Stolz mit einschließt. Die einzelnen Spielarten einer Freude unterscheiden sich hier nicht in ihrem emotionalen Gehalt, sondern Freude wird lediglich in Abhängigkeit von ihrem Objekt unterschiedlich benannt (z. B. Stolz benennt Freude über eine vollbrachte Leistung; Erleichterung benennt Freude über ein abgewendetes Unheil). Emotionsvielfalt wird hier folglich mit einer sprachlichen Ausdifferenzierung einer begrenzten Anzahl von emotionalen Zuständen erklärt, ohne primäre von sekundären Emotionen zu unterscheiden.

Zusammenfassung
Biologische Emotionstheorien verstehen Emotionen als adaptive Verhaltensweisen, die sich evolutionsgeschichtlich herausgebildet haben. Diese biologische Sichtweise richtet den Blick der Emotionsforschung auf den biologischen Ursprung von Emotionen. Biologische Forschungsprogramme enträtseln die Implementierung von Emotionen im menschlichen Gehirn und die Wirkweise von psychotropen und neurohormonellen Substanzen auf das emotionale Erleben. Darüber hinaus erklären sie kulturübergreifende Invarianten im emotionalen Ausdrucksverhalten, Analogien im emotionalen Verhalten von Mensch und Tier und spezifische Lernbereitschaften gegenüber emotionalen Reizen.

Biologische Emotionstheorien wurden jedoch wegen ihrer weitgehenden Ausblendung von kognitiven und sozialen Faktoren kritisiert. In sozialer Hinsicht wurde eine Vernachlässigung von kulturellen und sozialen Einflüssen auf die Emotionsentstehung und auf den Ausdruck von Emotionen angemahnt. Emotionen haben häufig einen sozialen Entstehungshintergrund (Fridlund & Russell, 2006) und objektiv ähnliche Situationen werden in unterschiedlichen Kulturen oftmals unterschiedlich erlebt (Mesquita & Frijda, 1992). In kognitiver Hinsicht wurde vor allem die Annahme einer direkten Emotionsauslösung durch Situationsmerkmale ohne dazwischen geschaltete Kognitionen angezweifelt (Lazarus, 1982). Schließlich ist häufig nicht die Situation selbst, sondern ihre Bewertung bestimmt für das emotionale Erleben. Letztere Annahme bildet den Kern von kognitiven Theorien, die als Nächstes besprochen werden.

V.3.2   *Kognitive Ansätze*

Kognitive Emotionstheorien heben die Bedeutung von Bewertungen und Einschätzungen für die Emotionsentstehung hervor: Entscheidend für die

Entstehung einer Emotion ist nicht die objektive Situation, sondern ihre subjektive Einschätzung in Hinblick auf Werte, Ziele und Wünsche der Person (Ellsworth & Scherer, 2003). Diese kognitive Einschätzung (engl., *appraisal*) ist eine Voraussetzung für das Entstehen von Emotionen, weshalb diese Theorien *Appraisal*-Theorien genannt werden. Emotionen werden demnach nicht von bestimmten Situationen oder Reizen ausgelöst, sondern sie werden von bestimmten Klassen von kognitiven Vorgängen verursacht, die situationsungebunden operieren.

Was verursacht Emotionen?
Kognitive Emotionstheorien haben eine Reihe von kognitiven Variablen identifiziert, die das Auftreten von (verschiedenen) Emotionen in einer Situation erklären. Zu den wichtigsten dieser Variablen zählen Einschätzungen der Zielrelevanz und Zielkongruenz sowie Zuschreibungen der Kontrollierbarkeit und Verantwortlichkeit.

Zielrelevanz. Mit der Zielrelevanz eines Ereignisses wird die Bedeutung eines Ereignisses für die eigene Person eingeschätzt. Nur wenn ein Ereignis persönliche Relevanz besitzt (d. h. wenn es Ziele, Bedürfnisse und Werte der Person betrifft), löst es eine emotionale Reaktion aus. Zum Beispiel erzeugt die Waffe in der Hand eines Gegenübers deshalb Angst, weil sie das Bedürfnis der Person nach physischer Unversehrtheit bedroht. Wird die Waffe nicht als Bedrohung eingeschätzt (z. B. weil ein Polizist die Waffe trägt), so entsteht auch keine Angst. Je stärker die Zielrelevanz eines Ereignisses, desto intensiver ist die ausgelöste Emotion. Fehlt eine Zielrelevanz, so entsteht auch keine Emotion.

Zielkongruenz. Persönlich bedeutsame Ereignisse können entweder kongruent oder inkongruent mit den Zielen, Wünschen und Normen einer Person sein. Zielkongruente Ereignisse erleichtern die Realisierung von Zielen und erzeugen positive Emotionen (z. B. Freude, Dankbarkeit), während zielinkongruente Ereignisse eine Zielerreichung gefährden und negative Emotionen (z. B. Angst, Ärger) auslösen. Je nach eingeschätzter Zielkongruenz kann dasselbe Ereignis eine positive oder eine negative Emotion hervorrufen: Die kurzfristig abgesagte Prüfung kann zum Beispiel ein Grund für Freude sein, wenn die Aussicht auf ein gutes Prüfungsergebnis ohnehin gering war, aber sie stellt ein Ärgernis dar, wenn ein gutes Prüfungsergebnis erwartet wurde.

Attribution. Weitere wichtige Kognitionen sind Einschätzungen der *Verantwortlichkeit* und der *Kontrollierbarkeit* eines Ereignisses (Weiner, 1985). Je nach Ursachenzuschreibung, und darauf beruhende Urteile über die Kontrollierbarkeit und Verantwortlichkeit von Ereignissen, können sich unterschiedliche

Emotionen ergeben. Ein Versagen in einer Prüfung kann zum Beispiel Ärger, Schuld, Scham oder Traurigkeit hervorrufen, je nachdem ob der Prüfling das schlechte Ergebnis einer kontrollierbaren, äußeren Ursache (Ärger aufgrund unfairer Fragen), einer kontrollierbaren, inneren Ursache (Schuld wegen einer unzureichenden Vorbereitung), einem unkontrollierbaren, innerem Grund (Scham aufgrund fehlender Begabung) oder einer unkontrollierbaren, äußeren Ursache (Traurigkeit aufgrund einer ungünstigen Fragenauswahl) zuschreibt. Je mehr Dimensionen in die kognitive Einschätzung eines Ereignisses einbezogen werden, desto differenzierter ist das emotionale Erleben der Person in dieser Situation.

Emotionen setzen demnach kognitive Vorgänge voraus, die den Wert bzw. die Bedeutung einer Situation für die Person bestimmen. Diese Denkvorgänge müssen nicht zwingend bewusst sein. In einem Experiment manipulierte Neumann (2000) Attributionsstile von Personen mit einer Satzbauaufgabe, in der Sätze in der ersten Person (z. B. „Ich nehme ein Bad.") oder in der dritten Person (z. B. „Er nimmt ein Bad.") gebildet wurden. Danach wurden die Teilnehmer gebeten, sich in einen anderen Raum zu begeben, an dessen Tür ein Stopp-Schild angebracht war. Betraten die Teilnehmer dennoch den Raum, so wurden sie harsch von einem Versuchsleiter zurechtgewiesen und die emotionale Reaktion der Person wurde erfasst. Die Ergebnisse zeigten, dass Personen, die zuvor Sätze in der ersten Person gebildet hatten, verstärkt Schuld empfanden (internale Attribution), während Personen, die zuvor Sätze in der dritten Person gebildet hatten, mehr Ärger verspürten (externale Attribution). Offensichtlich beeinflusste der zuvor aktivierte Attributionsstil die emotionale Reaktion der Person, ohne dass diese Beeinflussung der Person bewusst war.

Was ist eine Emotion?
Kognitive Grundlage einer Emotion ist die eingeschätzte Bedeutung einer Situation für die eigene Person. Wie Abbildung 47 zeigt, löst diese Einschätzung spezifische Reaktionen in physiologischen, motivationalen und expressiven Systemen aus. Die Dynamik dieser Veränderungen wird von der Person wahrgenommen und als eine spezifische Emotion erlebt.

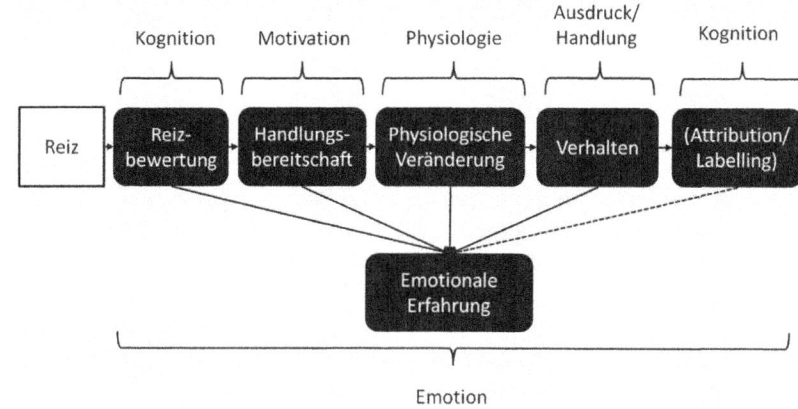

Abbildung 47: Kognitive Emotionstheorien.

Wie entstehen unterschiedliche Emotionen?
Kognitive Emotionstheorien verstehen Emotionen als psychophysiologische Reaktionen auf die Bedeutung einer Situation. Ändert sich die Bedeutung, so ändert sich auch die emotionale Reaktion auf diese Situation. Je nach Einschätzung können unterschiedliche Emotionen in ähnlichen (aber unterschiedlich bewerteten) Situationen und ähnliche Emotionen in unterschiedlichen (aber ähnlich bewerteten) Situationen auftreten.

Die kognitive Einschätzung einer Situation sollte folglich das emotionale Erleben dieser Situation vorhersagen. Diese Erwartung wurde von mehreren Untersuchungen bestätigt. In einer Studie (Siemer, Mauss & Gross, 2007) wurden Emotionen in Personen ausgelöst, indem eine Aufgabenbearbeitung ohne Angabe von genauen Gründen wiederholt kritisiert wurde. Danach wurden die Personen nach ihrer Einschätzung der Situation befragt. Trotz objektiv gleicher Situation reagierten die Personen mit unterschiedlichen Emotionen auf die Kritik. Jede einzelne Emotion ging jedoch mit einem eigenen Muster von kognitiven Einschätzungen einher und mit Kenntnis der individuellen Situationsbewertung konnten die Emotionen von mehr als der Hälfte der teilnehmenden Personen korrekt vorhergesagt werden.

Zusammenfassung
Kognitive Ansätze sehen den Schlüssel für ein Verständnis von Emotionen in den kognitiven Einschätzungen einer Situation. Auslöser einer Emotion ist nicht die objektive Situation, sondern ihre subjektive Einschätzung in Hinblick auf Werte, Ziele und Normen der Person. Diese Annahme wurde von zahlreichen Untersuchungen bestätigt (Ellsworth & Scherer, 2003). Bewertungen und Attributionen erklären ähnliche Emotionen in verschiedenen Situationen und verschiedene Emotionen in ähnliche Situationen. Die Kenntnis der individuellen Einschätzung einer Situation erlaubt deshalb eine Emotionsvorhersage mit hoher Genauigkeit.

Empirische Untersuchungen haben aber auch gezeigt, dass selbst bei Berücksichtigung einer großen Anzahl von kognitiven Variablen ein bedeutender Anteil der Varianz von emotionalen Zuständen unerklärt bleibt. Diese Erklärungslücke deutet darauf hin, dass neben Kognitionen noch weitere Faktoren für die Emotionsentstehung bedeutsam sind (z. B. motivationale Variablen; Frijda, Kuipers, & ter Schure, 1989). Darüber hinaus besteht Unklarheit darüber, welche Einschätzungen grundlegend für die Emotionsentstehung sind (und welche nicht), in welcher Reihenfolge sie vorgenommen werden und wie kognitive Vorgänge Veränderungen in nicht-kognitiven (physiologischen, motivationalen) Systemen anstoßen können.

V.3.3   Konstruktivistische Ansätze

Biologische und kognitive Emotionstheorien unterscheiden zwischen diskreten Emotionen wie Ärger, Freude und Angst. Jede einzelne Emotion hat ein eigenes Reaktionsprofil, das sie von anderen Emotionen abgrenzt. Grundlage von Emotionen sind hier orchestrierte Veränderungen auf multiplen Reaktionsebenen, die in ihrer Gesamtheit als eine spezifische Emotion erlebt werden.

Konstruktivistische Ansätze stellen diese Grundlage infrage, indem sie die Variabilität von Reaktionen innerhalb eines Emotionstyps betonen (Barrett, 2009). Die Angst vor dem knurrenden Hund, die Angst während der Achterbahnfahrt und die Angst vor einem Wertverlust des Aktiendepots werden zum Beispiel zwar alle als Angstzustände benannt; diese Zustände gehen aber mit teils sehr unterschiedlichen körperlichen Veränderungen einher (siehe dazu auch die schwache Evidenz für eine Reaktionskohärenz in V.1.6). Die Variabilität von Reaktionen innerhalb einer Emotionskategorie (Angst) ist

folglich häufig größer als die Variabilität von Reaktionen zwischen Emotionskategorien (Angst vs. Ärger), weshalb eine Identifizierung von Emotion in bestimmten Reaktionsprofilen nicht mehr schlüssig ist.

Wenn Emotionen keine Grundlage in spezifischen Reaktionsprofilen haben,
in was dann? Laut konstruktivistischen Ansätzen beruhen konkrete Emotionen wie Angst, Ärger und Freude auf emotionalen Kategorisierungen von
diffusen „Rohgefühlen" bzw. sog. *Basisaffekten* (engl., *core affect*). Diese Kategorisierungen werden von unserem Wissen über Emotionen geleitet (Shaver
et al., 1997). Ein Unbehagen während eines Referats kann zum Beispiel als
Angst, Ärger oder als Krankheitssymptom kategorisiert (interpretiert) werden,
je nachdem ob die Person sich ihren Zustand mit Nervosität, fehlendem Interesse der Zuhörer oder mit einem grippalen Infekt erklärt. Entscheidend für
das Auftreten einer Emotion ist somit nicht das Antreffen einer bestimmten
Situation (biologischer Ansatz) oder eine bestimmte Situationseinschätzung
(kognitiver Ansatz); eine Emotion entsteht vielmehr dann, wenn eine Gefühlsreaktion unserer Vorstellung von einer „typischen" emotionalen Reaktion
entspricht. Damit stellen sich zwei Fragen: (1) Wodurch wird eine emotionale
Kategorisierung ausgelöst? (Emotionsursache) (2) Was bestimmt die Art der
emotionalen Kategorisierung? (Emotionsdifferenzierung)

Was verursacht Emotionen?
Stellen Sie sich vor, Sie gucken nach ausgiebigem Sport zu Hause einen Film
mit erotischen Szenen. Wie werden Sie sich fühlen, wenn sie diese Szenen
sehen? Untersuchungen eines *Erregungstransfers* legen nahe, dass Sie die Szenen wahrscheinlich erotischer wahrnehmen: Die Resterregung von der körperlichen Ertüchtigung wird fälschlicherweise als sexuelle Erregung interpretiert,
wodurch die Gefühlsreaktion intensiviert wird (Cantor, Zillmann & Bryant,
1975). Als Erklärung für solche und ähnliche Beobachtungen hat Schachter
(1964) eine Zwei-Faktoren-Theorie vorgeschlagen, die Emotionen mit Attributionen von unspezifischen Erregungszuständen auf emotionale Ursachen
erklärt (siehe Kasten 7).

Kasten 7. *Zwei-Faktoren-Theorie der Emotionsentstehung*
Nach der Emotionstheorie von Stanley Schachter (1964) sind zwei Komponenten für
eine Emotionsentstehung notwendig: (1) ein emotionsunspezifischer, physiologischer
Erregungszustand *(physiologische Komponente)*, und (2) Kognitionen, die den Erregungszustand einer emotionalen Ursache zuschreiben *(kognitive Komponente)*. Im Normalfall
liefert die Ursache für die Erregung die passende Erklärung gleich mit: Ein knurrender
Hund löst Erregung in der Person aus (erhöhter Herzschlag, beschleunigte Atemfre-
quenz etc.), die sich die Person mit Angst vor dem Hund erklärt. In Sonderfällen kann ein
Erregungszustand aber auch fälschlicherweise einer emotionalen Ursache zugeschrieben
werden, wie Schachter und Singer (1962) in einem klassischen Experiment nachgewiesen
haben.

In diesem Experiment wurden drei Faktoren manipuliert: (1) physiologische Erregung,
(2) das Erklärungsbedürfnis und (3) die emotionale Kategorisierung der Erregung. Abbildung 48 zeigt den Versuchsaufbau. In der Studie sollte angeblich die Wirkung eines Vita-
minpräparats („Suproxin") auf das Sehvermögen untersucht werden. Tatsächlich wurde
jedoch einer Gruppe Adrenalin injiziert, das erregungsähnliche Symptome hervorruft
(z. B. beschleunigter Herzschlag, Schwitzen, leichtes Zittern), während einer anderen
Gruppe ein Placebo-Präparat (Kochsalzlösung) injiziert wurde. Das Erklärungsbedürfnis
wurde manipuliert, indem Nebenwirkungen von Suproxin unterschiedlich beschrieben
wurden: Eine Gruppe erhielt eine Beschreibung von Nebenwirkungen, die der Wirkweise von Adrenalin entspricht (korrekt-informierte Gruppe), eine andere Teilgruppe
eine falsche Beschreibung von Nebenwirkungen (falsch-informierte Gruppe: taube Füße,
Hautprickeln, leichter Kopfschmerz) und den restlichen Personen (einschließlich der Placebo-Gruppe) wurde gesagt, dass Suproxin keine Nebenwirkungen habe (uninformierte
Gruppe). Unmittelbar nach Verabreichung des Präparats wurden die Personen gebeten,
einen Fragebogen zusammen mit einer weiteren Versuchsperson auszufüllen. Die zweite
Person war in Wirklichkeit ein Strohmann (Vertrauter des Versuchsleiters), dessen Verhalten die emotionale Kognition der Versuchsperson beeinflussen sollte. In der Freude-
bedingung veranstaltete der Strohmann allerlei Späße: Er warf Papierkugeln um sich,
ließ einen Papierflieger durch den Raum segeln und spielte mit einem Hula-Hoop-Reifen.
In der Ärgerbedingung empörte sich der Strohmann über beleidigend gestellte Fragen.
Das Verhalten der Versuchsperson wurde währenddessen über einen Einwegspiegel beobachtet und die Person wurde abschließend nach ihrer Befindlichkeit befragt.

Ausgehend von der Zwei-Faktoren-Theorie wurde eine Angleichung der emotionalen Reaktion an die Emotion des Strohmanns erwartet, wenn (i) Adrenalin verabreicht
wurde und (ii) die körperliche Erregung falsch bzw. nicht erklärt wurde (d. h. wenn ein
erklärungsbedürftiger Erregungszustand vorlag) (s. Abb. 48). Diese Vorhersagen wurden
nur zum Teil bestätigt. Die Gruppen, die keine (passende) Erklärung für ihre Erregung
hatten, zeigten in Abhängigkeit von der Emotionsbedingung zwar mehr Freude bzw.
Ärger als die Gruppe, die über ihren Erregungszustand korrekt aufgeklärt wurde. In
Vergleichen mit der Placebo-Gruppe zeigten sich jedoch nur geringe und statistisch un-
bedeutende Unterschiede, weshalb die Bedeutung der physiologischen Komponente für
die Emotionsentstehung nicht zweifelsfrei belegt wurde.

Schachter und Singer (1962) haben zahlreiche Nachfolgearbeiten mit zum Teil wider-
sprüchlichen Ergebnissen angeregt (Reisenzein, 1983). Eine Studie konnte mit fiktiven

Rückmeldungen von Herzratenveränderungen zeigen, dass der bloße Glaube der Person, erregt zu sein, schon ausreicht, um emotionale Einschätzungen zu verändern (Valins, 1966). Diese Befunde stellten die Notwendigkeit einer physiologischen Erregung für die Emotionsentstehung weiter infrage, woraufhin die Zwei-Faktoren-Theorie von kognitiven Ansätzen verdrängt wurde.

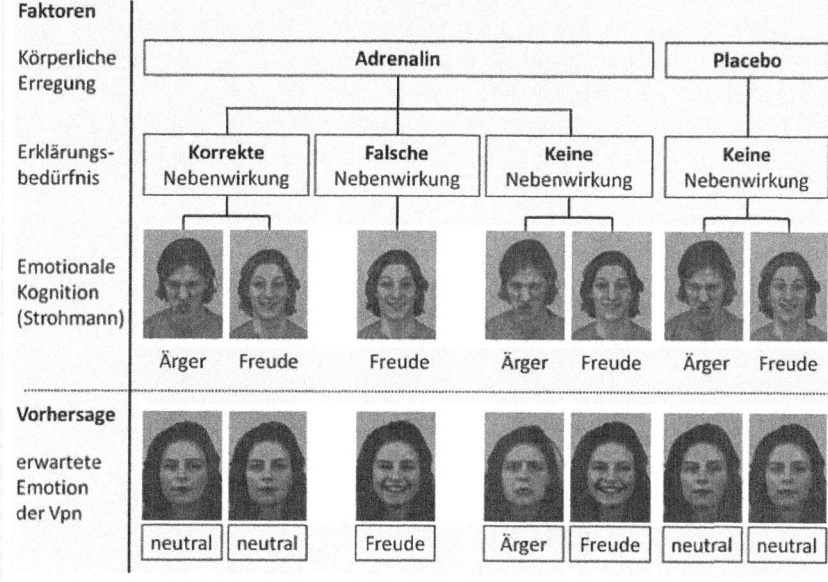

Abbildung 48: Hypothesen und Versuchsaufbau von Schachter & Singer (1962).

Moderne konstruktivistische Emotionstheorien (Barrett, 2006; Russell, 2003) bauen auf der Zwei-Faktoren-Theorie auf. Abweichend vom klassischen Ansatz sehen sie jedoch die physiologische Grundlage von Emotionen in Rohgefühlen, die nicht nur im Erregungsniveau sondern auch in ihrer Angenehmheit (Valenz) variieren. Basisaffekten fehlt ein Objektbezug und ihre Verursachung ist der Person häufig nicht bewusst. Milde und lang anhaltende Basisaffekte können deshalb ein „affektives Hintergrundrauschen" bilden, das die aktuelle Stimmung einer Person wiedergibt.

Ähnlich wie andere sensorische Empfindungen (Sehen, Hören, usw.) werden auch Basisaffekte und ihre Veränderungen fortwährend registriert und unter Einbezug von interpretativen Schemata kategorisiert. Bieten sich für diese Kategorisierung emotionale Konzepte wie Ärger, Angst, Freude, usw. an, so entsteht eine Emotion im klassischen Sinn: Die Aufregung während der Achtbahnfahrt wird zur Angst, die Unruhe während der Autofahrt zur Ungeduld und die Erregung während des Streitgesprächs zur Verärgerung. Emotionale Kategorisierungen ordnen affektive Zustände auf diese Weise in einen Sinnzusammenhang ein, der über eine reine Benennung von Gefühlszuständen hinausgeht. Die affektive Valenz von Rohgefühlen schränkt dabei die Möglichkeiten einer sinnvollen Kategorisierung ein, sodass diese nicht beliebig vorgenommen werden.

Die Angst vor einer Spinne und die Angst vor einer globalen Klimaerwärmung müssen sich somit nicht auf Gemeinsamkeiten in den Reaktionen beziehen. Sie haben vielmehr gemeinsam, dass sie eine mehr oder wenig stark ausgeprägte Ähnlichkeit zu unserer kognitiven Vorstellung einer prototypischen Angst besitzen, ähnlich wie verschiedene Rottöne in einem kontinuierlich abgestuften Farbenspektrum unserer Vorstellung von einem „reinen" Rot unterschiedlich nahe kommen. Je mehr eine Gefühlsreaktion in einer Situation unserem Bild von einer „typischen" emotionalen Reaktion entspricht, umso wahrscheinlicher ist ihre Kategorisierung als „emotionale" Reaktion. Emotionen sind folglich nicht von der Natur vorgegeben, sondern sie werden psychologisch „konstruiert".

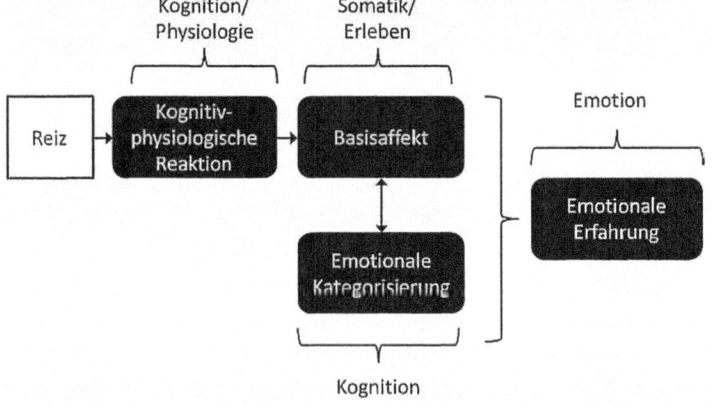

Abbildung 49: Konstruktivistische Emotionstheorien.

Was ist eine Emotion?
Wie Abbildung 49 zeigt, entstehen Emotionen in einem Zusammentreffen von „bottom-up" getriebener affektiver Information (Basisaffekt) und „top-down" spezifizierten emotionalen Kategorien. Basisaffekte können physiologisch und kognitiv ausgelöst werden, wobei die Auslösemechanismen von diesen Theorien nicht weiter spezifiziert werden. Unspezifische Affektzustände werden unter Einbezug von unserem Wissen über Emotionen automatisch kategorisiert, wodurch diese einen Objektbezug erhalten.

Wie entstehen unterschiedliche Emotionen?
Was wir fühlen (Lindquist & Barrett, 2008) und was wir aus dem Gesicht von anderen Personen ablesen (Lindquist, Barrett, Bliss-Moreau, & Russell, 2006) wird laut konstruktivistischen Emotionstheorien vor allem davon bestimmt, welche interpretativen Schemata zu einem Zeitpunkt kognitiv verfügbar sind. Individuelle Unterschiede im Wissen über Emotionen können deshalb dazu führen, dass ein affektiver Zustand von verschiedenen Personen unterschiedlich erlebt wird: Eine Person, die mehrere unterschiedliche Konzepte zur Verfügung hat, um beispielsweise Gefühlsreaktionen auf ein rücksichtsloses Verhalten eines Autofahrers zu beschreiben (z. B. Irritation, Empörung), wird diese Situation vermutlich anders erleben als eine Person, die nur das Konzept „Ärger" kennt.

Unterschiede im kulturellen und sprachlichen Gebrauch von Emotionskonzepten können zudem zur Folge haben, dass sich ganze Personengruppen in ihrem Emotionserleben unterscheiden. Traurigkeit wird zum Beispiel in westlichen Kulturen mit persönlichem Verlust, aber in Russland mit physischem Leid in Verbindung gebracht (Wierzbicka, 1999). „Schadenfreude" und „Angst" beschreiben in der deutschen Sprache emotionale Zustände, für die andere Sprachen kein eigenes Wort haben (Russell, 1991). Gefühlsreaktionen auf bestimmte Situationen und Themen (z. B. Verlust) werden deshalb von Angehörigen unterschiedlicher Kulturen und Sprachgemeinschaften häufig nicht nur unterschiedlich benannt, sondern auch unterschiedlich erlebt (Mesquita & Frijda, 1992).

Zusammenfassung
Konstruktivistische Ansätze behaupten, dass Emotionen durch emotionale Kategorisierungen von unspezifischen affektiven Zuständen entstehen. Wie wir eine Situation erleben und welchen Stellenwert wir einer Gefühlsreaktion zuschreiben, hängt vor allem davon ab, ob sie in ein emotionales Skript passen, das eine „typische" emotionale Reaktion (Angst, Ärger, Freude usw.)

beschreibt. Diese kategoriale Einordnung erfolgt über vage Ähnlichkeiten, ohne dass notwendige Merkmale für eine konkrete Emotion bestimmt werden. Ähnlich wie wir Pinguine zu Vögeln hinzu zählen, obwohl sie nicht fliegen können, können wir auch verschiedene Zustände einer „Angst" erleben, ohne dass sie einen Überschneidungsbereich in den von ihnen ausgelösten Reaktionen haben. Konstruktivistische Emotionstheorien geben folglich die Suche nach emotionsspezifischen Reaktionsprofilen auf. Stattdessen betonen sie die sozio-kulturelle Konstruktion von Emotionskategorien, die Unterschiede (unterschiedliche Emotionsskripte) und Gemeinsamkeiten (ähnliche Emotionsskripte) in der emotionalen Kategorisierung von Basisaffekten erklärt.

Aufgrund ihrer Erwartung einer kulturell bedingten Emotionsvielfalt haben konstruktivistische Emotionstheorien jedoch Schwierigkeiten damit, Beobachtungen von universell auftretenden Emotionen zu erklären (Ekman et al., 1969; Izard, 1994). Darüber hinaus bleibt weitgehend ungeklärt, (i) wodurch Basisaffekte ausgelöst werden, (ii) wie Valenz und Erregung zu einem „Rohgefühl" integriert werden und (iii) was eine emotionale Kategorisierung anstößt. Die Theorieentwicklung ist somit in wichtigen Fragen noch nicht abgeschlossen.

V.3.4   *Vergleichende Gegenüberstellung von Emotionstheorien*

Tabelle 14 gibt einen Überblick über die wichtigsten Annahmen der einzelnen Theorien sowie ihrer Vorzüge und Schwächen. Wie die Tabelle zeigt, sind sich die Ansätze einig in einem Verständnis von Emotionen als multidimensionale Konstrukte (Komponentenmodell). Die Ansätze unterscheiden sich jedoch grundlegend in den Annahmen, welche Ereignisse Emotionen auslösen (Ursache), welche Prozesse Emotionen vermitteln (Entstehung) und was Emotionen sind (Definition). Ein Alleinstellungsmerkmal von biologischen Emotionstheorien ist die Annahme einer begrenzten Anzahl von (primären) Emotionen. Konstruktivistische Theorien bestreiten wiederum als einziger Ansatz die Existenz von emotionsspezifischen Reaktionsprofilen.

Tabelle 14: Vergleichende Gegenüberstellung von biologischen, kognitiven und konstruktivistischen Emotionstheorien.

Theorieansatz	Biologisch	Kognitiv	Konstruktivistisch
Emotions-ursache	Biologische Schlüssel-reize und emotional gelernte Reize	Situationsbewertung (Appraisal)	Veränderung von Basis-affekten
Emotions-entstehung	Emotionsmodule	Kognitive Prozesse	Kategorisierung von Basisaffekten
Komponenten-modell	ja	ja	ja
Reaktions-profile	ja	ja	nein
Anzahl von Emotionen	begrenzt	unbegrenzt	unbegrenzt
Definition	Output von Emotions-modulen	Ergebnis von emotiona-len Einschätzungen	Emotional kategorisier-ter Basisaffekt
Stärken	• evolutionsbiologische Perspektive • universeller Emotions-ausdruck • Analogien im Tierreich	• alltagsplausibel • Unterschiede zwischen und innerhalb von Personen • hohe Präzision	• sozio-kulturelle Unterschiede • breiter Erklärungs-anspruch (Emotion, Stimmung, Affekt)
Schwächen	• Unterschiede zwischen und innerhalb von Personen • unklare Definition von Basisemotionen • unklare Auslöser von Emotionen • geringe Reaktions-kohärenz	• kognitive Ver-ursachung von nicht-kognitiven Erleb-nissen (Gefühlen) • nicht-kognitive Einflüs-se (z.B. Drogen) • vorwiegend korrelative Studien • geringe Reaktions-kohärenz	• unklare Ursachen von Basisaffekt • unklare Auslöser einer emotionalen Kategori-sierung • universeller Emotions-ausdruck • bislang wenig empi-risch überprüft
Aktuelle Theo-rien (Auswahl)	– Basic Emotion Theory (Ekman, 1992) – Affect Circuit Theory (Panksepp, 2005)	– Component Process Model (Scherer, 2001) – OCC Model (Ortony, Clore, & Collins, 1988)	– Core-Affect Theory (Russell, 2003) – Conceptual Act Theory (Barrett, 2006)

Die unterschiedliche Gewichtung von biologischen, kognitiven und sozialen Variablen in den Ansätzen schlägt sich auch in ihren Stärken und Schwächen nieder. Biologische Emotionstheorien zeichnen sich durch eine enge Anbindung an die Evolutionstheorie aus und sie haben vor allem dann eine große Überzeugungskraft, wenn es um Erklärungen von universell auftretenden

Emotionen geht. Sie haben jedoch Schwierigkeiten zu bestimmen, was eine Basisemotion ist und wie ähnliche Situationen unterschiedliche Emotionen und unterschiedliche Situationen ähnliche Emotionen in Personen auslösen können.

Die Erklärung von Unterschieden im emotionalen Erleben einer Situation ist dagegen eine Stärke von kognitiven Emotionstheorien, die aus den individuellen Situationseinschätzungen einer Person das emotionale Erleben einer Situation mit großer Genauigkeit vorhersagen können. Unbeantwortet bleibt hier jedoch, wie „kalte" Kognitionen „heiße" Emotionen verursachen und wie nicht-kognitive Faktoren (z. B. Drogen) auf das emotionale Erleben einwirken. Die mehrheitlich korrelativen Studien lassen zudem offen, ob Kognitionen Ursache oder Begleiterscheinung von Emotionen sind. Der lose Zusammenhang zwischen den Reaktionen einer emotionalen Episode lässt wiederum an emotionalen Reaktionsprofilen zweifeln, die Emotionen kennzeichnen.

Eine geringe Reaktionskohärenz ist hingegen im Einklang mit den Annahmen von konstruktivistischen Theorien. Ihr Geltungsanspruch umfasst nicht nur Emotionen, sondern auch diffuse Stimmungen und Affekte einer Person. Der Erklärungshorizont von konstruktivistischen Emotionstheorien ist folglich sehr weit, wenngleich ihre Erklärungsmacht von Unklarheiten bezüglich den Auslösern von Basisaffekten und emotionalen Kategorisierungen empfindlich eingeschränkt wird. Darüber hinaus haben sie Schwierigkeiten mit Beobachtungen von universell auftretenden Emotionen und angeborenen emotionalen Verhaltensweisen.

V.4   Wie können wir Emotionen kontrollieren?

Emotionen regulieren das Verhalten und Erleben der Person (Regulation *durch* Emotionen). Emotionen können aber auch selbst zum Gegenstand der Regulation werden (Regulation *von* Emotionen). *Emotionsregulation* bezeichnet alle Wege und Mittel, über die Personen Einfluss darauf nehmen, welche Emotionen sie haben, wann sie sie haben und wie sie Emotionen erleben und ausdrücken (Gross & Thompson, 2007).

Die Gründe für eine Emotionsregulation können vielfältig sein. Ein wichtiger Antrieb ist eine *hedonistische Motivation*, die auf eine Maximierung von Lust (positive Emotionen) und eine Vermeidung von Unlust (negative Emotionen) drängt. In vielen Situationen kommt es aber eher darauf an, die „richtige" Emotion zu haben, die aktuellen Handlungsanforderungen entspricht *(funktionale Motivation)*. Personen verstärken beispielsweise ihre Ärgergefühle, um aggressives Verhalten in einer erwarteten Konfrontation strategisch vorzubereiten (Tamir, Mitchell & Gross, 2008). Menschen regulieren ihre Emotionen auch aufgrund von *prosozialen Motiven*. Die Enttäuschung über ein unpassendes Geschenk wird zum Beispiel verborgen, um die Gefühle des Gebers nicht zu verletzen. Emotionsregulation kann auch *Selbstschutz* als Ziel haben. Psychologische Abwehrmechanismen wie Verdrängung („Er ist nicht immer so!"), Distanzierung („Das geht mich nichts an!") oder strategische Umdeutungen („Er hat es nicht böse gemeint!") reduzieren Stress und bewahren den Selbstwert der Person. Emotionen werden schließlich auch gezielt für ein *Eindrucksmanagement* eingesetzt. Die Schadenfreude über das Scheitern eines Konkurrenten oder das Lampenfieber vor dem Auftritt werden maskiert, um eine positive Selbstinszenierung nicht zu gefährden. Das Lächeln des Verkäufers und die gute Laune der Gastgeberin sind häufig vorgetäuscht, um soziale Gepflogenheiten einzuhalten.

Emotionsregulation ist folglich in vielen Situationen nötig, die unterschiedliche Vorgehensweisen verlangen. Wie Abbildung 50 zeigt, wurden fünf Arten von Emotionsregulationsstrategien identifiziert, die *vor* (Situation, Aufmerksamkeit, Bedeutung) und *nach* dem Auftreten einer Emotion (Reaktion) ansetzen. Diese Strategien werden im Folgenden näher vorgestellt.

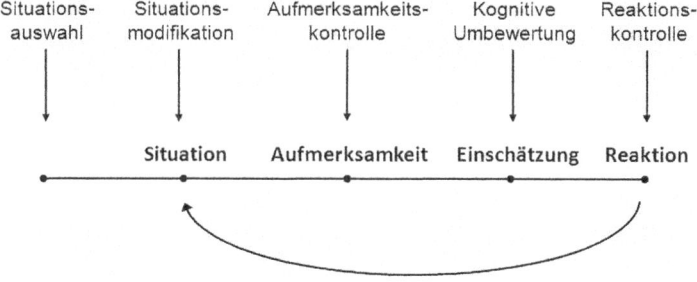

Abbildung 50: Prozessmodell der Emotionsregulation nach Gross & Thompson (2007).

V.4.1 Situationsauswahl

Personen können das Auftreten von bestimmten Emotionen steuern, indem sie emotionsauslösende Situationen strategisch aufsuchen (z. B. Kinobesuch) oder vermeiden (z. B. Zahnarztbesuch). Ein Beispiel: Um ein Referat in einem gefürchteten Seminar nicht halten zu müssen, täuscht Anna kurz vor dem Referatstermin eine Krankheit vor.

V.4.2   Situationsmodifikation

Emotionsauslösende Situationen können aktiv verändert werden, damit sie den eigenen Wünschen und Bedürfnissen besser entsprechen. Anna muss zum Beispiel das ungeliebte Referat halten, damit sie einen Schein erhält. Deshalb bereitet sie sich auf das Referat besonders intensiv vor, um dem Referat seinen Schrecken zu nehmen.

V.4.3   Aufmerksamkeitskontrolle

Personen können emotionale Reaktionen verstärken, indem sie ihre Aufmerksamkeit auf die emotionalen Aspekte einer Situation richten (Konzentration). Umgekehrt können sie ihre Aufmerksamkeit auf nicht-emotionale Aspekte einer Situation oder irrelevante Reize lenken (Ablenkung), um Emotionen abzuschwächen. Um ihre Aufregung in den Griff zu bekommen, meidet Anna beispielsweise während des Referats einen direkten Blickkontakt mit der Zuhörerschaft und sie konzentriert sich auf ihre Folien.

V.4.4   Kognitive Umbewertung

Eine besonders effektive Methode für eine Emotionsregulation ist die kognitive Umbewertung (engl., *reappraisal*) eines emotionalen Ereignisses. Zu dieser Klasse von Regulationsstrategien zählen neben Neubewertungen und (günstigen) Attributionen auch Abwehrmechanismen wie Verdrängung, Leugnung und Intellektualisierung. Aus der Krise wird eine Chance, das halbleere Glas wird halbvoll wahrgenommen. Anna erinnert sich beispielsweise gezielt an Referate, die sie in der Vergangenheit erfolgreich gehalten hat, und blickt aufgrund dieser Erfolgserfahrungen dem Referat mit mehr Zuversicht entgegen.

V.4.5   Reaktionskontrolle

In einem letzten Schritt können emotionale Reaktionen willentlich verstärkt oder unterdrückt werden. Eine Unterdrückung des Emotionsausdrucks ist besonders dann wahrscheinlich, wenn die emotionale Befindlichkeit vor anderen verborgen werden sollte. Anna will sich zum Beispiel ihre Aufregung während des Referats nicht anmerken lassen. Sie atmet deshalb immer einige Mal tief durch, wenn sie merkt, dass ihre Stimme zittrig wird. Zudem hat sie vorsorglich ein Beruhigungsmittel eingenommen, um ihre Nervosität einzudämmen.

Die Effektivität dieser Regulationsstrategien für eine Emotionskontrolle wurde in zahlreichen Studien untersucht (Koole, 2009). Als besonders wirksame Methode hat sich eine kognitive Umbewertung von emotionsauslösenden Situationen gezeigt. In einer Studie (Lazarus, Opton, Nomikos & Rankin, 1965) wurde Personen ein furchtauslösender Film über Arbeitsunfälle gezeigt. Vor dem Abspielen des Films wurden ein leugnender (falsches Blut, Trickaufnahmen usw.), ein intellektualisierender (sachlicher Bericht über Arbeitsrisiken, objektive Analyse von Risikofaktoren usw.) oder ein neutraler Kommentar (Kontrollbedingung) zu dem Film gegeben. Messungen der elektrischen Hautleitfähigkeit (als Index einer emotionalen Erregung) ergaben, dass leugnende und intellektualisierende Kommentare die emotionale Erregung während des Films verringerten. Dieser Befund zeigt, dass kognitive Umbewertungen die emotionale Relevanz einer Situation wirksam verändern können.

Studien haben zudem Begleiterscheinungen einer willentlichen Unterdrückung von emotionalen Verhaltensweisen (Ausdrucksunterdrückung) untersucht. Gross und Levenson (1997) zeigten Personen einen traurigen, fröhlichen und einen neutralen Film. Während des Films sollte eine Hälfte der Stichprobe ihre emotionale Befindlichkeit nach außen hin verbergen. Diese Anweisung reduzierte nicht nur instruktionsgemäß den Ausdruck der Befindlichkeit im offenen Verhalten, sondern auch die Intensität der empfundenen Traurigkeit bzw. Fröhlichkeit. Dieses Ergebnis deckt sich somit mit der Facial-Feedback-Hypothese, dass die Unterdrückung des Emotionsausdrucks im Gesicht das Empfinden dieser Emotion reduziert (s. Kasten 3).

Neben einem reduzierten Erleben haben Studien aber noch weitere Begleiterscheinungen einer Ausdrucksunterdrückung entdeckt. So wird durch eine Ausdrucksunterdrückung die kardiovaskuläre Aktivität der Person erhöht, und zwar unabhängig davon, ob eine positive oder eine negative Emotion unterdrückt wird (Gross & Levenson, 1997). Dieser ironische Effekt auf die kardiovaskuläre Aktivität tritt nur bei einer Reaktionsunterdrückung, nicht aber bei einer kognitiven Umbewertung der Situation auf (Gross, 1998). Eine physiologische „Stressreaktion" macht auch verständlich, warum Personen, die chronisch Angstempfindungen unterdrücken (sog. *repressors*), eine besondere Anfälligkeit für Herz- und Asthmaerkrankungen haben (Myers, Burns, Derakshan, Elfant, Eysenck & Phipps, 2008).

Darüber hinaus wurde gezeigt, dass eine emotionale Reaktionsunterdrückung kognitive Ressourcen verbraucht (sog. *ego-depletion*; Muraven, Tice & Baumeister, 1998) und Interaktionen mit anderen Personen behindert. Butler, Egloff, Wilhelm, Smith, Erickson und Gross (2003) zeigten jeweils zwei Frauen einen erschütternden Film, über den sie sich in einem nachfolgenden Gespräch austauschen sollten. Eine der beiden Frauen (sog. Akteure) sollte ihre Gefühlslage während des Gesprächs verbergen (Ausdrucksunterdrückung). Das Verhalten der Akteure und ihrer Partnerinnen wurde während des Gesprächs beobachtet und die Qualität der Interaktion von beiden Frauen beurteilt. Relativ zu einer Kontrollgruppe, die keine spezifische Instruktion für das Gespräch erhalten hatte, zeigten die um Maskierung bemühten Akteure neben einer reduzierten Expressivität auch eine reduzierte Reaktivität auf die Gesprächsbeiträge ihrer Partnerinnen. Darüber hinaus berichtete diese Gruppe eine erhöhte Ablenkung während des Gesprächs. Interessanterweise reagierten auch die Gesprächspartnerinnen auf die Maskierungsbemühungen der Akteure: Diese Frauen zeigten eine physiologische Stressreaktion während des Gesprächs und sie schätzten die Wärme und Nähe zu den Akteuren geringer ein als Frauen in der Kontrollbedingung. Ähnlich störende Auswirkungen einer Emotionskontrolle wurden jedoch nicht mit einer kognitiven Neubewertung der Situation beobachtet (reappraisal), obwohl auch diese Akteure weniger Emotionen während des Gesprächs ausdrückten. Nicht die reduzierte Expressivität der Akteure wirkt somit beeinträchtigend, sondern die von den Maskierungsanstrengungen verursachte Ablenkung und verringerte Reaktivität wirkt sich störend auf das Interaktionsverhalten aus.

Zusammenfassend lässt sich festhalten, dass es unterschiedliche Wege gibt, Emotionen unter Kontrolle zu bringen. Emotionsregulation kann darauf abzielen, das eigene Wohlbefinden zu steigern. Häufig sind sie aber darauf ausgerichtet, Emotionen situationsangemessen zu gestalten, damit sie mit aktuellen Handlungsanforderungen und sozialen Erwartungen in Einklang stehen. Situationskontrolle und kognitive Umbewertung bilden einen Königsweg für eine Modifikation des emotionalen Erlebens, da sie in Prozesse vor der Emotionsentstehung eingreifen. Reaktionskontrolle ist hingegen der Versuch, bereits ausgelöste emotionale Reaktionen zu unterdrücken, was häufig mit körperlichen, kognitiven und sozialen Kosten verbunden ist. Ausgestattet mit einem Arsenal an unterschiedlichen Emotionsregulationsstrategien sind wir unseren Emotionen jedoch nicht passiv ausgeliefert, sondern wir können sie aktiv an persönliche Bedürfnisse und an wechselnde Situationserfordernisse anpassen.

Weiterführende Literaturempfehlungen.

Dalgleish, T., Dunn, B. D., & Mobbs, D. (2009). Affective neuroscience: Past, present, and future. *Emotion Review, 1,* 355–368. (Überblicksartikel zu historischen Entwicklungen und zum aktuellen Stand der neurowissenschaftlichen Emotionsforschung)

Baumeister, R. F., DeWall, C. N., Vohs, K. D., & Alquist, J. L. (2010). Does emotion cause behavior (apart from making people do stupid, destructive things)? In C. R. Agnew, D. E. Carlston, W. G. Graziano, & J. R. Kelly (Eds.), *Then a miracle occurs: Focusing on behavior in social psychological theory and research.* (pp. 119–136). New York: Oxford University Press. (thematisiert den Einfluss von Emotionen auf die Verhaltenssteuerung; bricht mit populären Annahmen und hebt den informativen Wert von Emotionen für die Handlungsregulation hervor)

Yiend, J. (2010). The effects of emotion on attention: A review of attentional processing of emotional information. *Cognition and Emotion, 24,* 3–47. (Überblick über den aktuellen Forschungsstand zur emotionalen Aufmerksamkeitslenkung)

Clore, G. L., & Ortony, A. (2000). Cognition in emotion: Always, sometimes, or never? In R. D. Lane & L. Nadel (Eds.), *Cognitive neuroscience of emotion* (pp. 24–61). New York: Oxford University Press. (diskutiert verschiedene Positionen zur Frage nach der Rolle von kognitiven Vorgängen in der Emotionsentstehung)

Gendron, M., & Barrett, L. F. (2009). Reconstructing the past: A century of ideas about emotion in psychology. *Emotion Review, 1,* 316–339. (systematischer Überblick über die historische Entwicklung von Emotionstheorien)

Moors, A. (2009). Theories of emotion causation: A review. *Cognition & Emotion, 23*, 625–662. (diskutiert die wichtigsten Emotionstheorien)

Gross, J. J., & Thompson, R. A. (2007). Emotion regulation: Conceptual foundations. In J. J. Gross (Ed.), *Handbook of emotion regulation* (pp. 3–24). New York: Guilford Press. (guter Einstieg in grundlegende Konzepte und Ideen über Emotionsregulation)

Rothermund, K., & Eder, A. B. (2009). Emotion und Handeln. In V. Brandstätter & J. H. Otto (Eds.), *Handbuch der Allgemeinen Psychologie: Motivation und Emotion* (Vol. Bd. 11, pp. 675–685). Göttingen, Germany: Hogrefe. (ausführliche Darstellung der komplexen Zusammenhänge zwischen Emotion und Verhalten)

Literaturverzeichnis

Abramson, L. Y., Seligman, M. E. P., & Teasdale, J. (1978). Learned helplessness in humans. *Journal of Abnormal Psychology, 87*, 49–74.

Achtziger, A., & Gollwitzer, P. M. (2010). Motivation und Volition im Handlungsverlauf. In J. Heckhausen & H. Heckhausen (Eds.), *Motivation und Handeln* (S. 309–335). Berlin: Springer.

Ainslie, G. (1992). *Picoeconomics: The strategic interaction of successive motivational states within the person.*

Ainslie, G., & Haslam, N. (1992). Hyperbolic discounting. In G. Loewenstein & J. Elster (Eds.), *Choice over time* (pp. 57–91). New York: Russel Sage Foundation.

Alicke, M. D., & Sedikides, C. (2009). Self-enhancement and self-protection: What they are and what they do. *European Review of Social Psychology, 20*, 1–48.

Allais, M. (1953). Le comportement de l'homme rationnel devant le risque: Critique des postulats et axioms de l'ecole americaine. *Econometrica, 21*, 503–546.

Anderson, A. K. (2005). Affective influences on the attentional dynamics supporting awareness. *Journal of Experimental Psychology: General, 134*, 258–281.

Anscombe, G. E. M. (1957). *Intention.* Oxford: Blackwell.

Arkes, H. R., & Blumer, C. (1985). The psychology of sunk cost. *Organizational Behavior and Human Decision Processes, 35*, 124–140.

Atkinson, J. W. (1957). Motivational determinants of risk-taking behavior. *Psychological Review, 64*, 359–372.

Atkinson, J. W., & Litwin, G. H. (1960). Achievement motive and test anxiety conceived as motive to approach success and motive to avoid failure. *Journal of Abnormal and Social Psychology, 60*, 52–63.

Atkinson, J. W., & Walker, E. L. (1958). The affiliation motive and perceptual sensitivity to faces. In J. W. Atkinson (Ed.), *Motives in fantasy, action, and society* (pp. 360–366). Princeton, NJ: Van Nostrand.

Aumann, R., & Hart, S. (1992, 1994, 2002). *Handbook of game theory with economic applications* (Vol. 1, 2, 3). Oxford, UK: Elsevier.

Austin, J. T., & Vancouver, J. B. (1996). Goal constructs in psychology: Structure, process, and content. *Psychological Bulletin, 120*, 338–375.

Axelrod, R. (1984). *The evolution of cooperation.* New York: Basic Books.

Bandura, A. (1977). Self-efficacy: Toward a unifying theory of behavioral change. *Psychological Review, 84*, 191–215.

Barrett, L. F. (2006). Solving the emotion paradox: Categorization and the experience of emotion. *Personality & Social Psychology Review, 10*, 20–46.

Barrett, L. F. (2009). Variety is the spice of life: A psychological construction approach to understanding variability in emotion. *Cognition & Emotion, 23*, 1284–1306.

Barrett, L. F., & Russell, J. A. (1999). The structure of current affect: Controversies and emerging consensus. *Current Directions in Psychological Science, 8*, 10–14.

Baumeister, R. F., Bratslavsky, E., Finkenauer, C., & Vohs, K. D. (2001). Bad is stronger than good. *Review of General Psychology, 5*, 323–370.

Baumeister, R. F., Vohs, K. D., DeWall, C. N., & Zhang, L. (2007). How emotion shapes behavior: Feedback, anticipation, and reflection, rather than direct causation. *Personality and Social Psychology Review, 11*, 167–203.

Bechara, A., Damasio, A. R., Damasio, H., & Anderson, S. W. (1994). Insensitivity to future consequences following damage to human prefrontal cortex. *Cognition, 50*, 7–15.

Beckmann, J. (1996). Self-presentation and the Zeigarnik effect. In T. Gjesme & R. Nygard (Eds.), *Advances in Motivation* (pp. 35–45). Oslo: Scandinavian University Press.

Bem, D. J. (1967). Self-perception: An alternative interpretation of cognitive dissonance phenomena. *Psychological Review, 74*, 183–200.

Berlyne, D. (1960). *Conflict, arousal, and curiosity.* New York: McGraw-Hill.

Bernard, L. L. (1924). *Instinct: A study in social psychology.* New York: Holt.

Bischof, N. (2008). *Psychologie. Ein Grundkurs für Anspruchsvolle.* Stuttgart: Kohlhammer.

Blanchette, I. (2006). Snakes, spiders, guns, and syringes: How specific are evolutionary constraints on the detection of threatening stimuli? *The Quarterly Journal of Experimental Psychology, 59*, 1484–1504.

Bowlby, J. (1969). *Attachment and loss: Vol. 1. Attachment.* New York: Basic Books.

Bradley, B. P., Mogg, K., & Lee, S. C. (1997). Attentional biases for negative information in induced and naturally occuring dysphoria. *Behaviour Research and Therapy, 35*, 911–927.

Bradley, M. M., Codispoti, M., Cuthbert, B. N., & Lang, P. J. (2001). Emotion and motivation I: Defensive and appetitive reactions in picture processing. *Emotion, 1*, 276–298.

Bradley, M. M., Silakowski, T., & Lang, P. J. (2008). Fear of pain and defensive activation. *Pain, 137*, 156–163.

Brandtstädter, J. (2006). Action perspectives on human development. In R. M. Lerner (Ed.), *Handbook of Child Development: Theoretical models of human development* (6th ed., Vol. 1, pp. 516–568). New York: Wiley.

Brandtstädter, J., & Rothermund, K. (2002). The life-course dynamics of goal pursuit and goal adjustment: A two-process framework. *Developmental Review, 22*, 117–150.

Brosch, T., Pourtois, G., & Sander, D. (2010). The perception and categorisation of emotional stimuli: A review. *Cognition & Emotion, 24*, 377–400.

Brown, J. S. (1948). Gradients of approach and avoidance responses and their relation to level of motivation. *Journal of Comparative and Physiological Psychology, 41*, 450–465.

Brown, R., & Kulik, J. (1977). Flashbulb memories. *Cognition, 5*, 73–99.

Brunstein, J. (2010). Implizite und explizite Motive. In J. Heckhausen & H. Heckhausen (Eds.), *Motivation und Handeln* (pp. 237–255). Heidelberg: Springer.

Brunstein, J. C., & Gollwitzer, P. M. (1996). Effects of failure on subsequent performance: The importance of self-defining goals. *Journal of Personality and Social Psychology, 70*, 395–407.

Brunstein, J. C., & Hoyer, S. (2002). Implizites versus explizites Leistungsstreben: Befunde zur Unabhängigkeit zweier Motivationssysteme. *Zeitschrift für Pädagogische Psychologie, 16*, 52–61.

Brunstein, J. C., Schultheiss, O. C., & Grassmann, R. (1998). Personal goals and emotional well-being: The moderating role of motive dispositions. *Journal of Personality and Social Psychology, 75*, 494–508.

Butler, E. A., Egloff, B., Wilhelm, F. H., Smith, N. C., Erickson, E. A., & Gross, J. J. (2003). The social consequences of expressive suppression. *Emotion, 3*, 48–67.

Butterfield, E. C. (1964). The interruption of task: Methodological, factual, and theoretical issues. *Psychological Bulletin, 62*, 309–322.

Cacioppo, J. T., Berntson, G. G., Larsen, J. T., Poehlmann, K. M., Ito, T. A. (2000). The psychophysiology of emotion. In M. Lewis, R. J. M. Haviland-Jones (Eds.), *The handbook of emotions* (2nd Ed.; pp. 173–191). New York: Guilford Press.

Camras, L. A. (1977). Facial expressions used by children in a conflict situation. *Child Development, 48,* 1431–1435.

Cannon, W. B. (1927). The James-Lange theory of emotions: a critical examination and an alternative theory. *American Journal of Psychology, 39,* 106–124.

Cantor, J. R., Zillmann, D., & Bryant, J. (1975). Enhancement of experienced sexual arousal in response to erotic stimuli through misattribution of unrelated residual excitation. *Journal of Personality and Social Psychology, 32,* 69–75.

Carver, C. S., Blaney, P. H., & Scheier, M. F. (1979). Reassertion and giving up: The interactive role of self-directed attention and outcome expectancy. *Journal of Personality and Social Psychology, 37,* 1859–1870.

Carver, C. S., & Scheier, M. F. (1981). *Attention and self-regulation: A control-theory approach to human behavior.* New York: Springer.

Clore, G. L., & Huntsinger, J. R. (2007). How emotions inform judgment and regulate thought. *Trends in Cognitive Sciences, 11,* 393–399.

Clore, G. L., & Ortony, A. (2000). Cognition in emotion: Always, sometimes, or never? In R. D. Lane & L. Nadel (Eds.), *Cognitive neuroscience of emotion* (pp. 24–61). New York: Oxford University Press.

Conlon, D. E., & Garland, H. (1993). The role of project completion information in resource allocation decisions. *Academy of Management Journal, 36,* 402–413.

Connolly, K., & Smith, P. K. (1972). Reactions of pre-school children to a strange observer. In N. Blurton Jones (Ed.), *Ethological studies of child behavior* (pp. 157–172). Oxford: Cambridge University Press.

Cook, M., & Mineka, S. (1990). Selective associations in the observational conditioning of fear in rhesus monkeys. *Journal of Experimental Psychology: Animal Behavior Processes, 16,* 372–389.

Crespi, L. P. (1942). Quantitative variation of incentive and performance in the white rat. *American Journal of Psychology, 55,* 467–517.

Cross, P. (1977). Not can but will college teaching be improved? *New Directions for Higher Education, 17,* 1–15.

Dalgleish, T., Dunn, B. D., & Mobbs, D. (2009). *Affective neuroscience: Past, present, and future. Emotion Review, 1,* 355–368.

Damasio, A. (1998). The somatic marker hypothesis and the possible functions of the prefrontal cortex. In A. C. Roberts, T. W. Robbins & L. Weiskrantz (Eds.), *The prefrontal cortex: Executive and cognitive functions* (pp. 36–50). New York: Oxford University Press.

Darwin, C. (1872/2007). *The expression of the emotions in man and animals.* Mineola, NY: Dover Publications Inc.

Dawkins, R. (1976). *The selfish gene.* Oxford, GB: Oxford University Press.

DeCharms, R., & Moeller, G. H. (1962). Values expressed in American children's readers: 1800–1950. *Journal of Abnormal and Social Psychology, 64,* 136–142.

Dijksterhuis, A. (2010). *Das kluge Unbewusste: Denken mit Gefühl und Intuition.* Stuttgart: Klett-Cotta.

Easterbrook, J. A. (1959). The effect of emotion on cue utilization and the organization of behavior. *Psychological Review, 66,* 183–201.

Eder, A. B., & Rothermund, K. (2008). When do motor behaviors (mis)match affective stimuli? An evaluative coding view of approach and avoidance reactions. *Journal of Experimental Psychology: General, 137,* 262–281.

Edery-Halpern, G., & Nachson, I. (2004). Distinctiveness in flashbulb memory: Comparative analysis of five terrorist attacks. *Memory, 12,* 147–157.

Eibl-Eibesfeldt, I. (1976). *Liebe und Hass.* München: Piper.

Ekman, P. (1992). An argument for basic emotions. *Cognition and Emotion, 6,* 169–200.

Ekman, P., Levenson, R. W., & Friesen, W. V. (1983). Autonomic nervous system activity distinguishes among emotions. *Science, 221,* 1208–1210.

Ekman, P., Sorenson, E. R., & Friesen, W. V. (1969). Pan-cultural elements in facial displays of emotion. *Science, 164,* 86–88.

Elliot, A. J. (2008). Approach and avoidance motivation. In A. J. Elliot (Ed.), *Handbook of approach and avoidance motivation.* (pp. 3–14). New York: Psychology Press.

Ellsworth, P. C. (1994). William James and emotion: Is a century of fame worth a century of misunderstanding? *Psychological Review, 101,* 222–229.

Ellsworth, P. C., & Scherer, K. R. (2003). Appraisal processes in emotion. In R. J. Davidson, K. R. Scherer, & H. H. Goldsmith (Eds.), *Handbook of affective sciences* (pp. 572–595). New York: Oxford University Press.

Erickson, M. H., & Erickson, E. M. (1941). Concerning the nature and character of post-hypnotic behavior. *Journal of General Psychology, 24,* 95–133.

Feather, N. T. (1961). The relationship of persistence at a task to expectation of success and achievement related motives. *Journal of Abnormal and Social Psychology, 63,* 552–561.

Fishbein, M., & Ajzen, I. (1975). *Belief, attitude, intention and behavior: An introduction to theory and research.* Reading, MA: Addison-Wesley.

Forsythe, R., Horowitz, J. L., Savin, N. E., & Sefton, M. (1994). Fairness in simple bargaining experiments. *Games and Economic Behavior, 6,* 347–369.

Freud, S. (1915/1982). *Triebe und Triebschicksale* (Studienausgabe Bd. 3). Frankfurt am Main: Fischer Taschenbuch Verlag.

Freud, S. (1923/1982). *Das Ich und das Es* (Studienausgabe Bd. 3). Frankfurt am Main: Fischer Taschenbuch Verlag.

Fridlund, A. J., & Russell, J. A. (2006). The functions of facial expressions: What's in a face? In V. Manusov & M. L. Patterson (Eds.), *The Sage handbook of nonverbal communication* (pp. 299–319). Thousand Oaks, CA: Sage Publications, Inc.

Frijda, N. H. (1986). *The emotions.* Cambridge: Cambridge University Press.

Frijda, N. H., Kuipers, P., & ter Schure, E. (1989). Relations among emotion, appraisal, and emotional action readiness. *Journal of Personality and Social Psychology, 57,* 212–228.

Galati, D., Miceli, R., & Sini, B. (2001). Judging and coding facial expression of emotions in congenitally blind children. *International Journal of Behavioral Development, 25,* 268–278.

Garland, H., & Conlon, D. E. (1998). Too close to quit: The role of project completion in maintaining commitment. *Journal of Applied Social Psychology, 28,* 2025–2048.

Gehlen, A. (1940). *Der Mensch, seine Natur und Stellung in der Welt.* Berlin: Junker & Dünnhaupt.

Gerull, F. C., & Rapee, R. M. (2002). Mother knows best: The effects of maternal modelling on the acquisition of fear and avoidance behaviour in toddlers. *Behaviour Research and Therapy, 40,* 279–287.

Gollwitzer, P. M. (1987). Suchen, Finden und Festigen der eigenen Identität: Unstillbare Zielintentionen. In H. Heckhausen, P. M. Gollwitzer & F. E. Weinert (Eds.), *Jenseits des Rubikon: Der Wille in den Humanwissenschaften* (pp. 176–189). Heidelberg: Springer.

Gollwitzer, P. M. (1999). Implementation intentions: Strong effects of simple plans. *American Psychologist, 54,* 493–503.

Gollwitzer, P. M., & Brandstätter, V. (1997). Implementation intentions and effective goal pursuit. *Journal of Personality and Social Psychology, 73,* 186–199.

Gollwitzer, P. M., & Wicklund, R. A. (1985). Self-symbolizing and the neglect of others' perspectives. *Journal of Personality and Social Psychology, 48,* 702–715.

Greve, W. (1994). *Handlungserklärung.* Bern: Huber.

Greve, W., & Wentura, D. (2003). Immunizing the self: Self-concept stabilization through reality-adaptive self-definitions. *Personality and Social Psychology Bulletin, 29,* 39–50.

Gross, J. J. (1998). Antecedent- and response-focused emotion regulation: Divergent consequences for experience, expression, and physiology. *Journal of Personality and Social Psychology, 74*, 224–237.

Gross, J. J., & Levenson, R. W. (1997). Hiding feelings: The acute effects of inhibiting negative and positive emotion. *Journal of Abnormal Psychology, 106*, 95–103.

Gross, J. J., & Thompson, R. A. (2007). Emotion regulation: Conceptual foundations. In J. J. Gross (Ed.), *Handbook of emotion regulation* (pp. 3–24). New York: Guilford Press.

Habermas, J. (1969). Gegen einen positivistisch halbierten Rationalismus. In T. W. Adorno (Ed.), *Der Positivismusstreit in der deutschen Soziologie* (pp. 235–266). Neuwied: Luchterhand.

Hall, J. A., Coats, E. J., & Smith LeBeau, L. (2005). Nonverbal behavior and the vertical dimension of social relations: A meta-analysis. *Psychological Bulletin, 131*, 898–934.

Heckhausen, H. (1965). Leistungsmotivation. In H. Thomae (Ed.), *Handbuch Psychologie* (Vol. 2, S. 602–702). Göttingen: Hogrefe.

Heckhausen, H. (1972). Die Interaktion der Sozialisationsvariablen in der Genese des Leistungsmotivs. In C. F. Graumann (Ed.), *Handbuch der Psychologie* (Vol. 7/2, S. 955–1019). Göttingen: Hogrefe.

Heckhausen, H. (1975). Fear of failure as a self-reinforcing motive system. In I. G. Sarason & C. Spielberger (Eds.), *Stress and anxiety* (Vol. II, pp. 117–128). Washington, DC: Hemisphere.

Heckhausen, H. (1977). Motivation: Kognitionspsychologische Aufspaltung eines summarischen Konstrukts. *Psychologische Rundschau, 28*, 175–189.

Heckhausen, H. (1980). Motivation und Handeln. In. Berlin: Springer.

Herrnstein, R. J. (1990). Rational choice theory: Necessary but not sufficient. *American Psychologist, 45*, 356–367.

Higgins, E. T. (1987). Self-discrepancy: A theory relating self and affect. *Psychological Review, 94*, 319–340.

Hoelscher, T. J., Klinger, E., & Barta, S. G. (1981). Incorporation of concern- and nonconcern-related verbal stimuli into dream content. *Journal of Abnormal Psychology, 90*, 88–91.

Hovland, C. I., & Sears, R. R. (1938). Experiments on motor conflict. I. Types of conflict and their modes of resolution. *Journal of Experimental Psychology, 23*, 477–493.

Hull, C. L. (1933). Differential habituation to internal stimuli in the Albino rat. *Journal of Comparative Psychology, 16*, 255–273.

Hull, C. L. (1934). The rat's speed-of-locomotion gradient in the approach of food. *Journal of Comparative Psychology, 17*, 393–422.

Hull, C. L. (1943). *Principles of behavior.* New York: Appleton-Century-Crofts.

Izard, C. E. (1994). Innate and universal facial expressions: Evidence from developmental and cross-cultural research. *Psychological Bulletin, 115*, 288–299.

Jackson, D. N. (1974). *Manual for the Personality Research Form.* Goshen, NY: Research Psychology Press.

James, W. (1884). What is an emotion? *Mind, 9*, 188–205.

Johannesson, M., & Persson, B. (2000). Non-reciprocal altruism in dictator games. *Economics Letters, 69*, 137–142.

Jones, E. E., & Berglas, S. (1978). Control of attributions about the self through self-handicapping strategies: The appeal of alcohol and the role of underachievement. *Personality and Social Psychology Bulletin, 4*, 200–206.

Jones, M. (1924). A laboratory study of fear: the case of Peter. *The Pedagogical Seminary, 31*, 308–316.

Jones, M. R. (Ed.). (1955). *Nebraska Symposium on Motivation.* Lincoln, NE: Nebraska University Press.

Kahn, H. (1965). *On escalation*. New York: Praeger.

Kahneman, D., & Tversky, A. (1984). Choices, values, and frames. *American Psychologist, 39*, 341–350.

Kandel, E. R., Schwartz, J. H., & Jessell, T. M. (1996). *Neurowissenschaften: Eine Einführung*. Heidelberg: Spektrum Akademischer Verlag.

Keillor, J. M., Barrett, A. M., Crucian, G. P., Kortenkamp, S., & Heilman, K. M. (2002). Emotional experience and perception in the absence of facial feedback. *Journal of the International Neuropsychological Society, 8*, 130–135.

Keltner, D. (1995). Signs of appeasement: Evidence for the distinct displays of embarrassment, amusement, and shame. *Journal of Personality and Social Psychology, 68*, 441–454.

Keltner, D., Ekman, P., Gonzaga, G. C., & Beer, J. (2003). Facial expression of emotion. In R. J. Davidson, K. R. Scherer & H. H. Goldsmith (Eds.), *Handbook of affective sciences* (pp. 415–432). New York: Oxford University Press.

Keltner, D., & Haidt, J. (1999). Social functions of emotions at four levels of analysis. *Cognition and Emotion, 13*, 505–521.

Klinger, E. (1996). The contents of thoughts: Interference as the downside of adaptive normal mechanisms in thought flow. In I. G. Sarason, G. R. Pierce & B. R. Sarason (Eds.), *Cognitive interference: Theories, methods, and findings* (pp. 3–23). Mahwah, NJ: Erlbaum.

Klüver, H., & Bucy, P. C. (1937). ‚Psychic blindness‘ and other symptoms following bilateral temporal lobectomy in Rhesus monkeys. *American Journal of Physiology, 119*, 352–353.

Kötter, R., & Meyer, N. (1992). The limbic system: A review of its empirical foundation. *Behavioural Brain Research, 52*, 105–127.

Koole, S. L. (2009). The psychology of emotion regulation: An integrative review. *Cognition and Emotion, 23*, 4–41.

Kraut, R. E., & Johnston, R. E. (1979). Social and emotional messages of smiling: An ethological approach. *Journal of Personality and Social Psychology, 37*, 1539–1553.

Kunda, Z. (1990). The case for motivated reasoning. *Psychological Bulletin, 108*, 480–498.

Kwang, T., & Swann, W. B. (2010). Do people embrace praise even when they feel unworthy? A review of critical tests of self-enhancement versus self-verification. *Personality and Social Psychology Review, 14*, 263–280.

LaFrance, M., Hecht, M. A., & Paluck, E. L. (2003). The contingent smile: A meta-analysis of sex differences in smiling. *Psychological Bulletin, 129*, 305–334.

Lambie, J. A., & Marcel, A. J. (2002). Consciousness and the varieties of emotion experience: A theoretical framework. *Psychological Review, 109*, 219–259.

Lange, C. G. (1855). *Om Sindsbevoegelser: Et psykofysiologiske Studie*. Kopenhagen: Kronar (deutsch 1887: Über Gemuethsbewegungen. Leipzig: Theodor Thomas).

Lazarus, R. S. (1982). Thoughts on the relations between emotion and cognition. *American Psychologist, 37*, 1019–1024.

Lazarus, R. S., Opton Jr., E. M., Nomikos, M. S., & Rankin, N. O. (1965). The principle of short-circuiting of threat: further evidence. *Journal of Personality, 33*, 622–635.

LeDoux, J. E. (2000). Emotion circuits in the brain. *Annual Review of Neuroscience, 23*, 155–184.

Lee, T. W., Locke, E. A., & Latham, G. P. (1989). Goal setting theory and job performance. In L. A. Pervin (Ed.), *Goal concepts in personality and social psychology*. (pp. 291–326). Hillsdale, NJ: Erlbaum.

Levenson, R. W. (1999). The intrapersonal functions of emotion. *Cognition and Emotion, 13*, 481–504.

Levine, L. J., & Edelstein, R. S. (2009). Emotion and memory narrowing: A review and goal-relevance approach. *Cognition and Emotion, 23*, 833–875.

Lewin, K. (1926). Vorsatz, Wille und Bedürfnis (mit: Vorbemerkungen über die psychischen Kräfte und Energien und die Struktur der Seele). *Psychologische Forschung, 7*, 294–385.

Lewin, K. (1934). Der Richtungsbegriff in der Psychologie: Der spezielle und allgemeine ho-
    dologische Raum. *Psychologische Forschung, 19,* 249–299.
Lewin, K. (1969/1936). *Grundzüge der topologischen Psychologie (Principles of topological psycho-
    logy).* Bern: Huber.
Lindquist, K. A., & Barrett, L. F. (2008). Constructing emotion: The experience of fear as a
    conceptual act. *Psychological Science, 19,* 898–903.
Lindquist, K. A., Barrett, L. F., Bliss-Moreau, E., & Russell, J. A. (2006). Language and the
    perception of emotion. *Emotion, 6,* 125–138.
Linville, P. W. (1987). Self-complexity as a cognitive buffer against stress-related illness and
    depression. *Journal of Personality and Social Psychology, 52,* 663–676.
Lissner, K. (1933). Die Entspannung von Bedürfnissen durch Ersatzhandlungen. *Psychologische
    Forschung, 18,* 218–250.
MacLean, P. D. (1952). Some psychiatric implications of physiological studies on frontotem-
    poral portion of limbic system (visceral brain). *Electroencephalography & Clinical Neu-
    rophysiology, 4,* 407–418.
Mahler, W. (1933). Ersatzhandlungen verschiedenen Realitätsgrades. *Psychologische Forschung,
    18,* 27–89.
Markman, A. B., & Brendl, C. (2005). Constraining theories of embodied cognition. *Psycholo-
    gical Science, 16,* 6–10.
Markus, H., & Nurius, P. (1986). Possible selves. *American Psychologist, 41,* 954–969.
Marrow, A. J. (1938). Goal tensions and recall: I. *Journal of General Psychology, 19,* 3–35.
Martin, L. L., & Tesser, A. (1989). Toward a motivational and structural theory of ruminative
    thought. In J. S. Uleman & J. A. Bargh (Eds.), *Unintended thought* (pp. 306–326). New
    York: Guilford.
Maslow, A. H. (1943). A theory of human motivation. *Psychological Review, 50,* 370–396.
Mauss, I. B., Levenson, R. W., McCarter, L., Wilhelm, F. H., & Gross, J. J. (2005). The tie that
    binds? Coherence among emotion experience, behavior, and physiology. *Emotion, 5,*
    175–190.
Mauss, I. B., Wilhelm, F. H., & Gross, J. J. (2004). Is there less to social anxiety than meets the
    eye? Emotion experience, expression, and bodily responding. *Cognition and Emotion,
    18,* 631–662.
Maynard Smith, J. (1982). *Evolution and the theory of games.* Cambridge, UK: Cambridge Uni-
    versity Press.
McAdams, D. P. (1982). Intimacy motivation. In A. J. Stewart (Ed.), *Motivation and society*
    (pp. 133–171). San Francisco, CA: Jossey-Bass.
McClelland, D. (1961). *The achieving society.* New York: Free Press.
McClelland, D. C. (1979). Inhibited power motivation and high blood pressure in men. *Journal
    of Abnormal Psychology, 88,* 182–190.
McClelland, D. C. (1989). Motivational factors in health and disease. *American Psychologist,
    44,* 675–683.
McClelland, D., Koestner, R., & Weinberger, J. (1989). How do self-attributed and implicit
    motives differ? *Psychological Review, 96,* 690–702.
McClelland, D. C., Alexander, C., & Marks, E. (1982). The need for power, stress, immune
    function, and illness among male prisoners. *Journal of Abnormal Psychology, 91,* 61–70.
McClelland, D. C., & Boyatzis, R. E. (1982). Leadership motive pattern and long-term success
    in management. *Journal of Abnormal Psychology, 67,* 737–743.
McClelland, D. C., Patel, V., Stier, D., & Brown, D. (1987). The relationship of affiliative arousal
    to dopamine release. *Motivation and Emotion, 11,* 51–66.
McGaugh, J. L. (2004). The amygdala modulates the consolidation of memories of emotionally
    arousing experiences. *Annual Review of Neuroscience, 27,* 1–28.

Mesquita, B., & Frijda, N. H. (1992). Cultural variations in emotions: A review. *Psychological Bulletin, 112,* 179–204.

Mezulis, A. H., Abramson, L. Y., Hyde, J. S., & Hankin, B. L. (2004). Is there a universal positivity bias in attributions? A meta-analytic review of individual, developmental, and cultural differences in the self-serving attributional bias. *Psychological Bulletin, 130,* 711–747.

Miller, G. A., Galanter, E., & Pribram, K. H. (1960). Plans and the structure of behavior. In. London: Holt, Rinehart, & Winston.

Miller, N. E. (1944). Experimental studies of conflict. In J. M. Hunt (Ed.), *Personality and the behavior disorders* (Vol. 431–465). Oxford, UK: Ronald Press.

Munsinger, H. L., & Kessen, W. (1964). Uncertainty, structure, and preference. *Psychological Monographs, 78,* No. 9 (whole No. 568).

Muraven, M., Tice, D. M., & Baumeister, R. F. (1998). Self-control as a limited resource: Regulatory depletion patterns. *Journal of Personality and Social Psychology, 74,* 774–789.

Murray, H. A. (1938). *Explorations in personality.* New York: Oxford University Press.

Murray, H. A. (1943). *Thematic Apperception Test Manual.* Cambridge, MA: Harvard University Press.

Myers, L. B., Burns, J. W., Derakshan, N., Elfant, E., Eysenck, M. W., & Phipps, S. (2008). Current issues in repressive coping and health. In A. Vingerhoets, I. Nyklíček & J. Denollet (Eds.), *Emotion regulation: Conceptual and clinical issues* (pp. 69–86). New York: Springer Science.

Nash, J. (1951). Non-cooperative games. *Annals of Mathematics, 54,* 286–295.

Neumann, R. (2000). The causal influence of attributions on emotions: A procedural priming approach. *Psychological Science, 11,* 179.

Oatley, K., & Jenkins, J. M. (1992). Human emotions: Function and dysfunction. *Annual Review of Psychology, 43,* 55–85.

Öhman, A., & Mineka, S. (2001). Fears, phobias, and preparedness: Toward an evolved module of fear and fear learning. *Psychological Review, 108,* 483–522.

Orne, M. T., Sheehan, & Evans. (1968). Occurrence of posthypnotic behavior outside the experimental setting. *Journal of Personality and Social Psychology, 9,* 189–196.

Ortony, A., & Turner, T. J. (1990). What's basic about basic emotions? *Psychological Review, 97,* 315–331.

Ovsiankina, M. (1928). Die Wiederaufnahme unterbrochener Handlungen. *Psychologische Forschung, 11,* 302–379.

Panksepp, J. (2005). Affective consciousness: Core emotional feelings in animals and humans. *Consciousness and Cognition, 14,* 30–80.

Papez, J. W. (1937). A proposed mechanism of emotion. *Archives of Neurology & Psychiatry, 38,* 725–743.

Perin, C. I. (1942). Behavioral potentiality as a joint function of the amount of training and the degree of hunger at the time of extinction. *Journal of Experimental Psychology.*

Pessoa, L. (2008). On the relationship between emotion and cognition. *Nature Reviews Neuroscience, 9,* 148–158.

Plutchik, R. (1980). *Emotion: A psychoevolutionary synthesis.* New York: Harper & Row.

Pratto, F., & John, O. P. (1991). Automatic vigilance: The attention-grabbing power of negative social information. *Journal of Personality and Social Psychology, 61,* 380–391.

Rachlin, H., & Green, L. (1972). Commitment, choice and self-control. *Journal of the Experimental Analysis of Behavior, 17,* 15–22.

Rakison, D. H., & Derringer, J. (2008). Do infants possess an evolved spider-detection mechanism? *Cognition, 107,* 381–393.

Reisenzein, R. (1983). The Schachter theory of emotion: Two decades later. *Psychological Bulletin, 94,* 239–264.

Rheinberg, F. (2008). *Motivation* (7. Auflage). Stuttgart: Kohlhammer.

Rieck, C. (2006). *Spieltheorie: Eine Einführung* (6. Auflage). Eschborn: Christian Rieck Verlag.

Rosenberg, E. L., & Ekman, P. (1994). Coherence between expressive and experiential systems in emotion. *Cognition and Emotion, 8*, 201–229.

Rosenfield, D., & Stephan, W. G. (1978). Sex differences in attributions for sex-typed tasks. *Journal of Personality, 46*, 244–259.

Rothermund, K. (2003). Automatic vigilance for task-related information: Perseverance after failure and inhibition after success. *Memory and Cognition, 31*, 343–352.

Rothermund, K. (2011). Counter-regulation and control-dependency: Affective processing biases in the service of action regulation. *Social Psychology, 42*, 56–66.

Rothermund, K., Bak, P. M., & Brandtstädter, J. (2005). Biases in self-evaluation: Effects of attribute controllability. *European Journal of Social Psychology, 35*, 281–290.

Rothermund, K., & Brandtstädter, J. (2003). Coping with deficits and losses in later life: From compensatory action to accommodation. *Psychology and Aging, 18*, 896–905.

Rothermund, K., & Eder, A. B. (2009). Emotion und Handeln. In V. Brandstätter & J. H. Otto (Hrsg.), *Handbuch der Allgemeinen Psychologie: Motivation und Emotion* (Bd. 11, S. 675–685). Göttingen, Germany: Hogrefe.

Rothermund, K., & Meiniger, C. (2004). Stress-buffering effects of self-complexity: Reduced affective spillover or self-regulatory processes? *Self and Identity, 3*, 263–281.

Rotter, J. B. (1966). Generalized expectancies for internal versus external control of reinforcement. *Psychological Monographs, 80*, 1–28.

Russell, J. A. (1991). Culture and the categorization of emotions. *Psychological Bulletin, 110*, 426–450.

Russell, J. A. (1994). Is there universal recognition of emotion from facial expressions? A review of the cross-cultural studies. *Psychological Bulletin, 115*, 102–141.

Russell, J. A. (2003). Core affect and the psychological construction of emotion. *Psychological Review, 110*, 145–172.

Russell, J. A., & Carroll, J. M. (1999). The phoenix of bipolarity: Reply to Watson and Tellegen (1999). *Psychological Bulletin, 125*, 611–617.

Samuelson, P. A. (1947). *Foundations of economic analysis*. Cambridge, MA: Harvard University Press.

Samuelson, P. A. (1948). Consumption theory in terms of revealed preference. *Econometrica, 15*, 243–253.

Sander, D., Grafman, J., & Zalla, T. (2003). The human amygdala: An evolved system for relevance detection. *Reviews in the Neurosciences, 14*, 303–316.

Schachter, S. (1964). The interaction of cognitive and physiological determinants of emotional state. In L. Berkowitz (Ed.), *Advances in experimental social psychology* (Vol. 1, pp. 49–80). New York: Academic Press.

Schachter, S., & Singer, J. (1962). Cognitive, social, and physiological determinants of emotional state. *Psychological Review, 69*, 379–399.

Scherer, K. R. (2001). Appraisal considered as a process of multilevel sequential checking. In K. R. Scherer, A. Schorr & T. Johnstone (Eds.), *Appraisal processes in emotion: Theory, methods, research* (pp. 92–120). New York: Oxford University Press.

Scherer, K. R., Banse, R., & Wallbott, H. G. (2001). Emotion inferences from vocal expression correlate across languages and cultures. *Journal of Cross-Cultural Psychology, 32*, 76–92.

Schimmack, U. (2005). Attentional interference effects of emotional pictures: Threat, negativity, or arousal? *Emotion, 5*, 55–66.

Schmalt, H.-D., & Langens, T. A. (2009). *Motivation* (4. Auflage). Stuttgart: Kohlhammer.

Schultheiss, O. C. (2007). A biobehavioral model of implicit power motivation: Arousal, reward and frustration. In E. Harmon-Jones & P. Winkielman (Eds.), *Social neuroscience:*

Integrating biological and psychological explanations of social behavior (pp. 176–196). New York: Guilford.

Schultheiss, O. C. (2008). Implicit motives. In O. P. John, R. D. Robins & L. A. Pervin (Eds.), *Handbook of personality psychology: Theory and research* (3rd ed., pp. 603–633). New York: Guilford.

Schultheiss, O. C., & Brunstein, J. C. (2001). Assessment of implicit motives with a research version of the TAT: Picture profiles, gender differences, and relations to other personality measures. *Journal of Personality, 77,* 71–86.

Schultheiss, O. C., & Brunstein, J. C. (2002). Inhibited power motivation and persuasive communication: A lens model analysis. *Journal of Personality, 70,* 553–582.

Schultheiss, O. C., Dargel, A., & Rohde, W. (2003). Implicit motives and gonadal steroid hormones: Effects of menstrual cycle phase, oral contraceptive use, and relationship status. *Hormones and Behavior, 43,* 293–301.

Schultheiss, O. C., & Hale, S. (2007). Implicit motives modulate attentional orienting to facial expressions of emotion. *Motivation and Emotion, 31,* 13–24.

Schwartz, B., Ward, A., Monterosso, J., Lyubomirsky, S., White, K., & Lehmann, D. A. (2002). Maximizing versus satisficing: Happiness is a matter of choice. *Journal of Personality and Social Psychology, 83,* 1178–1193.

Schwarz, N., & Clore, G. L. (1983). Mood, misattribution, and judgments of well-being: Informative and directive functions of affective states. *Journal of Personality and Social Psychology, 45,* 513–523.

Seligman, M. E. (1970). On the generality of the laws of learning. *Psychological Review, 77,* 406–418.

Shackelford, T. D., Schmitt, D. P., & Buss, D. M. (2005). Universal dimensions of human mate preferences. *Personality and Individual Differences, 39,* 447–458.

Shah, J. Y. (2005). The automatic pursuit and management of goals. *Current Directions in Psychological Science, 14,* 10–13.

Shaver, P., Schwartz, J., Kirson, D., & O'Connor, C. (1987). Emotion knowledge: Further exploration of a prototype approach. *Journal of Personality and Social Psychology, 52,* 1061–1086.

Siemer, M., Mauss, I., & Gross, J. J. (2007). Same situation – Different emotions: How appraisals shape our emotions. *Emotion, 7,* 592–600.

Simon, H. A. (1955). A behavioral model of rational choice. *Quarterly Journal of Economics, 59,* 99–118.

Skinner, B. F. (1948). *Walden two.* Englewood Cliffs, NJ: Prentice Hall.

Solomon, R. L., & Corbit, J. D. (1974). An opponent-process theory of motivation: I. Temporal dynamics of affect. *Psychological Review, 81,* 119–145.

Soussignan, R. (2004). Regulatory function of facial actions in emotion processes. In S. P. Shohov (Hrsg.), *Advances in psychology research* (Vol. 31, pp. 173–198). Hauppauge, NY: Nova Science Publishers.

Spence, K. W. (1956). *Behavior theory and conditioning.* New Haven, CT: Yale University press.

Steele, C. M. (1988). The psychology of self-affirmation: Sustaining the integrity of the self. In L. Berkowitz (Ed.), *Advances in experimental social psychology* (Vol. 21, pp. 261–302). New York: Academic Press.

Strack, F., Martin, L. L., & Stepper, S. (1988). Inhibiting and facilitating conditions of the human smile: A nonobtrusive test of the facial feedback hypothesis. *Journal of Personality and Social Psychology, 54,* 768–777.

Swann, W. B. (1983). Self-verification: Bringing social reality into harmony with the self. In J. Suls & A. G. Greenwald (Eds.), *Social psychological perspectives on the self* (Vol. 2, pp. 33–66). Hillsdale, NJ: Erlbaum.

Swann, W. B. J., & Pelham, B. (2002). Who wants out when the going gets good? Psychological investment and preference for self-verifying college roommates. *Self and Identity,* 1, 219–233.

Talarico, J. M., & Rubin, D. C. (2003). Confidence, not consistency, characterizes flashbulb memories. *Psychological Science, 14,* 455–461.

Tamir, M., Mitchell, C., & Gross, J. J. (2008). Hedonic and instrumental motives in anger regulation. *Psychological Science, 19,* 324–328.

Taylor, S. E., Klein, L. C., Lewis, B. P., Gruenewald, T. L., Gurung, R. A., & Updegraff, J. A. (2000). Biobehavioral responses to stress in females: tend-and-befriend, not fight-or-flight. *Psychological Review, 107,* 411–429.

Thorndike, E. L. (1898). Animal intelligence: An experimental study of the associative processes in animals. *Psychological Review Monograph Supplement 2 (4, Whole No. 8).*

Tidd, K. L., & Lockard, J. S. (1978). Monetary significance of the affiliative smile: A case for reciprocal altruism. *Bulletin of the Psychonomic Society, 11,* 344–346.

Tomkins, S. S. (1962). *Affect, imagery, consciousness: Vol. I. The positive affects.* Oxford: Springer.

Tourangeau, R., & Ellsworth, P. C. (1979). The role of facial response in the experience of emotion. *Journal of Personality and Social Psychology, 37,* 1519–1531.

Trope, Y. (1975). Seeking information about one's ability as a determinant of choice among tasks. *Journal of Personality and Social Psychology, 32,* 1004–1013.

Valins, S. (1966). Cognitive effects of false heart-rate feedback. *Journal of Personality and Social Psychology, 4,* 400–408.

von Neumann, J., & Morgenstern, O. (1944). *Theory of games and economic behavior.* Princeton, NJ: Princeton University Press.

Walker, W. R., Skowronski, J. J., Gibbons, J. A., Vogl, R. J., & Ritchie, T. D. (2009). Why people rehearse their memories: Frequency of use and relations to the intensity of emotions associated with autobiographical memories. *Memory, 17,* 760–773.

Wallbott, H. G. (1998). Bodily expression of emotion. *European Journal of Social Psychology, 28,* 879–896.

Warden, C. J., Jenkins, T. N., & Warner, L. H. (1936). *Comparative psychology.* New York: Ronald.

Watson, J. B., & Rayner, R. (1920). Conditioned emotional reactions. *Journal of Experimental Psychology, 3,* 1–14.

Webb, W. B. (1949). The motivational aspect of an irrelevant drive in the behavior of the white rat. *Journal of Experimental Psychology, 39,* 1–14.

Weber, M. (1904/1905). Die protestantische Ethik und der „Geist" des Kapitalismus. *Archiv für Sozialwissenschaft und Sozialpolitik, 20/21,* 1–54/51–110.

Weber, M. (1922). *Wirtschaft und Gesellschaft.* Tübingen: Mohr.

Weiner, B. (1985). An attributional theory of achievement motivation and emotion. *Psychological Review, 92,* 548–573.

Weitzenhoffer, A. M. (1957). Posthypnotic behavior and the recall of the hypnotic suggestion. *Journal of Clinical and Experimental Hypnosis, 5,* 41–58.

Wentura, D. (1995). *Verfügbarkeit entlastender Kognitionen.* Weinheim: Psychologie Verlags Union.

Wentura, D., & Rothermund, K. (2009). Aufmerksamkeit und Gedächtnis. In G. Stemmler (Ed.), *Enzyklopädie der Psychologie – Psychologie der Emotion* (Vol. C/IV/3, pp. 205–245). Göttingen: Hogrefe.

Wicklund, R. A., & Gollwitzer, P. M. (1982). *Symbolic self-completion.* Hillsdale, NJ: Erlbaum.

Wierzbicka, A. (1999). *Emotions across languages and cultures: Diversity and universals.* New York: Cambridge University Press.

Williams, S. B. (1938). Resistance to extinction as a function of the number of reinforcements. *Journal of Experimental Psychology, 23,* 506–521.

Winter, D. G. (1991). *Manual for scoring motive imagery in running text:* University of Michigan at Ann Arbor.

Winterbottom, M. R. (1958). The relation of need for achievement to learning experiences in independence and mastery. In J. W. Atkinson (Ed.), *Motives in fantasy, action, and society* (pp. 453–478). Princeton, NJ: Van Nostrand.

Yerkes, R. M., & Dodson, J. D. (1908). The relation of strength of stimulus to rapidity of habit-formation. *Journal of Comparative and Neurological Psychology, 18,* 459–482.

Yiend, J. (2010). The effects of emotion on attention: A review of attentional processing of emotional information. *Cognition and Emotion, 24,* 3–47.

Zajonc, R. B. (1980). Feeling and thinking: Preferences need no inferences. *American Psychologist, 35,* 151–175.

Zajonc, R. B., Murphy, S. T., & Inglehart, M. (1989). Feeling and facial efference: Implications of the vascular theory of emotion. *Psychological Review, 96,* 395–416.

Zeigarnik, B. (1927). Das Behalten erledigter und unerledigter Handlungen. *Psychologische Forschung, 9,* 1–85.

Stichwortverzeichnis

Basiswissen Psychologie

Herausgegeben von Jürgen Kriz

Ralf Brand
Sportpsychologie
2010. 155 S. Br. EUR 12,95
ISBN 978-3-531-16699-5

Mark Helle
Psychotherapie und Beratung
2010. ca. 120 S. Br. ca. EUR 12,95
ISBN 978-3-531-16709-1

Margarete Imhof
**Psychologie für
Lehramtsstudierende**
2010. 152 S. Br. EUR 12,95
ISBN 978-3-531-16705-3

Thomas Kessler / Immo Fritsche
Sozialpsychologie
2010. ca. 120 S. Br. ca. EUR 12,95
ISBN 978-3-531-17126-5

Bernd Marcus
**Einführung in die Arbeits-
und Organisationspsychologie**
2010. ca. 120 S. Br. ca. EUR 12,95
ISBN 978-3-531-16724-4

Klaus Rothermund / Andreas Eder
Motivation und Emotion
2010. ca. 120 S. Br. ca. EUR 14,95
ISBN 978 3 531 16698 8

Karl-Heinz Renner / Gerhard Ströhlein /
Timo Heydasch
**Forschungsmethoden
der Psychologie**
Von der Fragestellung zur Präsentation
2010. ca. 120 S. Br. ca. EUR 12,95
ISBN 978-3-531-16729-9

Erich Schröger
Biologische Psychologie
2010. ca. 142 S. Br. ca. EUR 12,95
ISBN 978-3-531-16706-0

Thomas Schäfer
Statistik I
Deskriptive und Explorative Datenanalyse
2010. 134 S. Br. EUR 14,95
ISBN 978-3-531-16939-2

Dirk Wentura / Christian Frings
Kognitive Psychologie
2010. ca. 120 S. Br. ca. EUR 12,95
ISBN 978-3-531-16697-1

Matthias Ziegler / Markus Bühner
**Grundlagen der
Psychologischen Diagnostik**
2010. ca. 120 S. Br. ca. EUR 14,95
ISBN 978-3-531-16710-7

Erhältlich im Buchhandel oder beim Verlag.
Änderungen vorbehalten. Stand: Juli 2010.

www.vs-verlag.de

VS VERLAG

Abraham-Lincoln-Straße 46
65189 Wiesbaden
Tel. 0611.7878-722
Fax 0611.7878-400

Psychologie im VS Verlag